AutoCAD를 이용한 Mechanical Design

B.C.Info

권대규 · 최성윤 · 이형태 · 박동민 공저

머리말 Preface

본 교재에 사용되는 오토캐드(AutoCAD)는 미국 오토데스크(Auto Desk)사가 개발한 컴퓨터 지원 설계(Computer Aided Design)프로그램으로 개인용 컴퓨터(PC)용으로 개발한 최초의 주요 CAD 프로그램의 하나로 업계 표준이 되었다. 또한 기능이 많아 사용자 선택의 폭이 넓은 편이고 자체 프로그래밍도 가능해 대형 컴퓨터에 밀리지 않는 양질의 결과물을 얻을 수 있어 기계, 건축, 전기, 토목 등 산업계 표준으로 널리 사용된다. 많은 산업계에서 표준으로 사용할 만큼 오토캐드는 산업에서 가장 기초적이면서 가장 중요 요소 중 하나라고 볼 수 있다.

오토캐드 시작 전 설정사항부터 기본 조작법, 명령어 익히기 등 오토캐드를 처음 접하는 사람을 기준으로 누구나 쉽게 오토캐드를 접하고 따라할 수 있도록 내용을 설명하였다. 산업계의 많은 분야에서 사용하고 가장 기초적이며, 중요한 요소이기 때문에 처음 산업계에 뛰어든 많은 인재들이 오토캐드로 인하여 어려움을 겪을 수 있다. 이런 점을 해결하고자 처음 접하는 초보자들이 어려움 없이 접하도록 그림을 기반으로 한 설명을 하였다. 또한 기능 설명을 보며 따라하고 예제를 따라 그려봄으로서 초보자들에게 자연스럽게 오토캐드의 실력 향상과 숙달을 하도록 편찬하였다.

본 교재를 보며 기계제도 및 AutoCAD의 기본적 지식을 익혀 많은 산업계의 유능한 엔지니어가 되어 산업 현장의 일꾼으로 미래 산업에 중추적인 역할을 하는 엔지니어가 되길 소망한다.

끝으로 본 교재를 출간함에 있어 도움을 주신 많은 분들에게 감사드린다.

저자일동

이 책의 차례

1 AutoCAD 개요

1.1 AutoCAD의 역사 003
1.2 AutoCAD 명령어의 분류 006
1.3 AutoCAD 명령어별 단축키 008

2 AutoCAD

2.1 CAD 시작 전 설정사항 015
2.2 기본 조작법 027
2.3 AutoCAD 명령어 익히기 031
2.4 치수 설정 및 기입 예제 061
2.5 인쇄(PRINT) 067

3 AutoCAD 초급 실습

3.1 AutoCAD 초급 따라 그리기 073
3.2 AutoCAD 초급 도면 143

4 AutoCAD 중급 실기

4.1 AutoCAD 중급 실기 연습 179
4.2 AutoCAD 기계설계산업기사 실기 196

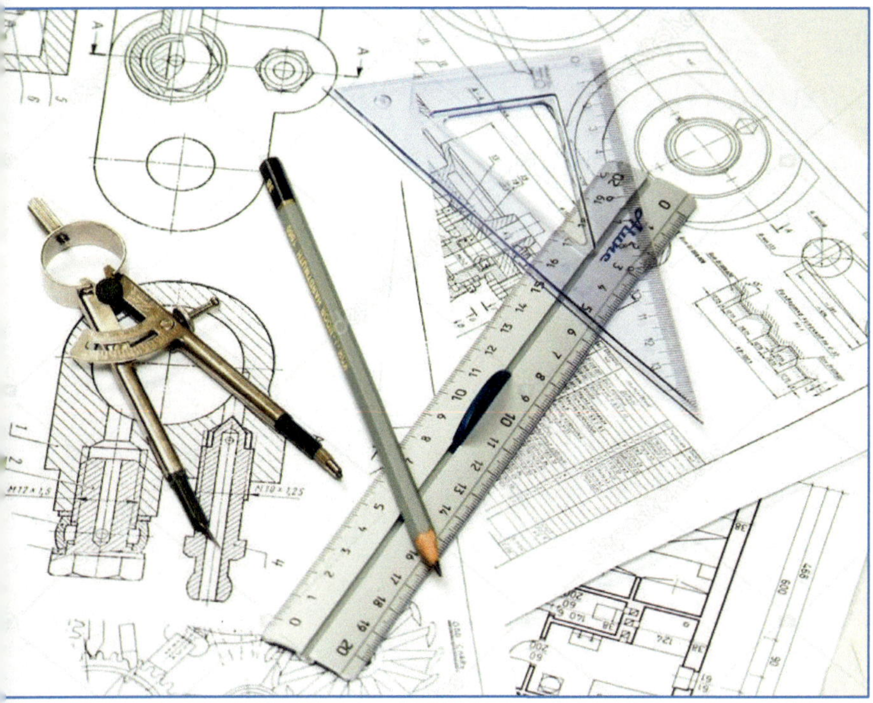

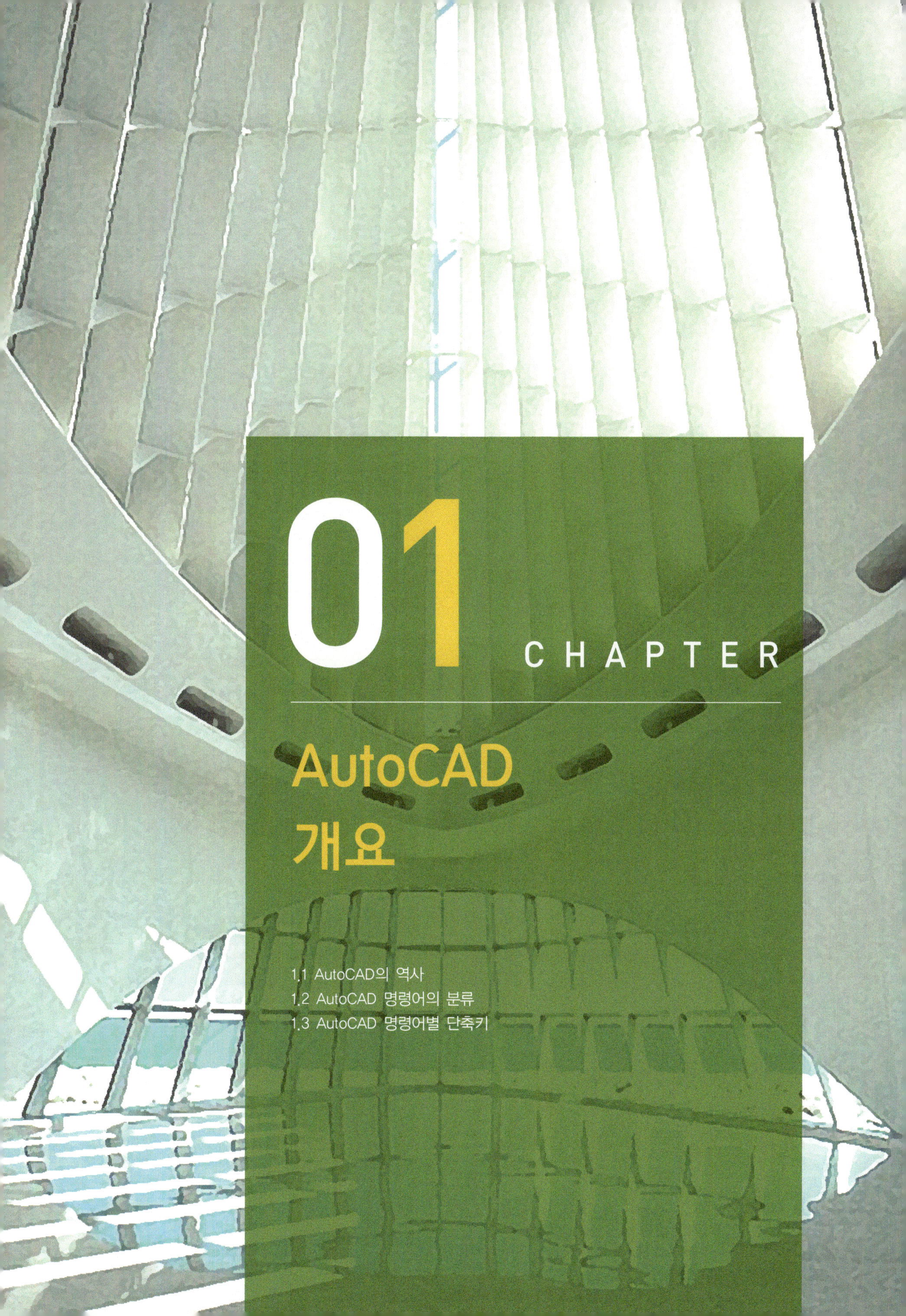

01 CHAPTER

AutoCAD 개요

1.1 AutoCAD의 역사
1.2 AutoCAD 명령어의 분류
1.3 AutoCAD 명령어별 단축키

01

AutoCAD 개요

1.1 AutoCAD의 역사

AutoCAD는 CAD 소프트웨어 시장에서 세계적으로 최고의 점유율을 자랑하고 있는 프로그램이다. 미국의 오토데스크(Auto Desk)사가 1982년 개발한 컴퓨터 지원 설계(CAD) 소프트웨어이며, 처음엔 DOS를 기반으로 하여, 원, 호, 문자열, 선 등을 이용한 단순 작업만 가능했지만 프로그램이 점차 업그레이드되면서 C언어, C++ 등 다양한 API를 지원해 복잡한 작업도 수행할 수 있게 되었다. 기본 확장자로는 dwg를 사용한다.

AutoCAD의 중요한 변화를 살펴보면 다음과 같다.

년도	버전	내용
1982.12.	Version 1.0(Release 1)	AutoCAD 최초의 Release인 Version 1.0 라스베가스 Comdex Show에서 발표.
1983. 4.	Version 1.2(Release 2)	치수 기입 기능 추가.
1983. 8.	Version 1.3(Release 3)	구성 및 레이어 기능들을 추가.
1983.10.	Version 1.4(Release 4)	각종 제도 기능과 제도 보조 기능들을 추가. ATC(Authorized Autodesk Training Center; 오토데스크사 공인 교육기관)설립.
1984.10.	Version 2.0(Release S)	선의 종류 및 레이어 등 다양한 2차원 기능 추가 ADE-2 패키지를 옵션으로 추가.
1985. 5.	Version 2.1(Release 6)	AutoLisp customizing language 도입
1986. 6.	Version2.5(Release 7)	DTEXT, EXPLODE 등의 각종 기능들을 추가 Autosketch 발표, 워크스테이션용 버전 출시.
1987. 4.	Version 2.6(Release 8)	2D의 기능적인 부분을 완벽하게 구현 3D기능 (3DFACE) 도입. Co-processor 없이 쓸 수 있는 마지막 Release.
1987. 9.	Release 9	Co-processor가 필요한 첫 Release. 풀다운 메뉴 및 3차원 기능들을 추가. Autoshade 발표.
1988.10.	Release 10	ADE-1과 ADE-2가 ADE-3로 통합으로 3D(Vports등) 기능들이 많이 추가. 286 컴퓨터의 마지막 버전. 386 버전(1989. 8.)으로 32bit 이상의 기종에서 사용할 수 있는 AutoCAD 발표 Animator 발표

1990. 8.	Release 11	Network 지원, 3D, 손상된 파일 복구, AME 및 ADS 등이 추가. 286용 AutoCAD 지원되지 않음. Windows용 AutoCAD가 Release 11 발표.
1992. 7.	Release 12	AutoCAD R11까지 사용되었던 메인 메뉴 기능들이 모두 AutoCAD 화면 속에서 이루어지도록 개정되었다. Dialog box 기능이 보강되면서 수정과 편집 등의 마우스 사용 기능이 이전 버전과 비교되지 않을 만큼 향상되었다. 한글 AutoCAD가 Release 12로 처음 발표되었다. 데이터베이스 기능인 ASE가 추가되었으며, RenderMAN과 AutoSHADE가 통합 내장되었다.
1994. 12.	Release 13	대용량화로 CD를 공급하고 있으며 파일 관리에 편리한 화면 미리 보기 기능, 솔리드 모델러를 내장하였고, 렌더 기능도 보강되었다. 윈도우용과 도스용을 함께 공급하고 있다. 한글 AutoCAD를 사용하면 윈도우용 AutoCAD도 한글로 된다.
1997. 5.	Release 14	Windows AutoCAD R13 Ver c4a를 개 하고 속도를 향상시킨 버전으로 Windows 95/98이나 NT에서만 사용된다. 한글과 영문 AutoCAD를 CD로만 공급한다. R13보다 속도나 기능 면에서 많이 개선되었다.
1999.5.	AutoCAD2000 (Release 15)	새로운 다중 설계 환경(MDE)을 사용하여 여러 도면을 동시에 작업할 수 있게 되었고, 윈도우탐색기와 비슷한 오토캐드 디자인 센터 (AutoCAD Designcenter) 인터페이스를 추가하였다. 또한 ACIS 4.0 모델링 엔진을 탑재하여 3차원 모델링 기능을 강화하였고 렌더 기능과 와이어프레임 기능이 보강 되었다. 완벽한 Windows 환경을 지원하기 때문에 Windows에서 사용되는 모든 기능을 이용할 수 있다.
2000.4	AutoCAD 2000i	인터넷 커뮤니케이션 환경이 추가되었다.
2001.4	AutoCAD 2002	공동협업 기능 및 설계 표준화 도구 강화, DWF 퍼블리싱
2003.4	AutoCAD 2004	파일 크기 축소, 작업 속도 향상, 도구 팔레트 등 생산성 향상 도구 추가, 트루 컬러 및 프레젠테이션 그래픽 지원
2004.4	AutoCAD 2005	도면데이터 관리 도구인 시트세트 매니저 추가
2005.4	AutoCAD 2006	동적 입력, 동적 블록, 주석기능 향상 등 생산성 극대화
2006.4	AutoCAD 2007	3D 디자인 및 개념설계 기능 대폭 강하, 멘탈레이 렌더링 엔진 도입
2007.4	AutoCAD 2008	주석축척기능 추가, 치수기능 향상, 뷰포트별 도면층 특성 재지정, 텍스트 및 테이블 기능과 다중 지시선으로 정밀도와 전문성 향상

2008.3	AutoCAD 2009	리본 UI 도입. 동작레코더 도입으로 도면 작업 생산성 향상. 정밀한 3D 탐색도구 도입
2009.3	AutoCAD 2010	파라메트릭 제도 도입으로 설계 변경 및 관리가 용이. 프리폼디자인 도입. PDF 강화 및 제도 생산성 향상 도구 도입. 디자인 도구로서의 AutoCAD 강화
2010.3	AutoCAD 2011	오토캐드 2010보다 강화된 3D 디자인 기능 외에 서페이스 모델링 도구 및 객체와 도면층의 투명도 적용 등 새로운 기능이 추가
2011.3	AutoCAD 2012	오토캐드 2012는 모바일과 웹상에서 무료로 제공되는 오토캐드 WS(AutoCAD WS)와 바로 연동
2012.3	AutoCAD 2013	오토캐드 2013은 클라우드 서비스와 직접 연결되는 것이 특징
2013.3	AutoCAD 2014	윈도우 XP, 윈도우 비스타 마지막 시리즈
2014.3	AutoCAD 2015	오토캐드 2015는 새로운 인터페이스와 향상된 생산성 도구로 사용자에게 설계 및 문서화 작업에서 새로운 표준을 제공
2015.3	AutoCAD 2016	오토데스크 A360으로 거의 모든 곳에서 파일 엑세스 기능
2016.3	AutoCAD 2017	새로운 마이그레이션 인터페이스를 통해 AutoCAD 사용자화 설정을 그룹과 범주로 구성할 수 있으며, 이러한 그룹과 범주에서 마이그레이션 요약 보고서를 생성가능
2017.3	AutoCAD 2018	DWG 파일의 컨텐츠에 따라 와이어프레임, 실제, 음영처리 비주얼 스타일에 대한 3D 그래픽 성능이 계속해서 향상
2018.3	AutoCAD 2019	리본 및 상태막대 아이콘을 포함하여 고해상도 모니터를 지원하기 위해 추가 작업이 수행
2019.3	AutoCAD 2020	업데이트된 변환기는 Creo 6.0 및 Granite 12, SolidEdge 2019, NX 1847 시리즈, JT 10.4, Parasolid 31.1 및 Rhino 6.0을 지원
2020.3	AutoCAD 2021	AutoCAD 2021에는 건축, 기계 설계, 3D 매핑 등의 산업군별 워크플로우, 라이브러리 및 자동화를 지원하는 7가지 전문화 툴셋이 있다.
2021.3	AutoCAD 2022	추적은 기존 도면이 변경될까 염려하지 않고도 AutoCAD 웹 및 모바일 앱에서 공동으로 도면을 변경할 수 있는 안전한 공간을 제공

AutoCAD가 이처럼 널리 사용되는 이유는 사용자들에게 편리한 기능을 제공해왔기 때문이다. AutoCAD를 사용하면 기계뿐만 아니라 건축, 전기설계를 비롯해서 다양한 응용분야에서 활용할 수 있다. 본 교재에서는 AutoCAD 2022를 기준으로 설명한다.

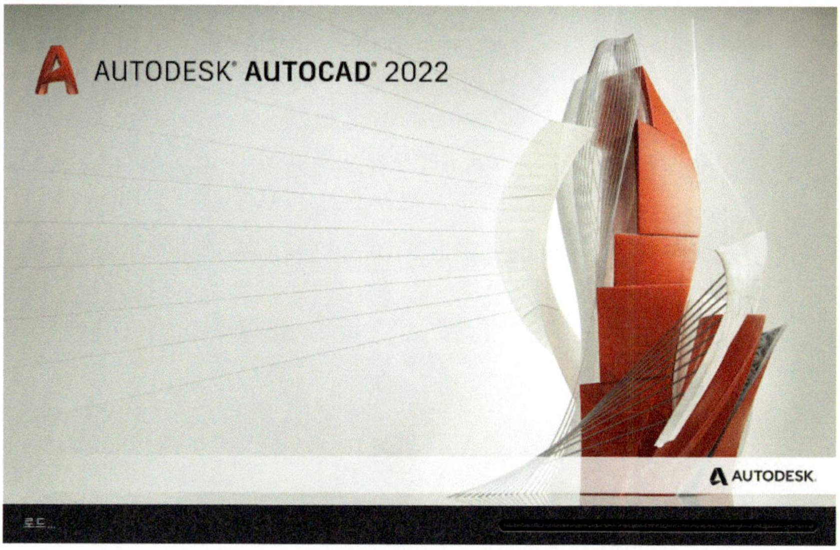

그림 1-1 AutoCAD2022 실행 화면

1.2 AutoCAD 명령어의 분류

본 실습교재에서 사용할 명령어를 간략히 소개하면 아래와 같다.

(1) DRAW 명령

- LINE : 두 개의 좌표점을 입력하여 두 점을 연결하는 직선을 그린다.
- LINETYPE : 도면상에 그려지는 선의 종류를 지정하거나 새로운 linetype을 작성한다.
- ERASE : 도면에서 불필요한 도면 요소를 제거하는데 사용한다.
- COLOR : 도면상에 그려질 도면 요소의 색을 지정한다.
- REDRWA : 계산된 좌표를 기억하고 있다가 그 정보를 이용하여 화면을 다시 그려준다.
- UNDO : 이전에 사용된 명령들이 하나씩 취소된다.
- CIRCLE : 원을 그리기 위한 명령이다.

- ARC : 호를 그리기 위한 명령이다.
- POLYGON : 3~1024의 면을 갖는 정다각형을 그린다.

(2) 편집명령

- COPY : 하나 이상의 선택된 대상을 다른 위치로 복사시켜 준다.
- MOVE : 하나 이상의 선택된 대상을 다른 공간으로 원하는 위치만큼 이동시켜 준다.
- TRIM : 경계를 지정하여 그 경계를 가로지르는 도면 요소의 경계와 경계 사이 부분만을 제거한다.
- OFFSET : 지정한 일정한 간격으로 다른 도면 요소에 평행한 도면 요소를 그린다.
- BREAK : line, arc, circle, polyline 등에 두 점을 지정하여 분리하여 소거시키거나 두 개의 요소로 분리시킨다.
- CHAMFER : 두 개의 선을 지정된 거리만큼 모따기하여 새로운 직선으로 이어준다.
- FILLET : 반지름을 입력하여 두 개의 직선이 만나는 부분을 입력한 반지름으로 원호를 만드는 명령이다.
- POLYLINE : 폴리 라인이 교차되는 모서리 부분은 지정된 반지름으로 한 번에 모두 라운딩할 수 있다.
- EXTEND : 도면에서 대상의 끝점을 연장시켜 다른 대상의 경계선까지 확장, 연결시켜 준다.
- ROTATE : 지정한 기준점을 중심으로 선택된 도면요소를 지정한 각도만큼 회전시킨다.
- MIRROR : 도면에서 선택한 대상을 대칭으로 반사 복사하여 주며, 원래의 대상을 삭제시킬 수도 있다.
- ARRAY : 도면 요소를 행렬이나 원형의 규칙성을 가지고 다중 복사를 한다.
- OSNAP : 도면에 이미 만들어져 있는 도면 요소에 관계되는 점들의 "중심점, 중간점, 끝점" 등을 AutoCAD 내의 데이터베이스를 통하여 보다 정확하게 찾아주기 위해 사용한다.

(3) HATCH 명령

특정영역을 정의하고 그 안에 적당한 무늬나 재질의 질감을 표현해주는 명령이다.

(4) 문자기입

- TEXT : 도면에 문자를 삽입할 수 있도록 하는 명령이다.

(5) 치수기입

- DIM : 치수 기입을 반복적으로 실행한다.

(6) LAYER 명령

도면 층을 만들 수 있고, 그 종류에는 제한이 없고, 이름은 최대 32자까지 가질 수 있다.

(7) 화면제어 명령

- ZOOM : 현재 나타나는 화면 상태를 확대 또는 축소하여 보여준다.

(8) 도면출력

- POLT : 프린터나 플로터로 출력하는 명령이다.

(9) 기타

- LIMITS : 도면이 그려지는 영역을 결정하여 주며, 그 범위는 도면의 왼쪽 아래 좌표와 오른쪽 위의 좌표를 입력하여 지정한다.
- UNITS : 좌표, 거리, 각도 등의 입력을 위한 표시 형식과 정밀도를 제어한다.
- CHANGE : 현존하는 도면 요소의 특성을 변경할 수 있게끔 수정 작업을 해준다.

1.3 AutoCAD 명령어별 단축키

작도(DRAWING) 명령			
단축키	명령어	내용	비고
L	LINE	선 그리기	
A	ARC	호(원호)그리기	
C	CIRCLE	원 그리기	
REC	RECTANGLE	사각형 그리기	
POL	POLYGON	정다각형 그리기	
EL	ELLIPSE	타원 그리기	
XL	XLINE	무한선 그리기	
PL	PLINE	연결선 그리기	
SPL	SPLINE	자유곡선 그리기	
ML	MLINE	다중선 그리기	
DO	DONUT	도넛 그리기	
PO	POINT	점 찍기	

편집(EDIT) 명령			
단축키	명령어	내용	비고
Ctrl+Z	UNDO	이전명령 취소	
Ctrl+Y	MREDO	UNDO취소	다중복구
E	ERASE	지우기	
EX	EXTEND	선분 연장	
TR	TRIM	선분 자르기	
O	OFFSET	등간격 및 평행선 복사	
CO	COPY	객체복사	
M	MOVE	객체이동	
AR	ARRAY	배열복사	
MI	MIRROR	대칭복사	
F	FILLET	모깍기	라운드
CHA	CHAMFER	모따기	
RO	ROTATE	객체회전	
SC	SCALE	객체축척변경	
S	STRETCH	선분 신축(늘리고 줄이기)	점 이동
LEN	LENGTHEN	선분 길이 변경	
BR	BREAK	선분 대충 자르기	
X	EXPLODE	객체 분해	
J	JOIN	PLINE 만들기	
PE	PEDIT	PLINE 편집	
SPE	SPLINEDIT	자유곡선 수정	
DR	DRAWORDER	객체 높낮이 조절	

문자쓰기 및 편집 명령			
단축키	명령어	내용	비고
T, MT	MTEXT	다중문자 쓰기	문서작성
DT	DTEXT	다이나믹문자 쓰기	도면문자
ST	STYLE	문자 스타일 변경	
ED	DDEDIT	문자,치수문자 수정	

치수기입 및 편집 명령			
단축키	명령어	내용	비고
QDIM	QDIM	빠른 치수기입	
DLI	DIMLINEAR	선형 치수기입	
DAL	DIMALIGNED	사선 치수기입	
DAR	DIMARC	호길이 치수기입	
DOR	DIMORDINATE	좌표 치수기입	
DRA	DIMRADIUS	반지름 치수기입	
DJO	DIMJOGGED	꺾기 치수기입	
DDI	DIMDIAMETER	지름 치수기입	
DAN	DIMANGULAR	각도 치수기입	
DBA	DIMBASELINE	첫점 연속치수기입	
DCO	DIMCONTINUE	끝점 연속치수기입	
MLD	MLEADER	다중 치수보조선 작성	인출선 작성
MLE	MLEADEREDIT	다중 치수보조선 수정	인출선 수정
LEAD	LEADER	치수보조선 기입	인출선 작성
DCE	DIMCENTER	중심선 작성	원, 호
DED	DIMEDIT	치수형태 편집	
D	DIMSTYLE, DDIM	치수스타일 편집	

도면 패턴			
단축키	명령어	내용	비고
H	HATCH	도면 해치패턴 넣기	
BH	BHATCH	도면 해치패턴 넣기	
HE	HATCHEDIT	해치 편집	
GD	GRADIENT	그라디언트 패턴 넣기	

도면 특성변경			
단축키	명령어	내용	비고
LA	LAYER	도면층 관리	
LT	LINETYPE	도면선분 특성관리	
LTS	LTSCALE	선분 특성 크기 변경	
COL	COLOR	기본 색상 변경	
MA	MATCHPROP	객체속성 맞추기	
MO, CH	PROPERTIES	객체속성 변경	

블록 및 삽입 명령			
단축키	명령어	내용	비고
B	BLOCK	객체 블록 지정	
W	WBLOCK	객체 블록화 도면 저장	
I	INSERT	도면 삽입	
BE	BEDIT	블록 객체 수정	
XR	XREF	참조도면 관리	

드로잉 환경설정 및 화면, 환경설정			
단축키	명령어	내용	비고
OS, SE	OSNAP	오브젝트 스냅 설정	
Z	ZOOM	도면 부분 축소확대	
P	PAN	화면 이동	
RE	REGEN	화면 재생성	
R	REDRAW	화면 다시그리기	
OP	OPTION	AutoCAD 환경설정	
UN	UNITS	도면 단위변경	

도면특성 및 객체정보			
단축키	명령어	내용	비고
DI	DIST	길기 체크	
LI	LIST	객체 속성 정보	
AA	AREA	면적 산출	

Ctrl + 숫자 단축 값			
기능	명령	내용	비고
Ctrl+1	PROPERTIES / PROPERTIESCLOSE	속성창 On/Off	
Ctrl+2	ADCENTER / ADCLOSE	디자인센터 On/Off	
Ctrl+3	TOOLPALETTES / TOOLPALETTESCLOSE	툴팔레트 On/Off	
Ctrl+4	SHEETSET / SHEETSETHIDE	스트셋 메니져 On/Off	
Ctrl+5			기능 없음
Ctrl+6	DBCONNECT / DBCCLOSE	DB접속 메니져 On/Off	
Ctrl+7	MARKUP / MARKUPCLOSE	마크업 셋트 메니져 On/OFF	
Ctrl+8	QUICKCALC / QCCLOSE	계산기 On/Off	
Ctrl+9	COMMANDLINE	커멘드 영역 On/Off	
Ctrl+0	CLENASCREENOFF	화면툴바 On/OFF	

02 CHAPTER

AutoCAD

2.1 CAD 시작 전 설정사항
2.2 기본 조작법
2.3 AutoCAD 명령어 익히기
2.4 치수 설정 및 기입 예제
2.5 인쇄(PRINT)

02

AutoCAD

2.1 CAD 시작 전 설정사항

2.1.1 캐드 설치 후 기본 화면

바탕화면의 AutoCAD 2022 을 실행하면 다음 그림과 같이 초기 화면이 실행된다.

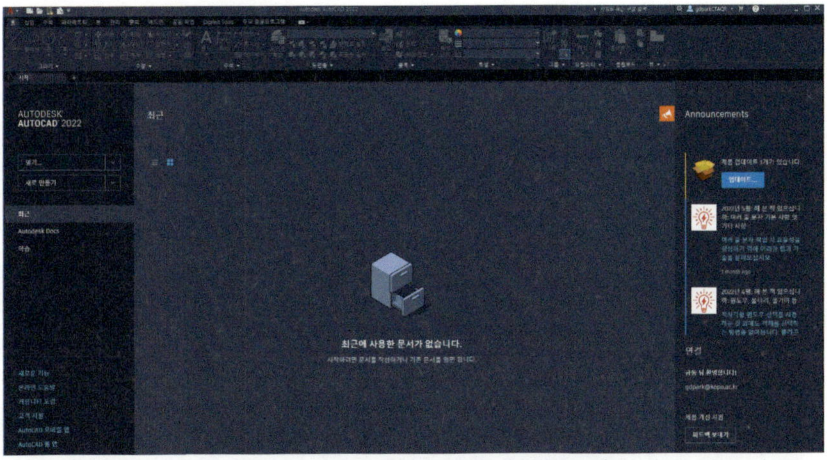

그림 2-1 AutoCAD 2022 초기 화면

초기화면 왼쪽 상단에 위치한 시작하기 항목에서 그리기 시작 버튼을 클릭하거나, 새 도면 탭을 클릭하면 도면을 작성할 수 있는 화면으로 이동한다.

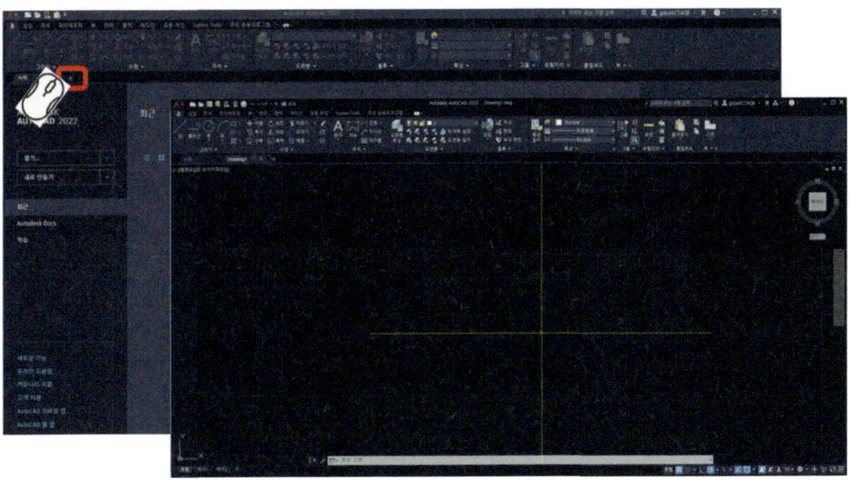

그림 2-2 AutoCAD 2022 새 도면 화면

2.1.2 AutoCAD 2022의 사용자 인터페이스

AutoCAD 2022의 화면구성은 그림 2-3과 같이 윈도우 기반을 바탕으로 이루어져 있으며, 작업 화면의 구조나 기능에 대해 잘 이해하고 숙지하고 있어야, AutoCAD를 능숙하게 다루며 원활한 도면작업을 수행할 수 있다.

(1) 화면 구성

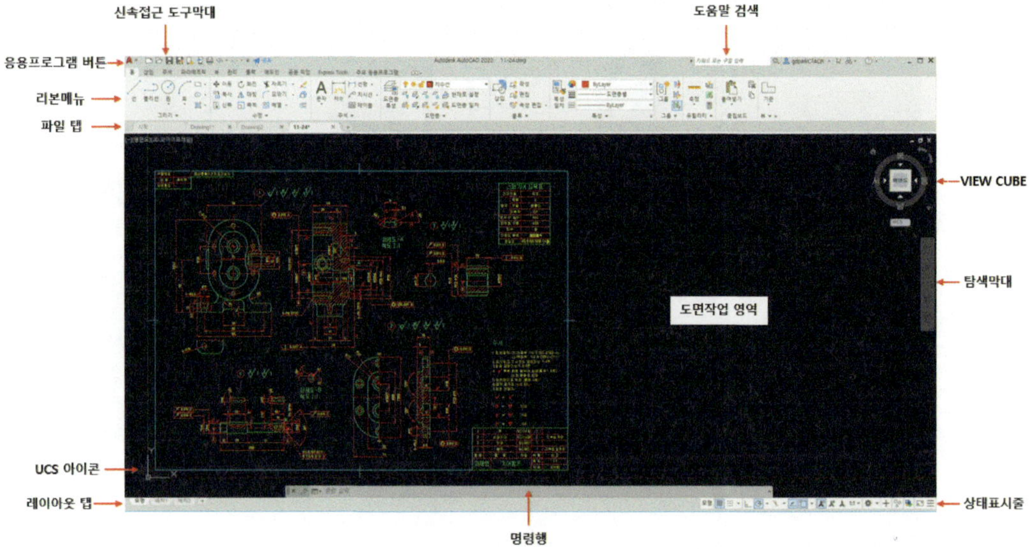

그림 2-3 AutoCAD 2022 화면 구성

(2) 주요 기능

• 응용프로그램 버튼 

공통 도구에 액세스하여 응용프로그램 메뉴에서 파일을 시작하거나 게시할 수 있다. 응용프로그램 버튼을 클릭하면 다음 작업을 수행할 수 있다.

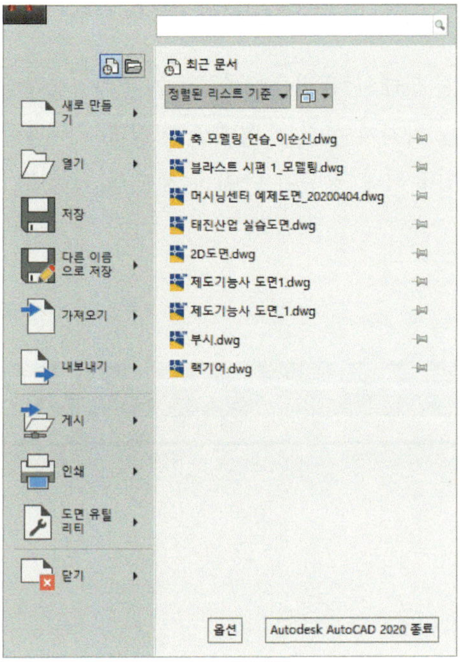

– 파일 작성, 열기 또는 저장
– 파일 감사, 복구 및 삭제
– 파일 인쇄 또는 게시
– 옵션 대화상자 액세스
– 응용프로그램 닫기

그림 2-4 **응용프로그램**

• 리본 메뉴

그림 2-5에서 가장 상단에 있는 메뉴바의 이름은 '메뉴 막대'이고 그 아래에 있는 메뉴 바는 '리본 팔레트'이다. 명령과 도구가 탭과 패널로 구성되어 있다. 예를 들어 홈 탭의 그리기 패널에는 선, 폴리선, 원, 호와 같은 기본 객체와 복합 객체를 작성하는 도구가 포함되어 있다.

그림 2-5 **메뉴 막대와 리본 팔레트**

• 상태 표시줄

도면작업을 빠르고 정확하게 작업하는데 필요한 부가명령을 설정할 수 있다.
스냅모드, 모눈표시, 직교모드, 극좌표 추적하기, 객체스냅, 객체스냅 추적하기, 선가중치 표시, 주석 객체 표시 등을 설정할 수 있다.

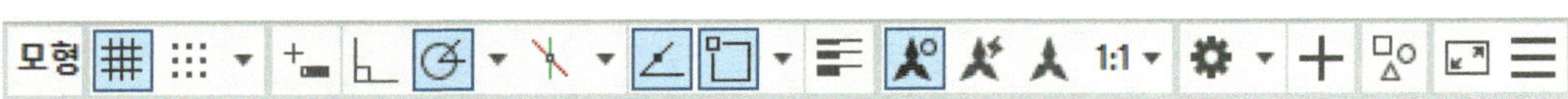

그림 2-6 **상태 표시줄**

2.1.3 도면 작업 명령어 사용

명령행은 사용자가 명령을 입력하고 작업이 진행되는 상태와 옵션을 확인할 수 있다. 명령행 좌측 끝부분을 마우스로 드래그해서 이동하면 원하는 위치에 부착된 형태로 명령행을 사용할 수 있다. 명령행에 작업자가 영어 대, 소문자 구분없이 직접 명령어 단어 전체를 입력하거나 단축키로도 간편하게 입력하여 사용할 수 있다.

(1) 명령 실행문의 구조

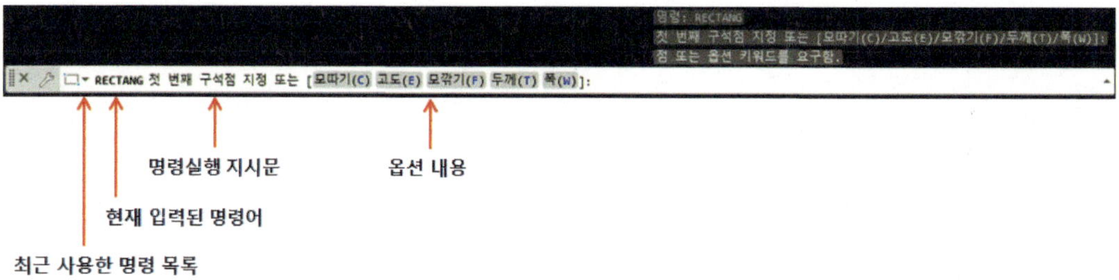

그림 2-7 명령행 구조

2.1.4 옵션 설정하기

명령: option (단축키 : OP) Enter↵

(1) 파일 탭 설정 사항

"자동 저장 파일 위치"를 컴퓨터의 "D 드라이브"에 "폴더"를 만들어서 설정.

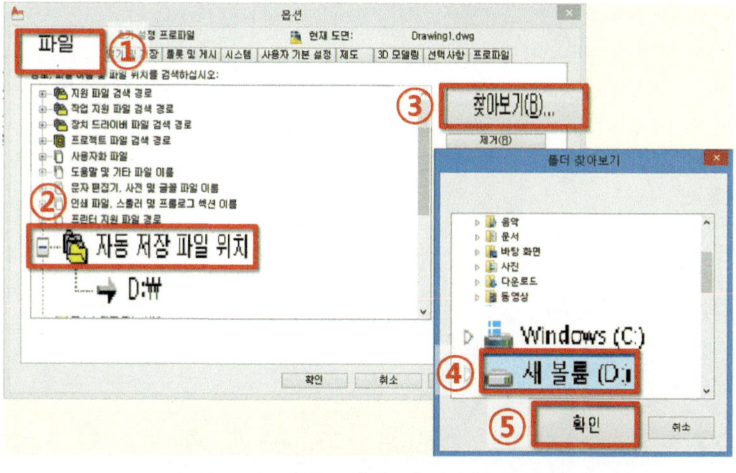

그림 2-8 자동 저장 파일 위치 설정

(2) 화면표시

가) "윈도우 요소" – "색상" 설정

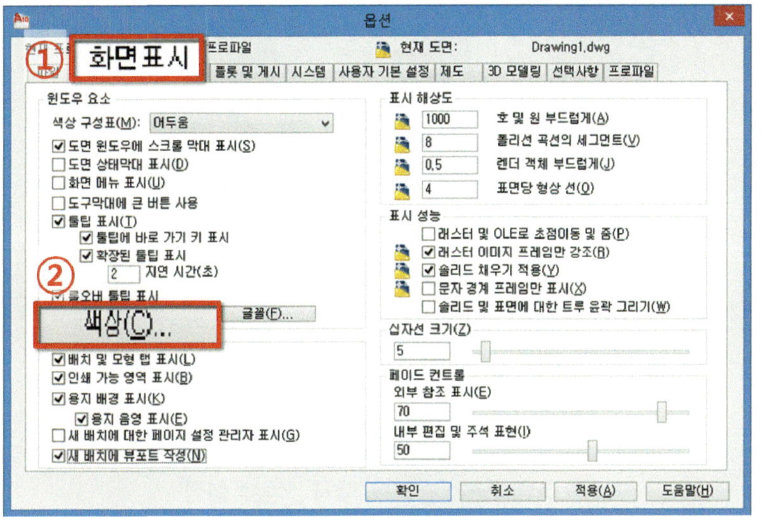

그림 2-9 화면 색상 설정

① "2D 모형 공간" - "균일한 배경" - "검은색"

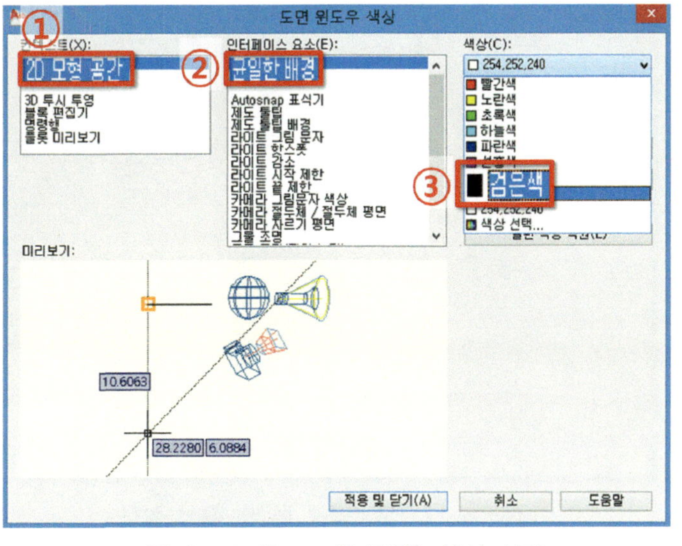

그림 2-10 '2D 모형 공간' 색상 설정

② "시트 / 배치" - "균일한 배경" - "검은색"

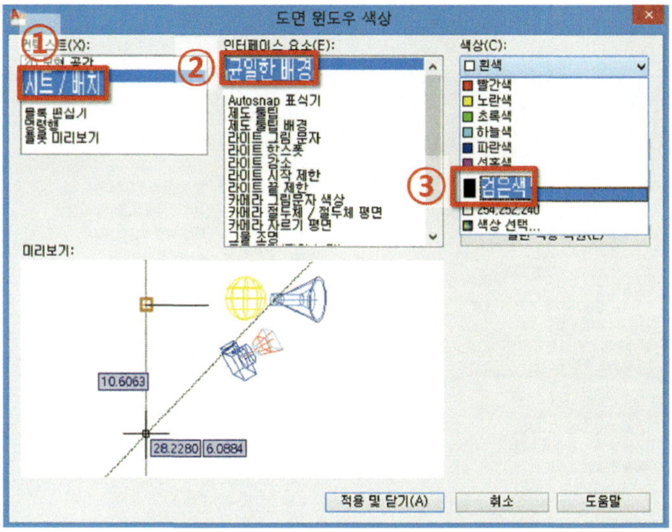

그림 2-11 '시트/배치' 색상 설정

③ "3D 평행 투영" - "균일한 배경" - "검은색" - "적용 및 닫기"

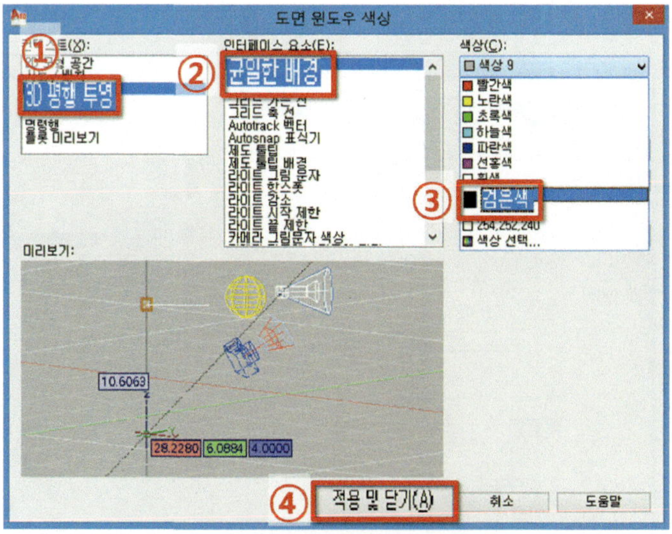

그림 2-12 '3D 평행 투영' 색상 설정

(3) 사용자 기본설정 탭

가) 사용자 기본 설정

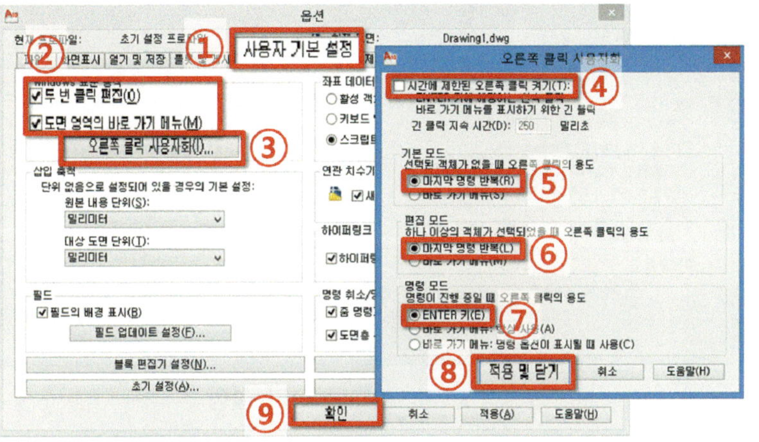

그림 2-13 **사용자 기본 설정**

① 사용자 기본 설정 탭 선택
② 두 번 클릭 편집 및 도면 영역의 바로 가기 메뉴 체크
③ 오른쪽 클릭 사용자화 클릭
④ 시간에 제한된 오른쪽 클릭 켜기 선택 해제
⑤, ⑥ 마지막 명령 반복 선택
⑦ Enter키 선택
⑧ 적용 및 닫기
⑨ 확인

(4) 선택사항

가) 확인란 크기

① 1/3 정도의 위치로 이동

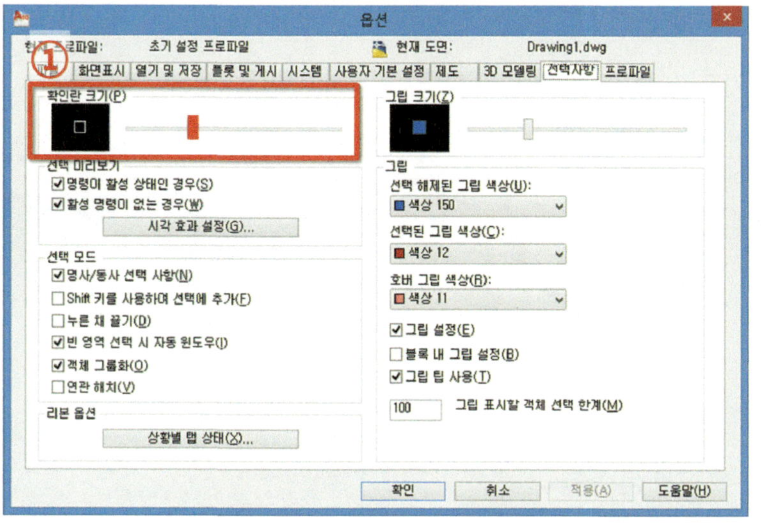

그림 2-14 확인란 크기 설정

나) 명령어 실행법 (명령어 및 크기설정은 두 가지 방법 중 한 가지만 선택한다.)

① 명령 : pickbox Enter↵

② PICKBOX에 대한 새 값 입력 〈6〉: 7 Enter↵

2.1.5 상태 표시줄 설정하기

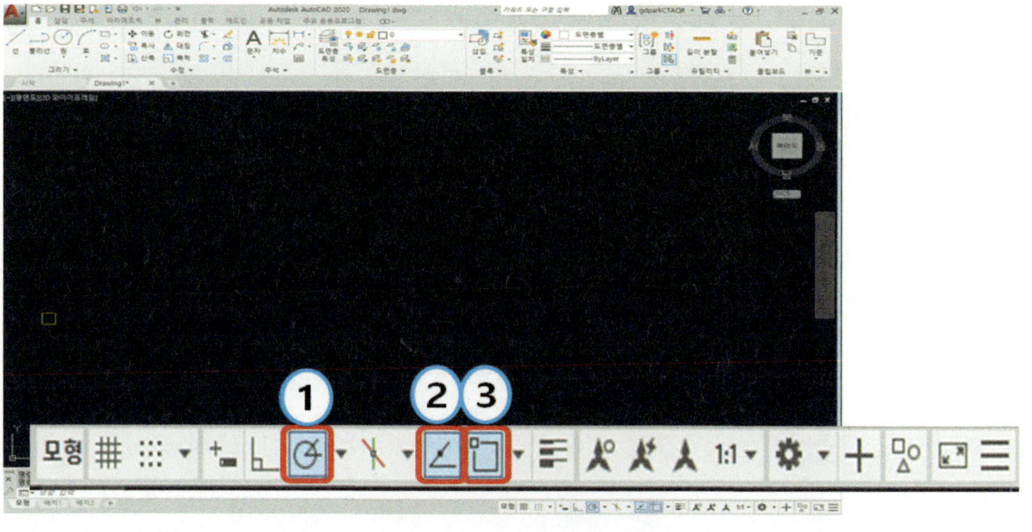

그림 2-15 상태 표시줄 설정

① 극좌표 추적하기
② 객체스냅
③ 객체스냅 추적하기

2.1.6 객체 스냅 설정(OSNAP)

작성된 객체의 특정 좌표를 찾아 객체를 연결하거나 편집을 하는 경우 정확한 점을 지정할 수 없다. 이런 경우 객체스냅을 이용한다. 즉, 객체의 특정한 좌표(점)를 찾아주는 기능이다. 이 기능은 단독으로 쓰이지 않고 명령어 실행 중에 점(포인트)의 지정을 요구할 때(첫 번째 점 지정, 원의 중심점 지정 등)에 사용한다.
명령: osnap (단축키 명령어 : OS) Enter↵

(1) 객체 스냅 모드 설정

상태 막대에 그리기 도구의 바로 가기 메뉴에서 OSNAP 항목을 마우스 오른쪽 버튼을 누르고 설정을 누르면 객체스냅 제도 설정 대화상자가 나온다. 창이 나오면 본인이 원하는 객체스냅을 선택한 뒤 확인을 누르고 사용한다. (단 OSNAP 항목이 ON 되어 있어야 한다.)

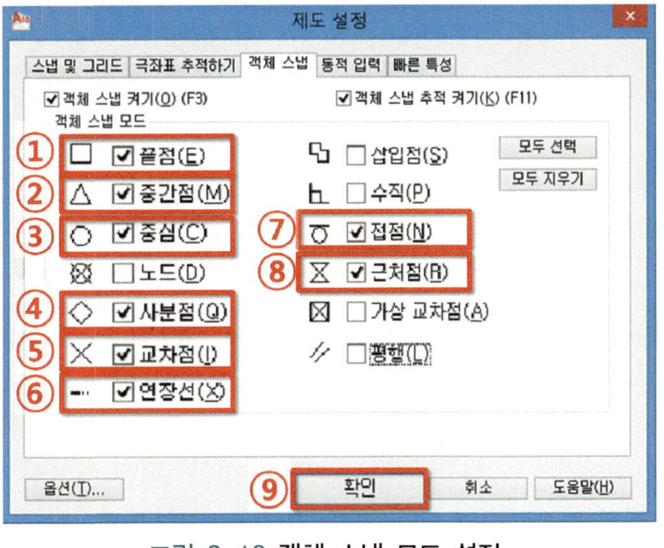

그림 2-16 객체 스냅 모드 설정

① 끝점 ② 중간점 ③ 중심 ④ 사분점 ⑤ 교차점 ⑥ 연장선 ⑦ 접점 ⑧ 근처점 ⑨ 확인

(2) 객체스냅 제도 설정 대화상자(기호의 예)

□ 끝점 : 선분이나 호의 가장 가까운 끝점을 찾는다.
△ 중간점 : 선분이나 호의 중간점을 찾는다.
○ 중심 : 원, 호, 타원의 중심점을 찾는다.
× 교차점 : 선분, 원, 호 등 객체사이의 교차점을 찾는다.
-·· 연장선 : 객체가 존재하지는 않지만 선택한 객체의 연장선상의 한 점을 찾는다.

(3) 단축키 메뉴를 이용한 사용법

포인트 입력을 요구하는 시점에서 키보드의 〈Ctrl〉키나 〈Shift〉키를 누르고 마우스의 오른쪽 버튼을 클릭하면 객체스냅 메뉴가 나타난다. 마찬가지로 원하는 객체스냅 종류를 선택한 뒤 사용한다.

2.1.7 종이의 중심 맞추기

명령: Z Enter↵

윈도우 구석을 지정, 축척 비율 (nX 또는 nXP)을 입력 또는
[전체(A)/중심(C)/동적(D)/범위(E)/이전(P)/축척(S)/윈도우(W)/객체(O)] 〈실시간〉: A Enter↵

2.1.8 도면층 설정하기(LAYER)

레이어란 층 또는 겹이란 의미이며, 도면을 여러 겹으로 그린다는 것이다. 보통 도면 위에는 외형선, 은선, 치수선, 각종 지시 사항들이 어지러이 펼쳐져 있다. 이런 것을 종류별로 구분해서 마치 투명한 비닐 위에 도면을 그린 것처럼 필요할 때는 겹쳐보고 필요 없을 때에는 꺼둔다면 복잡한 도면을 그린 것처럼 필요할 때는 겹쳐보고 필요 없을 때는 꺼둔다면 복잡한 도면을 관리하기가 훨씬 쉬울 것이다. 한 도면상에 원하는 만큼의 레이어를 만들 수 있고 각 레이어별로 도면 요소들을 보이거나 안보이게, 색상을 변경하거나 선의 종류를 지정하는 등 한꺼번에 관리할 수 있다. 물론 어떤 물체에 이미 지정되어 있는 레이어를 다른 것으로 변경하는 것도 가능하다.

• 도면 층 색 번호

색 번호(Standard Colors)	색
1	빨간색 (Red)
2	노란색 (Yellow)
3	초록색 (Green)
4	하늘색 (Cyan)
5	파란색 (Blue)
6	선홍색 (Magenta)
7	흰색 (White)
8	Other (8)
9	Other (9)

(1) 도면층 불러오기

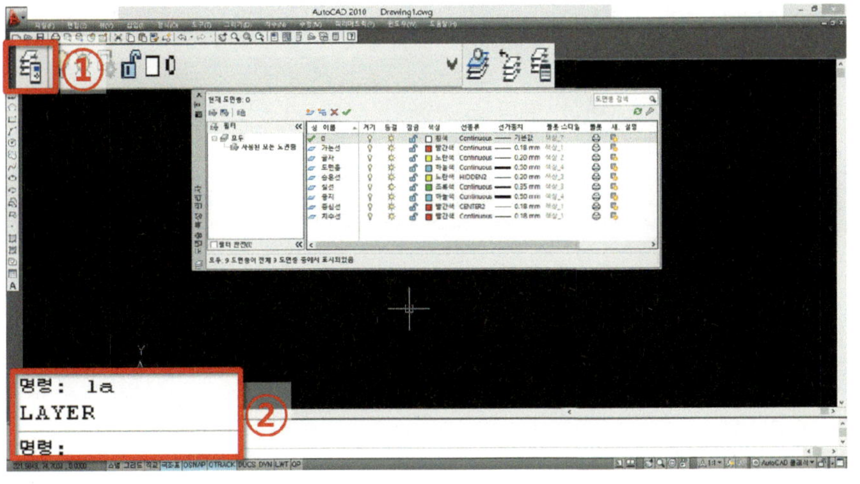

그림 2-17 도면층 설정 명령어 입력

① 명령: layer (단축키 명령어 : LA) Enter↵

② 아이콘 선택

③ 메뉴 막대에서 선택 (메뉴 → 형식 → 도면층)

(2) 도면층 설정사항

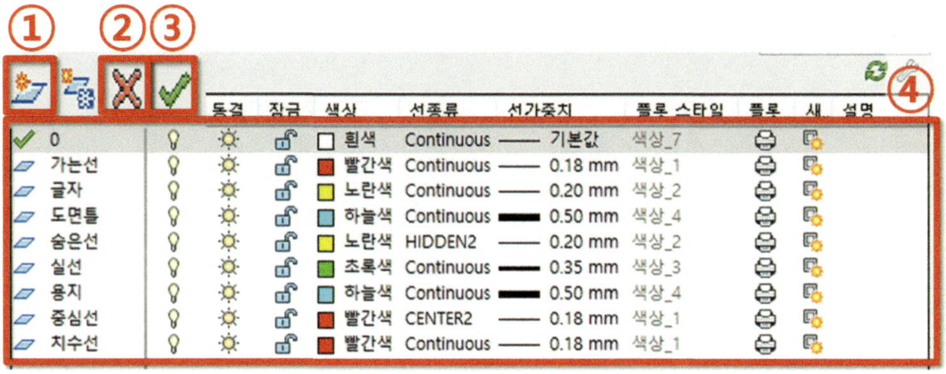

그림 2-18 도면층 설정

① 도면층 생성 단축키
② 도면층 삭제 단축키
③ 현제 사용 도면층 선택 (더블 클릭을 통하여 선택 가능)
④ 도면층을 그림과 같이 설정

2.1.9 기능키(FUNCTION KEY) 설명

기능키	명령	내용
F1	HELP	도움말 보기
F2	TEXT WINDOW	커멘드 창 띄우기
F3	OSNAP ON/OFF	객체스냅 사용유무
F4	TABLET ON/OFF	타블렛 사용유무
F5	ISOPLANE	2.5차원 방향 변경
F6	DYNAMIC UCS ON/OFF	자동 UCS 변경 사용유무
F7	GRID ON/OFF	그리드 사용유무
F8	ORTHO ON/OFF	직교모드 사용유무
F9	SNAP ON/OFF	도면 스냅 사용유무
F10	POLAR ON/OFF	폴라 트레킹 사용유무
F11	OSNAP TRACKING ON/OFF	객체스냅 트레킹 사용유무
F12	DYNAMIC INPUT ON/OFF	다이나믹 입력 사용유무

2.2 기본 조작법

2.2.1 마우스 사용법

① 마우스 왼쪽
객체선택, 그리기 실행, CAD 메뉴 선택, 아이콘 선택

② 화면 확대 축소 (명령 : zoom, 단축키 명령어 : Z)
- 확대 : 마우스 휠 ↑
- 축소 : 마우스 휠 ↓
- 화면이동(명령 : pan, 단축키 명령어 : P) : 마우스 휠을 눌러서 이동

③ 마우스 오른쪽
사용하기 위해서는 "OP"에서 설정을 해야 함. [1.4 3) 참조]

2.2.2 객체의 선택 방법

1) Window
객체가 사각형 안쪽에 모두 포함이 되어야 선택가능
객체의 왼쪽에서 오른쪽으로 선택

2) Crossing
객체가 선택 사각형에 조금이라도 포함이 되어 있으면 선택 가능
객체의 오른쪽에서 왼쪽으로 선택

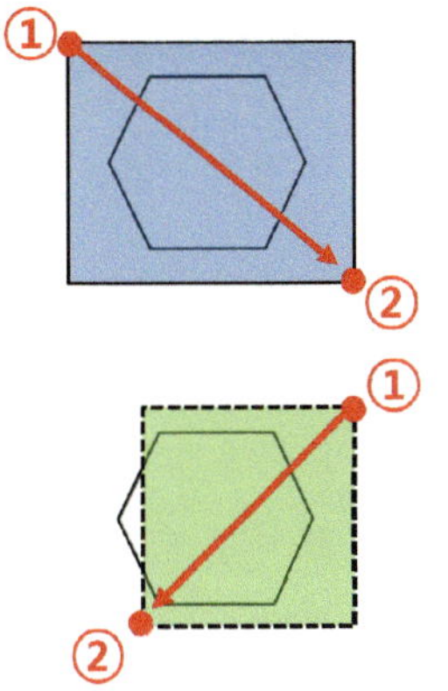

※ 점은 마우스 왼쪽 클릭

2.2.3 키보드 사용법

① 키보드 자판으로 커멘드 라인 명령어 입력

"Enter↵"키를 사용해서 명령을 실행. ("Space Bar"도 같은 기능)

② 단축키 실행

오토캐드의 긴 명령을 짧게 줄여서 사용하도록 단축 명령이 정의된 파일 (Program Parameters File)

2.2.4 다중선택 및 해제

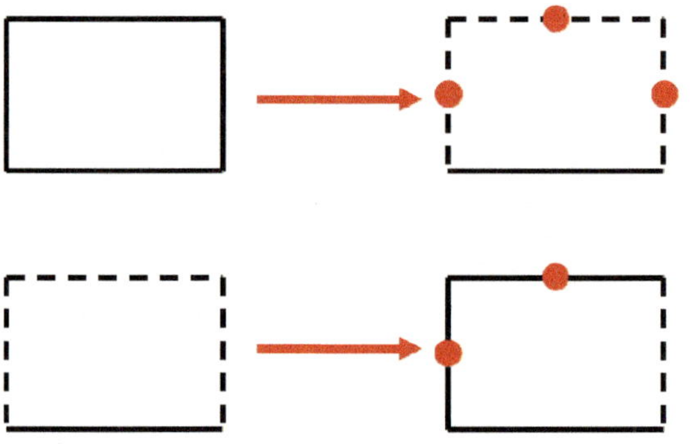

① 객체의 다중 선택은 마우스 왼쪽 버튼 사용으로 다중 선택이 가능

② "Shift" 키를 누르고 마우스 왼쪽 클릭으로 객체의 선택 해제가 가능

※ 점은 마우스 왼쪽 클릭

2.2.5 명령의 취소

입력된 명령을 취소할 때는 Esc

2.2.6 실행취소(U/UNDO)

U 명령은 이전에 실행된 명령을 하나씩 취소한다. U 명령을 반복 수행하면 원래의 도면 상태로 돌아갈 수 있으나, 한 번 이상 취소된 도면 상태로는 다시 되돌아갈 수 없으므로 주의하여야 한다.

U 명령과 달리 Undo 명령은 여러 가지 옵션을 가지고 마지막으로 실행된 명령을 취소하거나, 마지막에 생성된 도형요소를 제거하거나, 지정된 곳까지 작업을 되돌리기 위하여 되돌아 올 곳을 표시할 수 있는 명령이다.

명령 : UNDO/U Enter↵

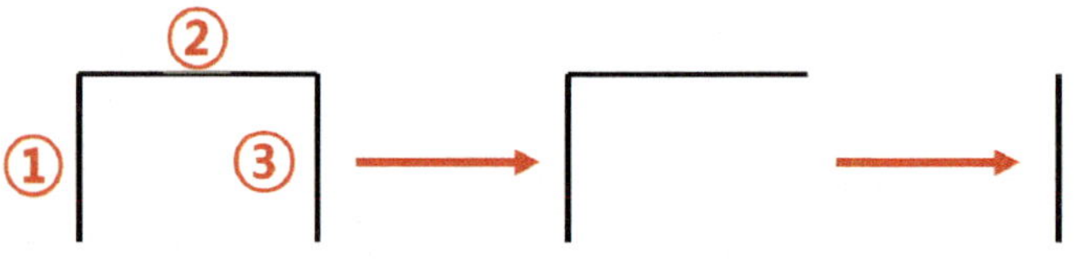

① → ② → ③ 순으로 작도된 객체를 undo명령으로 최근에 작도된 상태의 역순으로 되돌린다. (③ → ② → ①)

※ Crtl + Z를 통하여 사용이 가능하다.

2.2.7 실행취소 복원(REDO)

마지막에 실행된 명령을 1회에 한하여 REDO명령으로 실행된 명령을 취소시킨다.

명령 : REDO Enter↵

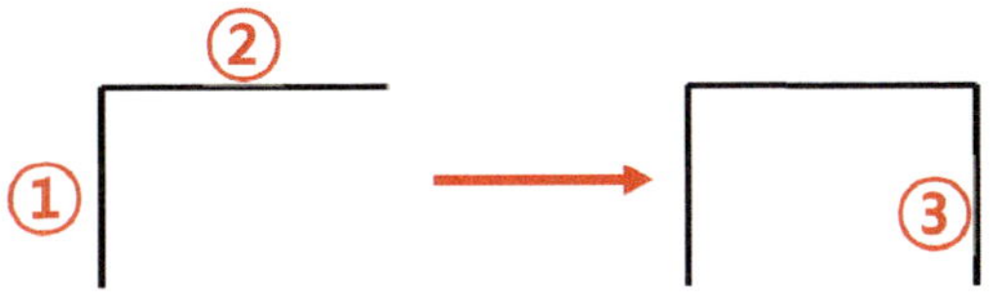

※ Crtl + Y를 통하여 다중복구도 가능하다.

2.2.8 좌표의 종류

(1) 절대좌표

콤마(,)에 의해 분리된 점의 좌표를 X, Y 형식으로 분리하여 입력한다.

입력방법) X, Y

예) 절대좌표를 이용해서 사각 형 그리기

명령: L Enter↵

첫 번째 점 지정: 10, 10 (입력) Enter↵
(1번 점의 좌표를 입력)
다음 점 지정 또는 [명령 취소(U)]:
20, 10 (입력) Enter↵
(2번 점의 좌표를 입력)
다음 점 지정 또는 [명령 취소(U)]:
20, 20 (입력) Enter↵
(3번 점의 좌표를 입력)
다음 점 지정 또는 [닫기(C)/명령 취소(U)]:
10, 20 (입력) Enter↵
(4번 점의 좌표를 입력)
다음 점 지정 또는 [닫기(C)/명령 취소(U)]: C Enter↵
(첫 점으로 연결 후 명령 종료)

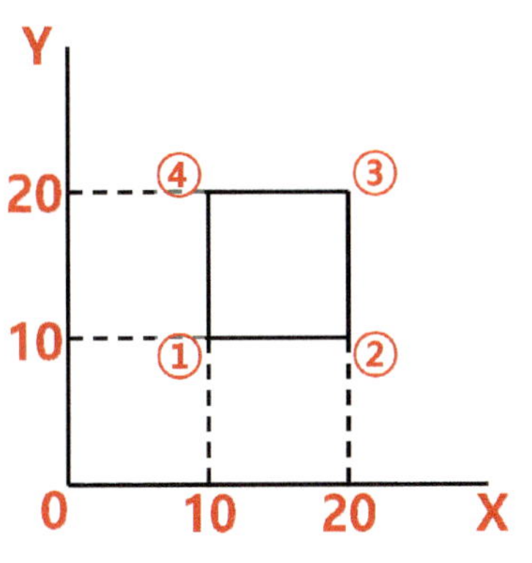

(2) 상대좌표

현재 지정된 좌표 점을 기준 원점으로 계산되어지는 평면상의 한 점을 지정하기 위한 좌표 개념이다. 이는 좌표값 앞에 "@"을 첨가함으로써 절대좌표와 구별된다.
입력방법) @X,Y (X 축의 변화량, Y축의 변화량)

명령: L Enter↵
첫 번째 점 지정: 임의의 한 점 클릭
(1번 점 입력)
다음 점 지정 또는 [명령 취소(U)]: @10,0 Enter↵
(2번 점의 좌표를 입력)
다음 점 지정 또는 [명령 취소(U)]: @0,10 Enter↵
(3번 점의 좌표를 입력)
다음 점 지정 또는 [닫기(C)/명령 취소(U)]: @–10,0 Enter↵
(4번 점의 좌표를 입력)
다음 점 지정 또는 [닫기(C)/명령 취소(U)]: C Enter↵
(첫 점으로 연결 후 명령 종료)

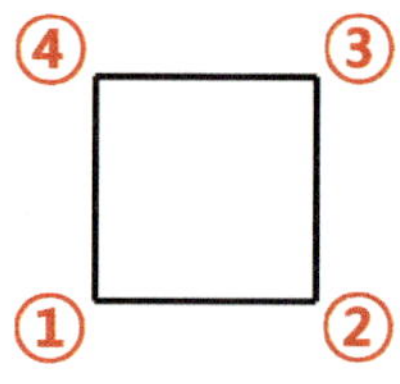

(3) 상대극좌표

화면상의 임의의 한 점에서 시작해서 다음 점까지의 거리와 각도를 입력한다.
입력방법) @길이<각도

명령: L Enter↵
첫 번째 점 지정: 임의의 한 점 클릭
(1번 점 입력)
다음 점 지정 또는 [명령 취소(U)]: @10<0 Enter↵
(2번 점의 극좌표를 입력)
다음 점 지정 또는 [명령 취소(U)]: @10<90 Enter↵
(3번 점의 극좌표를 입력)
다음 점 지정 또는 [닫기(C)/명령 취소(U)]:
@10<180 Enter↵
(4번 점의 극좌표를 입력)
다음 점 지정 또는 [닫기(C)/명령 취소(U)]: C Enter↵
(첫 점으로 연결 후 명령 종료)

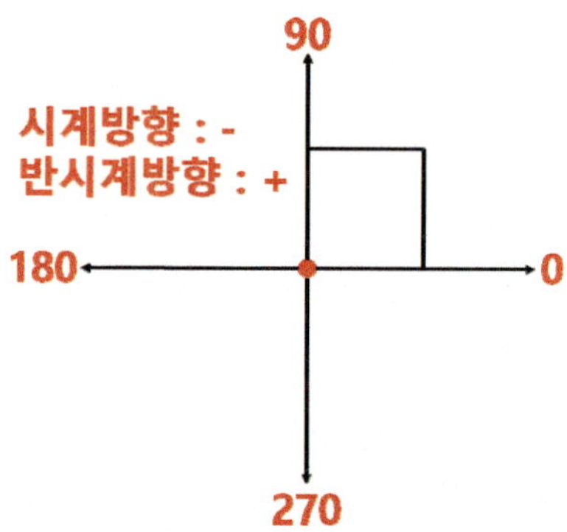

(4) 직교좌표

직교모드(F8)를 켜고 화면상의 임의의 점에서 마우스를 이용하여 가려고하는 방향을 지지한 후 거리를 입력한다.

입력방법) 마우스 포인터 방향, 거리

명령: L Enter↵
첫 번째 점 지정: 임의의 한 점 클릭
(1번 점 입력)
마우스 커서를 객체의 왼쪽으로 둔 뒤
다음 점 지정 또는 [명령 취소(U)]: 10 Enter↵
(2번 점의 좌표를 입력)
마우스 커서를 객체의 상측으로 둔 뒤
다음 점 지정 또는 [명령 취소(U)]: 10 Enter↵
(3번 점의 좌표를 입력)
마우스 커서를 객체의 오른쪽으로 둔 뒤
다음 점 지정 또는 [닫기(C)/명령 취소(U)]: 10 Enter↵
(4번 점의 좌표를 입력)
다음 점 지정 또는 [닫기(C)/명령 취소(U)]: C Enter↵
(첫 점으로 연결 후 명령 종료)

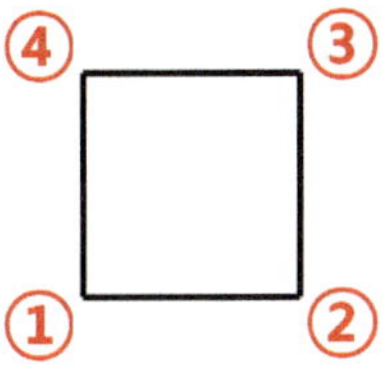

2.3 AutoCAD 명령어 익히기

2.3.1 선 그리기(LINE)

선을 그리는 명령으로 두 개의 좌표점을 입력하여 두 점을 연결하는 직선을 그린다. 먼저 직선을 그리기 전에 좌표를 나타내는 법을 보면 절대좌표, 극좌표, 상대좌표, 상대 극좌표가 있다. 각각의 좌표는 편의에 따라 선택되어질 수 있다.

• **좌표 종류**

구분 / 좌표	기준	입력 형식
절대 좌표	원점(0,0)	X, Y
극좌표	원점(0,0)	거리〈각도
상대 좌표	지정되어진 점	@X, Y
상대 극좌표	지정되어진 점	@거리〈각도

① 절대좌표는 원점(0,0)을 기준으로 하여 X, Y 좌표 값을 입력한다.
② 극좌표는 원점에서 지정하려는 점 사이의 거리와 평면상에서 X축과 이루는 각도를 거리〈각도 형식으로 입력한다.
③ 상대 좌표는 현재점을 기준으로 X, Y의 증분량을 @X, Y로 입력한다.
④ 상대 극좌표는 현재 점을 기준으로 지정하려는 점 사이의 거리 값과 각도를 @거리〈각도 형식으로 입력한다.

line 명령은 끝날 때까지 "to point" 메시지가 계속해서 나타나고 끝낼 때는 엔터키를 누르거나 마우스의 오른쪽 버튼을 누른다. 또는 선을 그리다가 "to point"에서 "c(close)"를 입력하면 시작점과 현재의 좌표점, 즉 최종 좌표점을 연결하고 명령을 마친다. 따라서 이 옵션을 사용하기 위해서는 기본적으로 2개의 직선이나 3개의 좌표점의 지정이 필요하다.

명령 : line (단축키 명령어 : L)

〈사용법〉

명령: L Enter↵
첫 번째 점 지정: 화면상의 임의의 한 점을 클릭
다음 점 지정 또는 [명령 취소(U)]: 2번점 클릭
다음 점 지정 또는 [명령 취소(U)]: 3번점 클릭
다음 점 지정 또는 [닫기(C)/명령 취소(U)]: 1번점 클릭
다음 점 지정 또는 [닫기(C)/명령 취소(U)]:
종료시에는 Enter↵

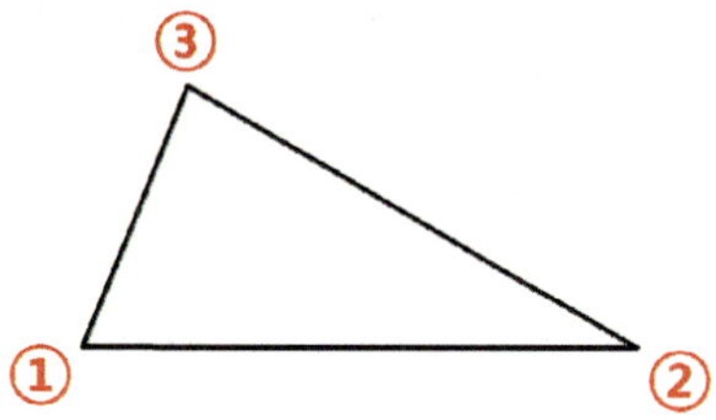

(1) 직선 그리기

명령: L Enter↵
첫 번째 점 지정: 임의의 1번점 클릭
다음 점 지정 또는 [명령 취소(U)]: 2번점 클릭
다음 점 지정 또는 [명령 취소(U)]: Enter↵
명령: Enter↵
LINE 첫 번째 점 지정: 3번점 클릭
다음 점 지정 또는 [명령 취소(U)]: 4번점 클릭
다음 점 지정 또는 [명령 취소(U)]: Enter↵

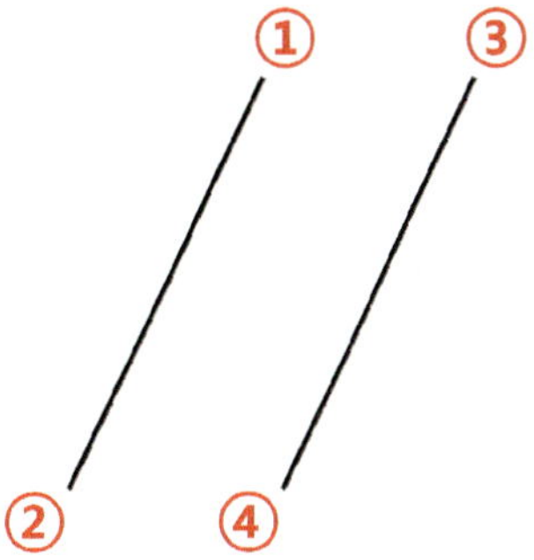

(2) 닫힌 직선 그리기

명령: L Enter↵
첫 번째 점 지정: 임의의 점 클릭(1번점)
다음 점 지정 또는 [명령 취소(U)]: 2번점 클릭
다음 점 지정 또는 [명령 취소(U)]: 3번점 클릭
다음 점 지정 또는 [닫기(C)/명령 취소(U)]: 4번점 클릭
다음 점 지정 또는 [닫기(C)/명령 취소(U)]: C Enter↵

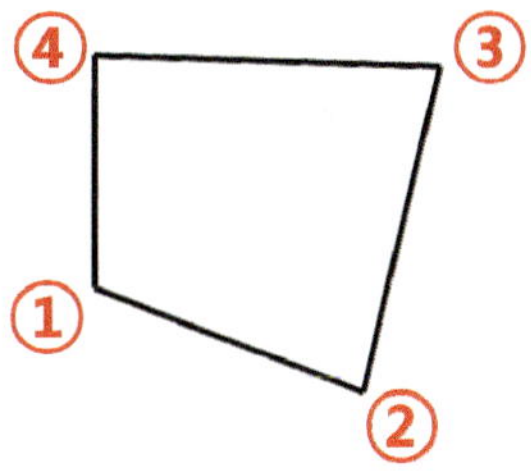

2.3.2 무한선 그리기(XLINE)

명령 : xline (단축키 명령어 : XL)

line과 마찬가지로 선을 생성하는 명령어이나 그냥 선이 아닌 무한선을 생성한다. 각 옵션을 통하여 여러 가지의 무한선 생성방법을 가진다.

▌사용법

(1) 무한선 그리기

명령: XL Enter↵
첫 번째 점 지정: 임의의 1번점 클릭
통과점을 지정: 2번점 클릭
첫 번째 점 지정: 3번점 클릭
통과점을 지정: Enter↵

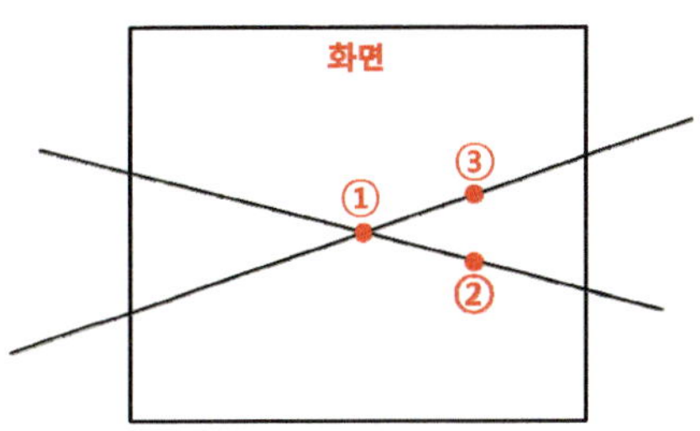

(2) 무한선 수직 그리기

명령: XL Enter↵
F8 (직교모드 ON)
첫 번째 점 지정: 임의의 1번점 클릭
통과점을 지정: 2번점 클릭
첫 번째 점 지정: 3번점 클릭
통과점을 지정: Enter↵

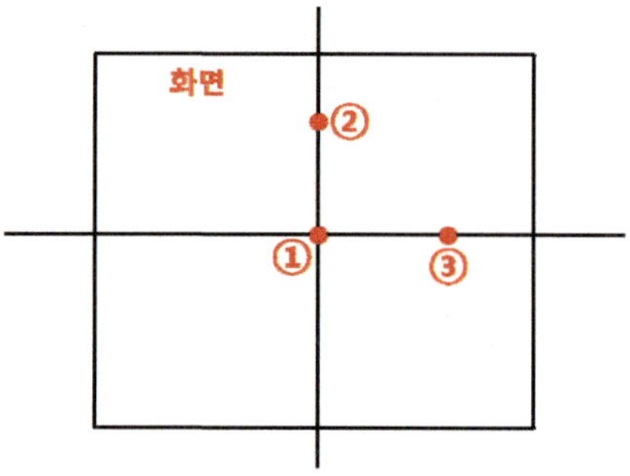

XLINE 옵션

XLINE 점을 지정 또는 [수평(H)/수직(V)/각도(A)/이등분(B)/간격띄우기(O)]:

① 수평(H) : 무한선을 수평으로 생성한다.
② 수직(V) : 무한선을 수직으로 생성한다.
③ 각도(A) : 입력한 각도만큼의 각을 가진 무한선을 생성한다.
④ 이등분(B) : 생성위치를 선택한 뒤 각도의 시작점과 끝점을 선택하면 각도의 중간점에 무한선을 생성한다.
⑤ 간격띄우기(O) : 객체와의 간격을 입력하고 객체를 선택 후 이송 방향을 선택하면 객체와 입력한 간격만큼 떨어진 위치에 무한선이 생성된다.

2.3.3 원(CIRCLE)

옵션들의 입력시켜 원을 생성하는 명령어이다.
명령 : circle (단축키 명령어 : C)

〈사용법〉

(1) 반지름을 이용한 원

명령: C Enter↵
원에 대한 중심점 지정 또는 [3점(3P)/2점(2P)/Ttr – 접선 접선 반지름(T)]: 임의의 한점 클릭
원의 반지름 지정 또는 [지름(D)]: 15 입력 Enter↵

(2) 지름을 이용한 원

명령: C Enter↵
원에 대한 중심점 지정 또는 [3점(3P)/2점(2P)/Ttr – 접선 접선 반지름(T)]: 임의의 점 클릭
원의 반지름 지정 또는 [지름(D)] 〈15.0000〉: D Enter↵
원의 지름을 지정함 〈30.0000〉: 60 입력 Enter↵

(3) 2점을 이용한 원

명령: C Enter↵
원에 대한 중심점 지정 또는
[3점(3P)/2점(2P)/Ttr – 접선 접선 반지름(T)]: 2P Enter↵
원 지름의 첫 번째 끝점을 지정: 임의의 한 점을 클릭
원 지름의 두 번째 끝점을 지정: 다른 한 점을 클릭

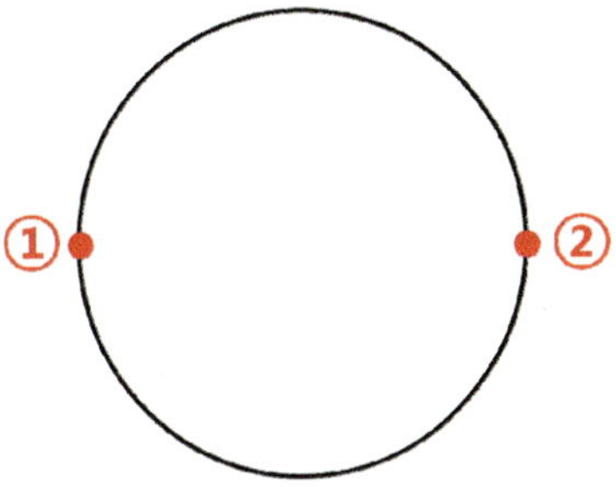

(4) 3점을 이용한 원

명령: C Enter↵
원에 대한 중심점 지정 또는
[3점(3P)/2점(2P)/Ttr – 접선 접선 반지름(T)]: 3P Enter↵
원 위의 첫 번째 점 지정: 1번 점 클릭
원 위의 두 번째 점 지정: 2번 점 클릭
원 위의 세 번째 점 지정: 3번 점 클릭

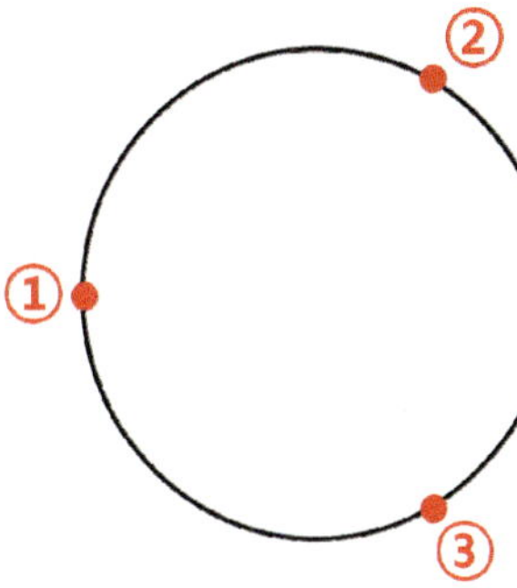

(5) 접선 접선 반지름을 이용한 원

명령: C Enter↵
원에 대한 중심점 지정 또는
[3점(3P)/2점(2P)/Ttr – 접선 접선 반지름(T)]:
T Enter↵
원의 첫 번째 접점에 대한 객체위의 점 지정:
1번 점 클릭
원의 두 번째 접점에 대한 객체위의 점 지정:
2번 점 클릭
원의 반지름 지정: 30 반지름 입력 Enter↵

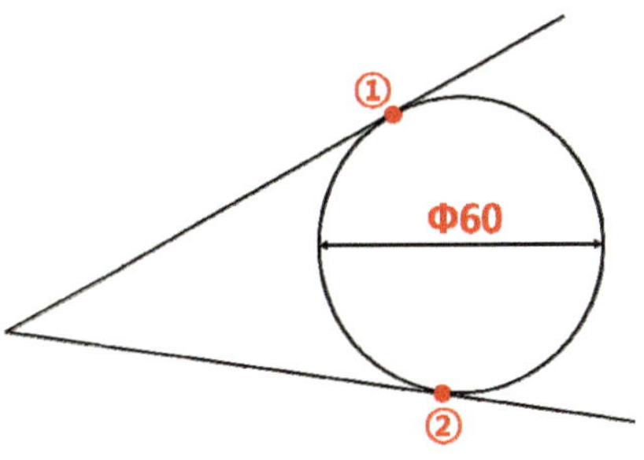

6) 접선 접선 접선을 이용한 원

① 풀다운 메뉴를 사용
"그리기" – "원" – "접선 접선 접선" 선택
단축키처럼 사용하는 방법
Alt – "D" – "C" – "A"

② 명령어 사용
명령: C Enter↵
원에 대한 중심점 지정 또는
[3점(3P)/2점(2P)/Ttr – 접선 접선 반지름(T)]: 3p
원 위의 첫 번째 점 지정: 1번점 클릭
원 위의 두 번째 점 지정: 2번점 클릭
원 위의 세 번째 점 지정: 3번점 클릭

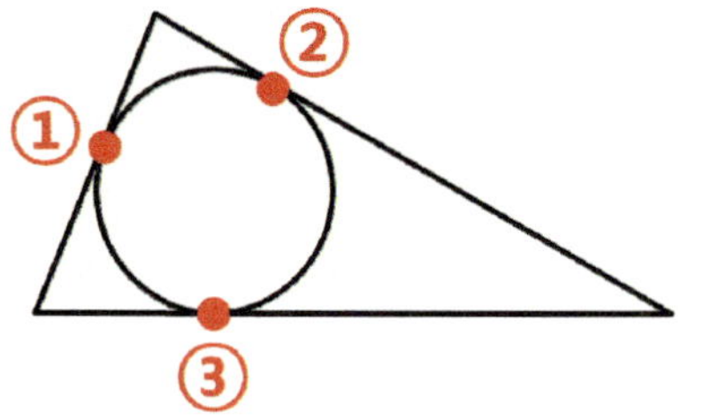

▌circle 옵션

① Radius : 지정하는 중심점과 반경에 의해 원을 그린다.
② Diameter : 지정하는 중심점과 직경에 의해 원을 그린다.
③ 3P(three–point) : 세 점을 지정함으로써 원을 그린다.
④ 2P(two–point) : 직경과 현의 두 끝점에 의해 원을 그린다.
⑤ TTR(tangent, tangent, radius) : 지정하는 두 개의 접점과 반경에 의해 원을 그린다.

2.3.4 호(ARC)

호를 그리는 명령어이다.
명령 : arc (단축키 명령어 : A)
주의) 시작점을 기준으로 반시계방향으로 작도된다.

〈자주 사용하는 방법〉

(1) 3점

명령: A Enter↵
ARC 호의 시작점 또는 [중심(C)] 지정: 1번점 클릭
호의 두 번째 점 또는 [중심(C)/끝(E)] 지정: 2번점 클릭
호의 끝점 지정: 3번점 클릭

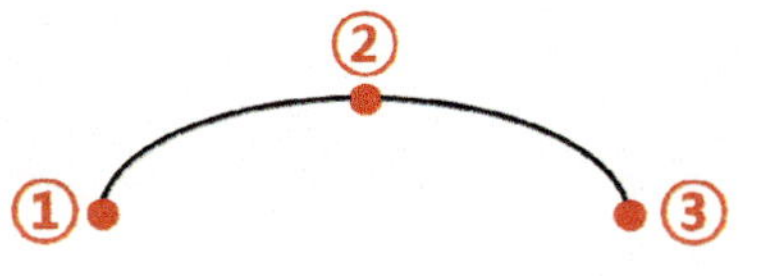

(2) 시작점, 중심점, 끝점

명령: A Enter↵
ARC 호의 시작점 또는 [중심(C)] 지정: 1번점 클릭
호의 두 번째 점 또는 [중심(C)/끝(E)] 지정:
C 2번점 클릭
호의 끝점 지정 또는 [각도(A)/현의 길이(L)]:
3번점 클릭

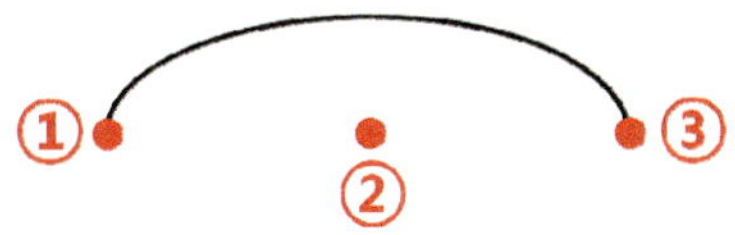

▌arc 옵션

① S, C, E : 시작점, 중심점, 끝점
② S, C, A : 시작점, 중심점, 각도
③ S, C, L : 시작점, 중심점, 현의 길이
④ S, E, R : 시작점, 끝점, 반지름
⑤ S, E, A : 시작점, 끝점, 각도
⑥ S, E, D : 시작점, 끝점, 접선의 방향
⑦ C, S, E : 중심점, 시작점, 끝점
⑧ C, S, A : 중심점, 시작점, 각도
⑨ C, S, L : 중심점, 시작점, 현의 길이

2.3.5 타원(ELLIPSE)

타원을 그리는 명령어이다.
명령 : ellipse (단축키 명령어 : EL)

(1) 한 축의 양 끝점과 다른 한 축의 한 끝점을 이용한 방법

명령: EL Enter↵
타원의 축 끝점 지정 또는 [호(A)/중심(C)]:
1,2번 클릭 후 3번 클릭

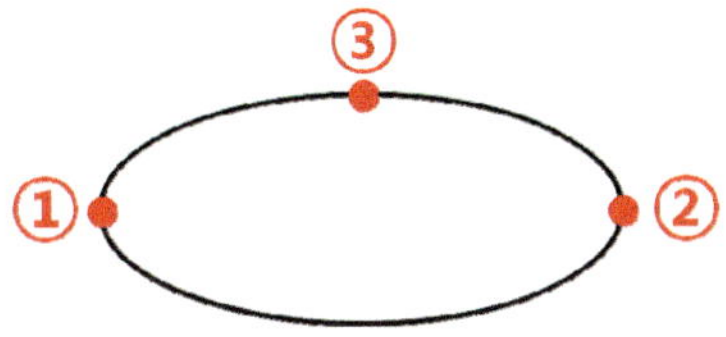

(2) 타원의 중심과 각 축의 한 끝점을 이용한 방법

명령: EL Enter↵
타원의 축 끝점 지정 또는 [호(A)/중심(C)]: C Enter↵
1,2,3번을 차례대로 클릭

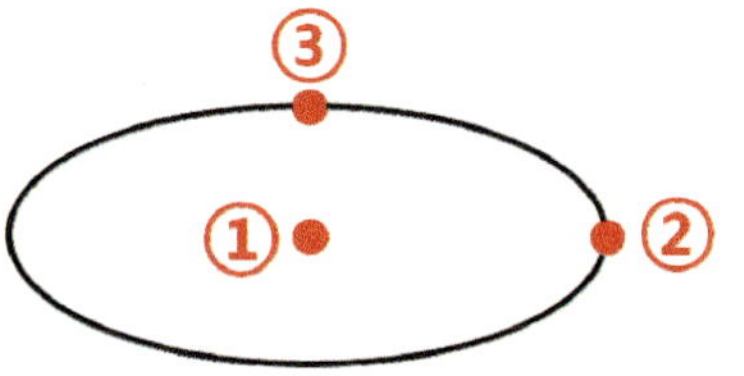

(3) 타원의 호를 작도하는 방법

명령: EL Enter↵
타원의 축 끝점 지정 또는 [호(A)/중심(C)]: A Enter↵
1,2번 클릭 후 3번 클릭 후
타원 호의 시작점과 끝점을 차례대로 클릭

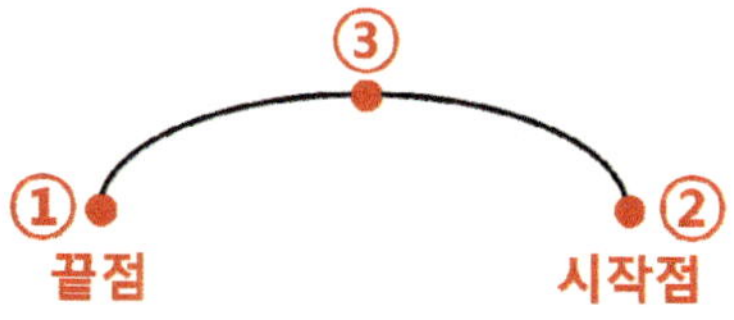

2.3.6 사각형 그리기(RECTANGLE)

명령 : rectangle (단축키 명령어 : REC)

(1) 사각형 그리기

명령: REC Enter↵
첫 번째 구석점 지정 또는
[모따기(C)/고도(E)/모깎기(F)/두께(T)/폭(W)]:
임의의 한 점 클릭
다른 구석점 지정 또는
[영역(A)/치수(D)/회전(R)]: 다른 점 클릭

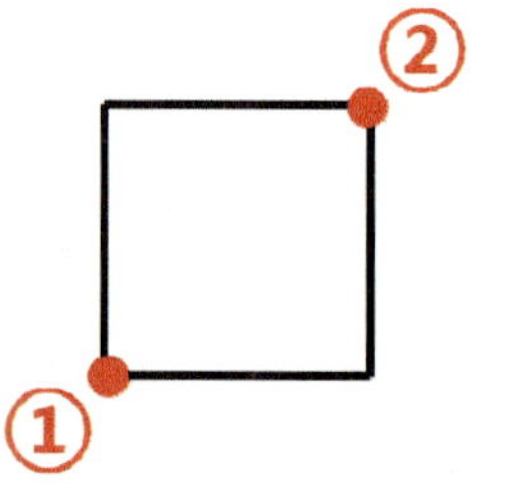

(2) 한 변의 길이가 10인 정사각형 그리기

명령: REC Enter↵
첫 번째 구석점 지정 또는
[모따기(C)/고도(E)/모깎기(F)/두께(T)/폭(W)]:
임의의 한 점 클릭
다른 구석점 지정 또는
[영역(A)/치수(D)/회전(R)]: @10,10 입력 Enter↵

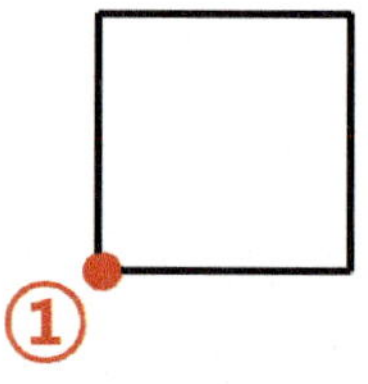

2.3.7 다각형(POLYGON)

다각형을 그리는 명령어로 3각형부터 1024각형까지의 다각형을 그릴 수 있다.

명령 : polygon (단축키 명령어 : POL)

(1) 내접으로 그리는 방법

명령: POL Enter↵
면의 수 입력 〈4〉: 3 Enter↵
작도하고자 하는 다각형의 면 수를 입력
다각형의 중심을 지정 또는 [모서리(E)]: 원의 중심 클릭
옵션을 입력 [원에 내접(I)/원에 외접(C)] 〈I〉: I Enter↵
원의 반지름 지정: 원의 내접점 클릭

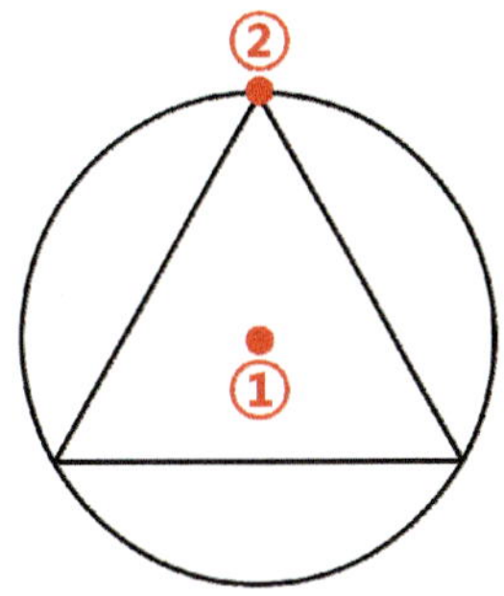

(2) 외접으로 그리는 방법

명령: POL Enter↵
면의 수 입력 〈4〉: 3 Enter↵
작도하고자 하는 다각형의 면 수를 입력
다각형의 중심을 지정 또는 [모서리(E)]: 원의 중심 클릭
옵션을 입력 [원에 내접(I)/원에 외접(C)] 〈C〉: C Enter↵
원의 반지름 지정: 원의 외접점 클릭

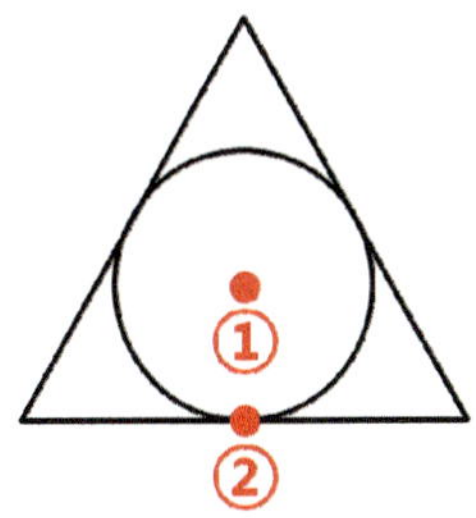

(3) 한변의 길이를 이용해서 그리는 방법

명령: POL Enter↵
면의 수 입력 〈4〉: 3 Enter↵
작도하고자 하는 다각형의 면 수를 입력
다각형의 중심을 지정 또는 [모서리(E)]: E Enter↵
모서리의 첫 번째 끝점 지정: 임의의 점 클릭
모서리의 두 번째 끝점 지정:
마우스로 방향을 지시한 후 변의 길이를 입력 20 Enter↵

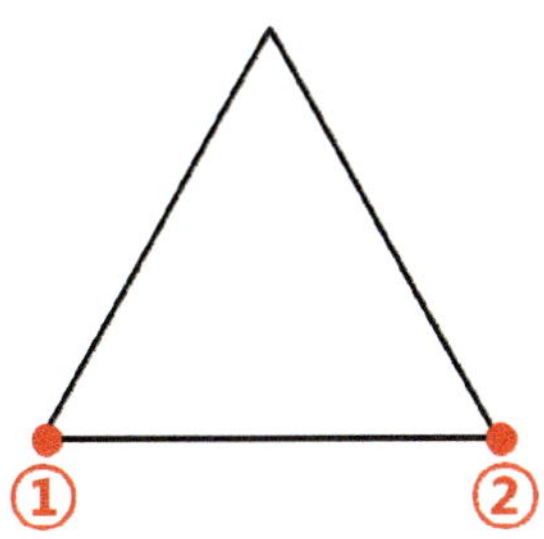

polygon 옵션

① I(I/C) : 원에 내접하는 다각형을 그릴 때 선택한다.
② C(I/C) : 원에 외접하는 다각형을 그릴 때 선택한다.
③ E(Edge) : 다각형 한 변의 길이를 지정하여 다각형을 그린다.

2.3.8 객체 삭제(ERASE)

도면에서 불필요한 요소를 제거하는데 사용한다. 도면상에서 제거할 요소에 피크박스(pickbox)라고 불리는 작은 박스를 위치시킨 후 마우스의 왼쪽 버튼을 클릭하여 선택한다. 제거할 요소가 선택되면 그 부분은 즉시 강조 표시된다. 피크박스를 사용하여 몇 개의 요소를 선택한 후 엔터키를 눌러 선택된 객체 모두를 지울 수도 있다.

명령 : erase (단축키 명령어 : E)

(1) 객체 선택 삭제

명령: E Enter↵
객체 선택: 지우고자 하는 객체를 클릭 1개를 찾음
객체 선택: 다른 객체를 클릭 1개를 찾음, 총 2개
객체 선택: Enter↵ 작업 실행

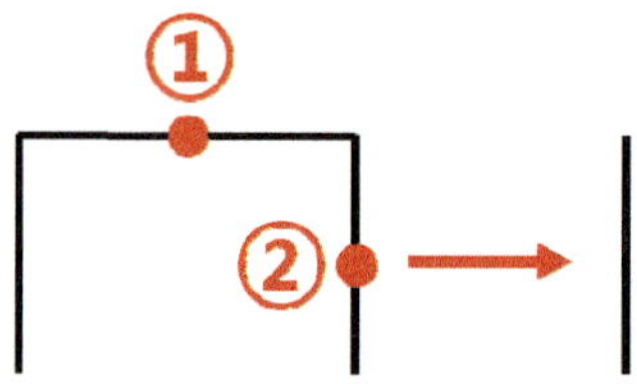

(2) 화면 전체 삭제

명령: E Enter↵
객체 선택: ALL Enter↵ 3개를 찾음
객체 선택: Enter↵ 명령실행

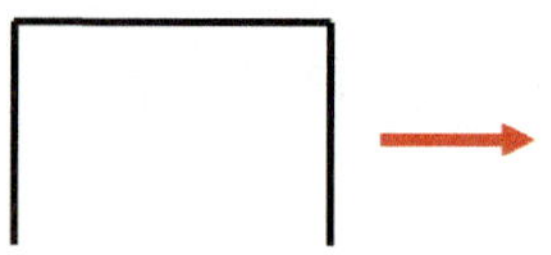

2.3.9 도면 재생성(REGEN)

도면을 재생성해 준다. 특히 원을 그리고 난 후 확대를 하면 다각형으로 보이는데 다시 원으로 재생성해 준다.

명령 : regen (단축키 명령어 : RE)

명령: RE Enter↵
모형 재생성 중.

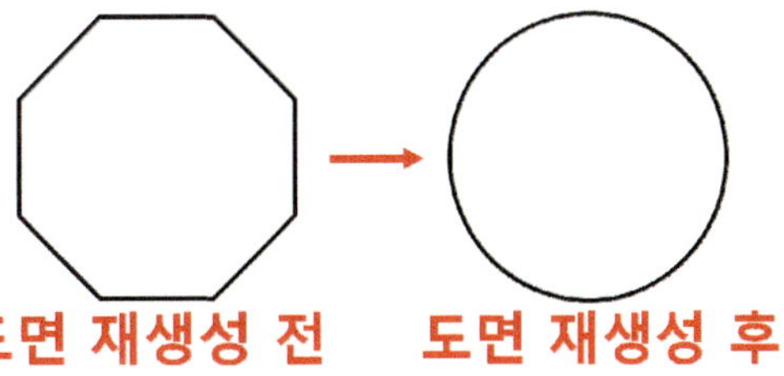

2.3.10 객체 분해(EXPLODE)

합쳐져서 생성된 도형들을 각각 객체별로 분해시키는 명령어이다.

명령 : explode (단축키 명령어 : X)

명령: X Enter↵
객체 선택: 분해할 객체 선택 1개를 찾음
객체 선택: Enter↵

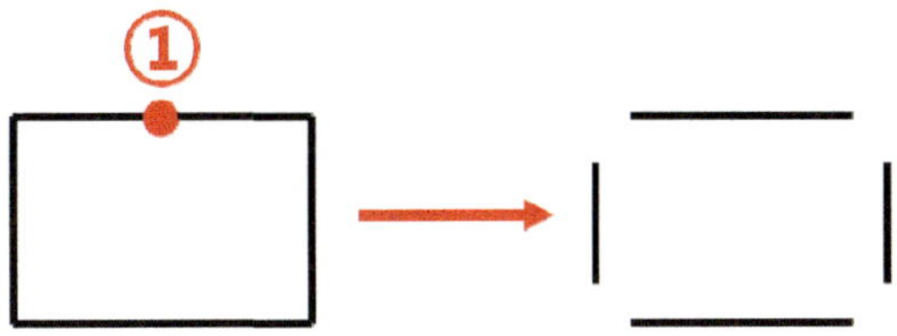

2.3.11 객체 편집(POLY LINE EDIT)

도면 객체들을 편집한다. 주로 객체결합에 많이 사용한다.

명령 : pedit(poly line edit) (단축키 명령어 : PE)

▌자주 사용하는 방법

명령: PE Enter↵
폴리선 선택 또는 [다중(M)]: 하나의 객체를 선택
선택된 객체가 폴리선이 아님 전환하기를 원하십니까? 〈Y〉 Enter↵
옵션 입력 [닫기(C)/결합(J)/폭(W)/정점 편집(E)/맞춤(F)/스플라인(S)/비곡선화(D)/선종류생성(L)/반전(R)/명령 취소(U)]: J Enter↵
객체 선택: 연결할 객체를 선택 3개를 찾음
객체 선택: Enter↵ 3개의 세그먼트가 폴리선에 추가됨
옵션 입력 [열기(O)/결합(J)/폭(W)/정점 편집(E)/맞춤(F)/스플라인(S)/비곡선화(D)/선종류생성(L)/반전(R)/명령 취소(U)]: Enter↵

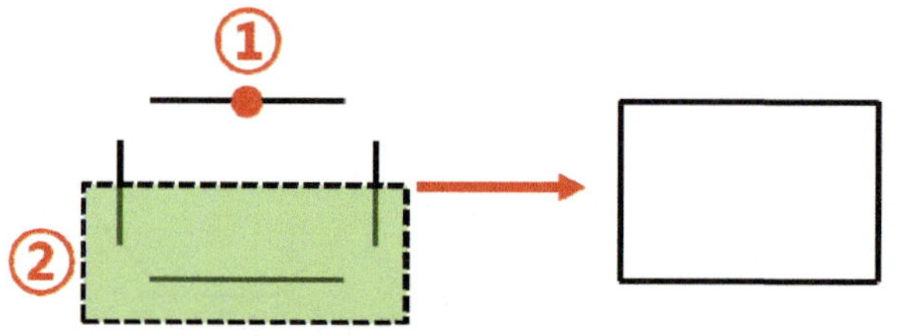

▌poly line edit 옵션

① 결합(J) : 끝점에서 만나는 오브젝트들을 한 폴리라인으로 결합한다.
② 폭(W) : 값이 폴리라인의 일정한 폭으로 변경되도록 한다.
③ 정점 편집(E) : 사용자가 폴리라인 정점이나 끝점의 특성을 수정할 수 있도록 한다.
④ 맞춤(F) : 정점들을 지나는 곡선을 작성한다.
⑤ 스플라인(S) : 정점들의 평균위치를 지나는 곡선을 작성한다.
⑥ 비곡선화(D) : Fit 또는 Spline 곡선 옵션에 의해 작성된 곡선을 제거한다.
⑦ 선 종류 생성(L) : 불연속선의 형태가 폴리라인 정점에 의해 영향을 받는지를 제어한다.
⑧ 명령 취소(U) : 최종 Pedit 조작을 취소한다.

2.3.12 복사(COPY)

선택된 도면의 요소를 복사한다. COPY 명령어를 사용하여 이 작업을 수행할 수 있는 객체를 복사하려면 복사할 객체를 선택한 후에 엔터키를 누른다. 이 때 복사할 객체 위치 지정을 위해 기본점을 지정한다. 객체를 복사해 올 위치를 선정하여 지정하면 객체가 복사된다.
명령 : copy (단축키 명령어 : C)

(1) 임의의 점으로 복사

명령: CP Enter↵
객체 선택: 임의의 객체 선택 1개를 찾음
객체 선택: Enter↵
현재 설정: 복사 모드 = 다중(M)
기본점 지정 또는 [변위(D)/모드(O)] 〈변위(D)〉:
임의의 기준점을 클릭
두 번째 점 지정 또는 〈첫 번째 점을 변위로 사용〉:
다음점 클릭
두 번째 점 지정 또는 [종료(E)/명령 취소(U)] 〈종료〉: Enter↵
※ 기본 값으로 다중모드 복사 실행 됨

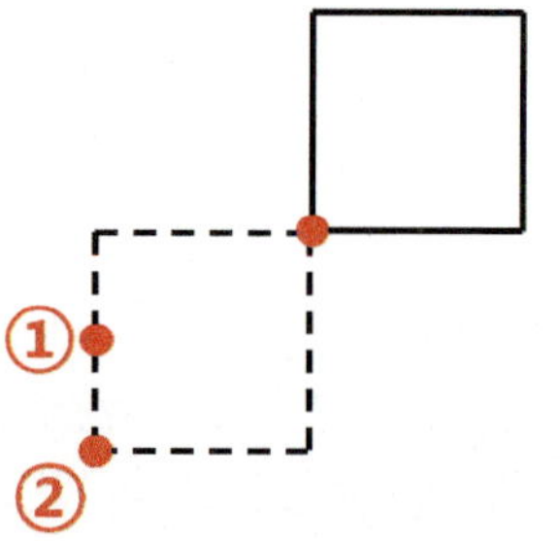

(2) 좌표를 이용해서 복사

명령: CP Enter↵
객체 선택: 객체를 선택 1개를 찾음
객체 선택: Enter↵
현재 설정: 복사 모드 = 다중(M)
기본점 지정 또는 [변위(D)/모드(O)] 〈변위(D)〉: 임의의 점 클릭
두 번째 점 지정 또는 〈첫 번째 점을 변위로 사용〉:
@50,50 입력 Enter↵
두 번째 점 지정 또는 [종료(E)/명령 취소(U)] 〈종료〉: Enter↵

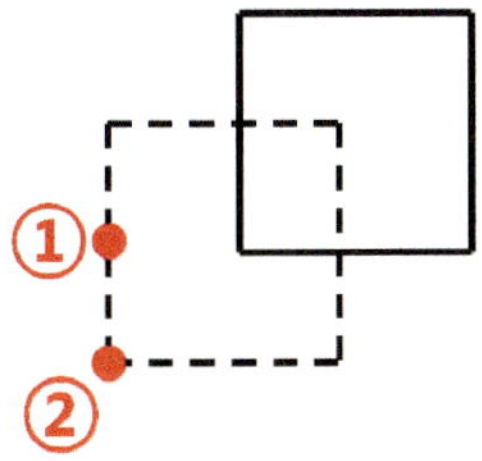

(3) 극좌표를 이용해서 복사

수평, 수직으로만 복사가 가능
명령: CP Enter↵
객체 선택: 복사대상 선택 클릭 1개를 찾음
객체 선택: Enter↵
현재 설정: 복사 모드 = 다중(M)
기본점 지정 또는 [변위(D)/모드(O)] 〈변위(D)〉:
임의의 점을 클릭한 후 마우스로 복사하고자 하는 방향을 지시
두 번째 점 지정 또는 〈첫 번째 점을 변위로 사용〉:
50 입력 Enter↵
두 번째 점 지정 또는 [종료(E)/명령 취소(U)] 〈종료〉: Enter↵

(4) 객체 간격 키보드 입력 복사

명령: CP Enter↵
객체 선택: 복사할 대상 지정 1개를 찾음
객체 선택: Enter↵
현재 설정: 복사 모드 = 다중(M)
기본점 지정 또는 [변위(D)/모드(O)] 〈변위(D)〉:
임의의 한점을 선택
두 번째 점 지정 또는 〈첫 번째 점을 변위로 사용〉:
마우스로 복사할 방향을 지시하고 거리 입력 70 Enter↵
두 번째 점 지정 또는 [종료(E)/명령 취소(U)] 〈종료〉: Enter↵

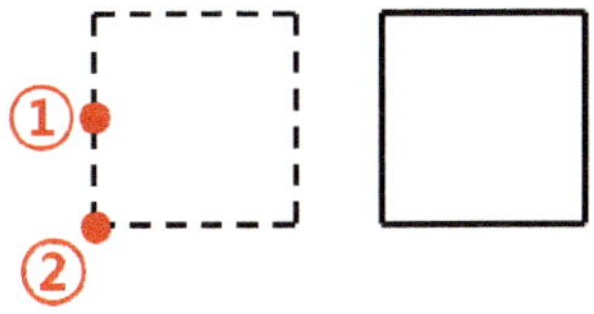

(5) 객체 간격 마우스 입력 복사

명령: CP Enter↵
객체 선택: 2번 객체를 선택 1개를 찾음
객체 선택: Enter↵
현재 설정: 복사 모드 = 다중(M)
기본점 지정 또는 [변위(D)/모드(O)] 〈변위(D)〉:
1번 객체의 모서리를 선택 클릭
두 번째 점 지정 또는 〈첫 번째 점을 변위로 사용〉:
2번 객체의 모서리를 선택 클릭
계속해서 같은 방법으로 복사 실행
주의) 하나씩 밀어준다는 생각으로 복사를 실행.
두 번째 점 지정 또는 [종료(E)/명령 취소(U)] 〈종료〉:
Enter↵

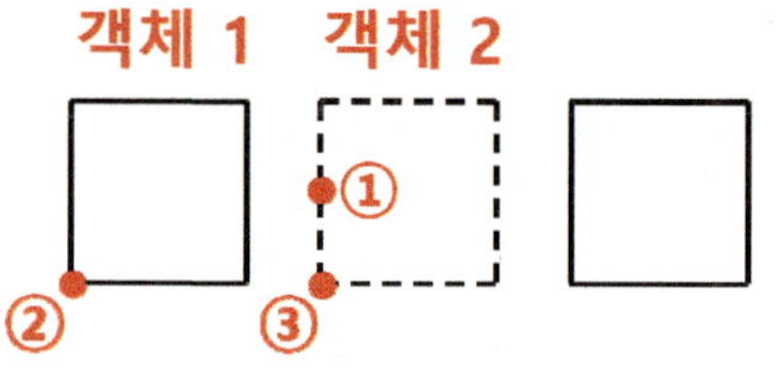

(6) 단축키 지정방법

"도구" – "사용자화" – "프로그램 매개변수 편집(acad.pgp)"
메모장 열리면 아래쪽으로 이동
CP, *COPY 아래쪽 줄에 CC, *COPY 라고 입력
저장 – 닫기
캐드로 이동 후 명령줄에 "REINIT" 입력 "PGP파일" 체크 후 사용.

2.3.13 이동(MOVE)

객체들을 이동시켜야 할 시 사용하는 명령어이다.
명령 : move (단축키 명령어 : M)

명령: M Enter↵
객체 선택: 이동 할 대상 선택 1개를 찾음
객체 선택: Enter↵
기준점 지정 또는 [변위(D)] 〈변위〉: 임의의 점 선택
두 번째 점 지정 또는 〈첫 번째 점을 변위로 사용〉:
이동시키고자 하는 위치로 클릭

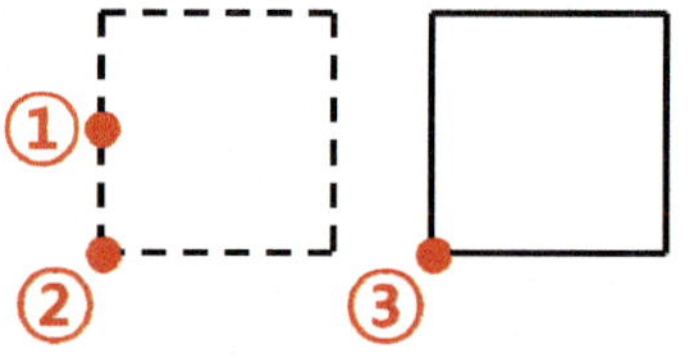

2.3.14 자르기(TRIM)

경계를 지정하여 그 경계를 가로지르는 도면 요소를 경계와 경계 사이 부분만을 제거한다. cutting edges는 자르려고 하는 요소를 교차하는 기존의 엔티티이다. cutting edges를 선택할 때는 pock box를 객체 위에 위치시킨 후 마우스 왼쪽 버튼을 누른 후 선택을 종료하기 위해 엔터(또는 마우스의 오른쪽 버튼)를 누른다. 여기서 pick box는 어떤 객체를 선택할 때 생기는 사각형모양의 선택도구이다. 그리고 제거할 부분은 마우스의 왼쪽 버튼을 누르면서 제거해 나간다. 전부 제거가 된 후에는 엔터(또는 마우스의 오른쪽 버튼)를 누르면 trim 명령 상태를 빠져 나간다.

명령 : trim (단축키 명령어 : TR)

주의 잘라낼 경계를 선택하는 것이 가장 중요

명령: TR Enter↵
현재 설정: 투영=UCS 모서리=없음 절단 모서리 선택
객체 선택 또는 〈모두 선택〉: 1번 객체를 클릭 1개를 찾음
객체 선택: Enter↵
자를 객체 선택 또는 Shift 키를 누른 채 선택하여 연장 또는
[울타리(F)/걸치기(C)/프로젝트(P)/모서리(E)/지우기(R)/
명령 취소(U)]: 2번 객체 클릭
자를 객체 선택 또는 Shift 키를 누른 채 선택하여 연장 또는
[울타리(F)/걸치기(C)/프로젝트(P)/모서리(E)/지우기(R)/
명령 취소(U)]: 3번 객체 클릭
자를 객체 선택 또는 Shift 키를 누른 채 선택하여 연장 또는
[울타리(F)/걸치기(C)/프로젝트(P)/모서리(E)/지우기(R)/
명령 취소(U)]: Enter↵

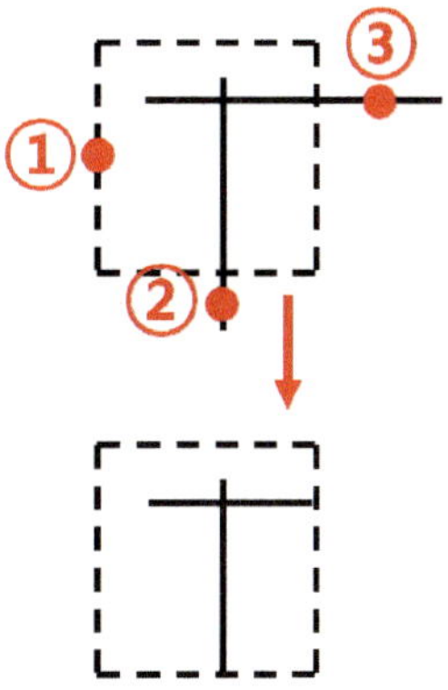

2.3.15 연장(EXTEND)

도면에서 대상의 끝점을 연장시켜 다른 대상의 경계선까지 확장, 연결시켜 준다. 경계영역은 하나 이상을 선택할 수 있으며 도면 요소는 첫 경계를 만나면 연장을 멈추며 다시 도면 요소를 선택함으로써 두 번째 만나는 경계선까지도 연장시킬 수 있다.

명령 : extend (단축키 명령어 : EX)

명령: EX Enter↵

현재 설정: 투영=UCS 모서리=없음 절단 모서리 선택 ...
객체 선택 또는 〈모두 선택〉: 1번 객체를 클릭 1개를 찾음
객체 선택: Enter↵
연장할 객체 선택 또는 Shift 키를 누른 채 선택하여 자르기
또는 [울타리(F)/걸치기(C)/프로젝트(P)/모서리(E)/명령 취소(U)]:
2번 객체 클릭
연장할 객체 선택 또는 Shift 키를 누른 채 선택하여 자르기
또는 [울타리(F)/걸치기(C)/프로젝트(P)/모서리(E)/명령 취소(U)]:
3번 객체 클릭
연장할 객체 선택 또는 Shift 키를 누른 채 선택하여 자르기
또는 [울타리(F)/걸치기(C)/프로젝트(P)/모서리(E)/명령 취소(U)]: Enter↵
※ 모서리 설정 시 Trim에 영향을 줌

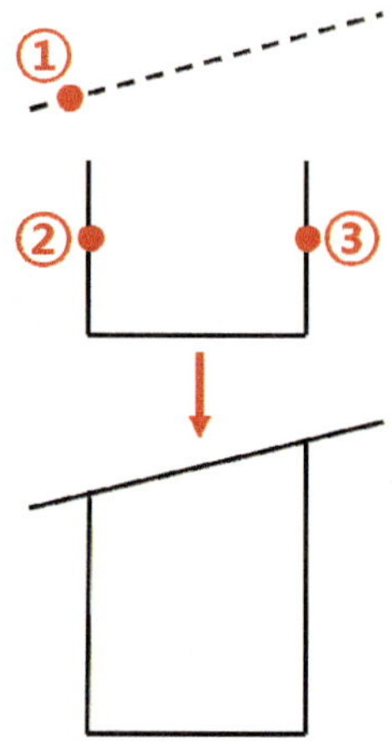

2.3.16 간격 띄우기(OFFSET)

Offset 명령어는 기존의 도면요소를 복사하여 지정된 일정한 간격이나 지정된 점을 통과하는 평행 도면 요소를 위치시킨다. 이는 다음과 같은 offset 명령을 입력함으로써 작동한다. Offset 명령 사용에는 두 가지 방법이 있는데, 첫 번째로 임의의 지나갈 점을 클릭함으로써 offset하는 방법이다. 두 번째로 구체적인 거리 값을 입력함으로써 정확한 위치에 offset시키는 방법이 있다.

명령 : offset (단축키 명령어 : O)

(1) 선 간격띄우기

명령: O Enter↵

현재 설정: 원본 지우기=아니오
도면층=원본 OFFSETGAPTYPE=0
간격띄우기 거리 지정 또는
[통과점(T)/지우기(E)/도면층(L)] 〈30.0000〉: 20 Enter↵
간격띄우기할 객체 선택 또는
[종료(E)/명령 취소(U)] 〈종료〉: 1번 객체 선택
간격띄우기할 면의 점 지정 또는
[종료(E)/다중(M)/명령 취소(U)] 〈종료〉: 2번 방향 클릭
간격띄우기할 객체 선택 또는
[종료(E)/명령 취소(U)] 〈종료〉: Enter↵

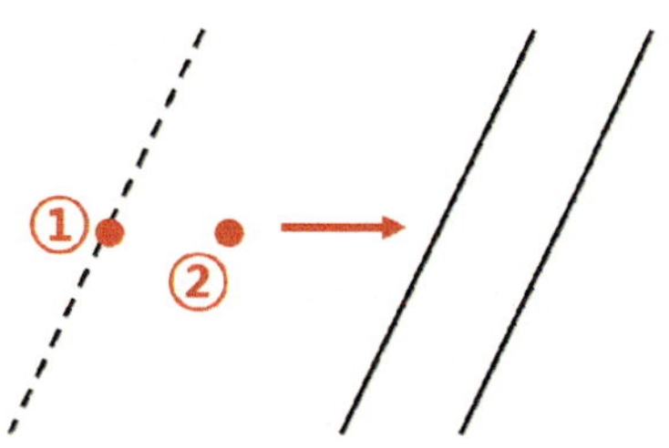

(2) 도형 간격띄우기

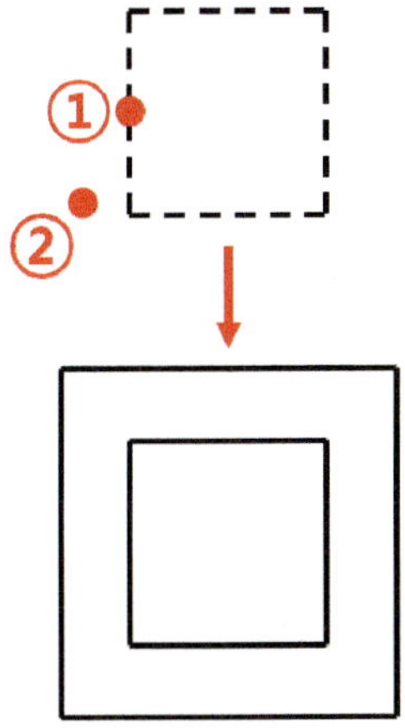

명령: O Enter↵
현재 설정: 원본 지우기=아니오
도면층=원본 OFFSETGAPTYPE=0
간격띄우기 거리 지정 또는
[통과점(T)/지우기(E)/도면층(L)] 〈30.0000〉: 20 Enter↵
간격띄우기할 객체 선택 또는
[종료(E)/명령 취소(U)] 〈종료〉: 1번 객체 선택
간격띄우기할 면의 점 지정 또는
[종료(E)/다중(M)/명령 취소(U)] 〈종료〉: 2번 방향 클릭
간격띄우기할 객체 선택 또는
[종료(E)/명령 취소(U)] 〈종료〉: Enter↵

2.3.17 회전(ROTATE)

지정한 기준점을 중심으로 선택된 도면 요소를 지정한 각도만큼 회전시킨다.
명령 : rotate (단축키 명령어 : RO)

(1) 한 점을 기준으로 회전

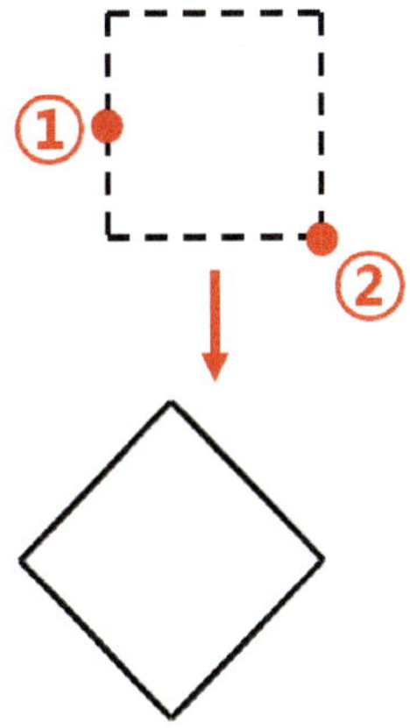

명령: RO Enter↵
현재 UCS에서 양의 각도:
측정 방향=시계 반대 방향 기준 방향=0
객체 선택: 회전하고자 하는 객체를 클릭 1개를 찾음
객체 선택: Enter↵
기준점 지정: 회전하고자 하는 중심점을 지정
회전 각도 지정 또는 [복사(C)/참조(R)] 〈0〉:
회전 각도 입력 45 Enter↵

(2) 회전과 동시에 복사

명령: RO Enter↵
현재 UCS에서 양의 각도:
측정 방향=시계 반대 방향 기준 방향=0
객체 선택: 1개를 찾음
객체 선택: Enter↵
기준점 지정: 회전하고자 하는 중심점을 지정
회전 각도 지정 또는 [복사(C)/참조(R)] 〈0〉:
C 선택한 객체의 사본을 회전합니다.
회전 각도 지정 또는 [복사(C)/참조(R)] 〈0〉:
회전 각도 입력 45 Enter↵

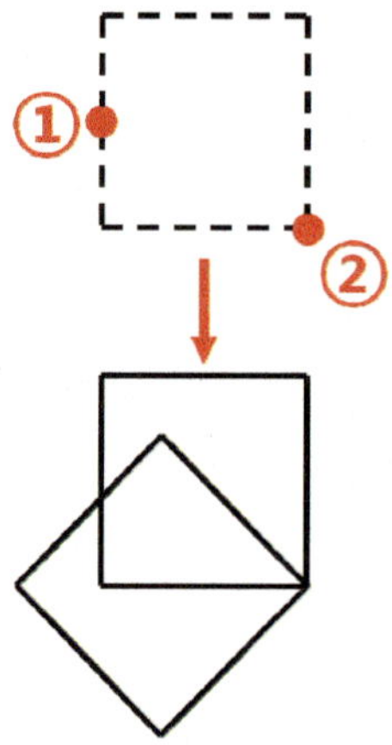

(3) 회전각도를 클릭해서 회전

명령: RO Enter↵
현재 UCS에서 양의 각도:
측정 방향=시계 반대 방향 기준 방향=0
객체 선택: 회전하고자 하는 객체를 클릭 1개를 찾음
객체 선택: Enter↵
기준점 지정: 회전하고자 하는 중심점을 지정
회전 각도 지정 또는 [복사(C)/참조(R)] 〈0〉: R Enter↵
참조 각도를 지정 〈180〉: 2번 점 클릭
두 번째 점을 지정: 3번 점 클릭
새 각도 지정 또는 [점(P)] 〈0〉: 4번 점 클릭

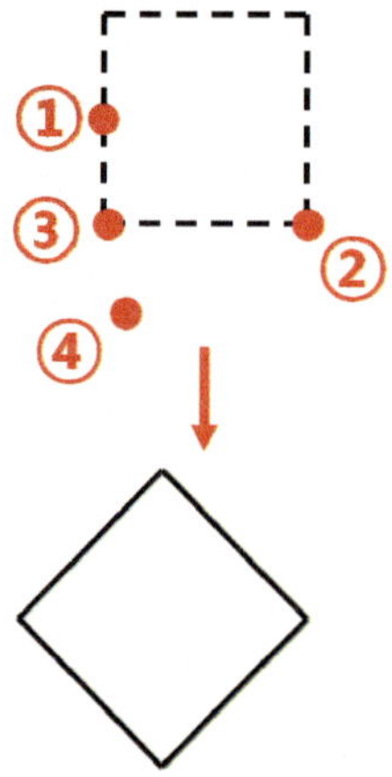

2.3.18 대칭(MIRROR)

선택된 도면 객체를 두 축을 중심으로 대칭 복사하는데 기존의 도면에 있던 객체를 삭제시키며 복사할 수 있다.

명령 : mirror (단축키 명령어 : MI)

명령: MI Enter↵
객체 선택: 객체를 선택 1개를 찾음
객체 선택: Enter↵
대칭선의 첫 번째 점 지정: 2번 점 클릭
대칭선의 두 번째 점 지정: 3번 점 클릭
원본 객체를 지우시겠습니까? [예(Y)/아니오(N)] 〈N〉: Enter↵
"Y"를 선택하면 원본객체가 삭제된다.

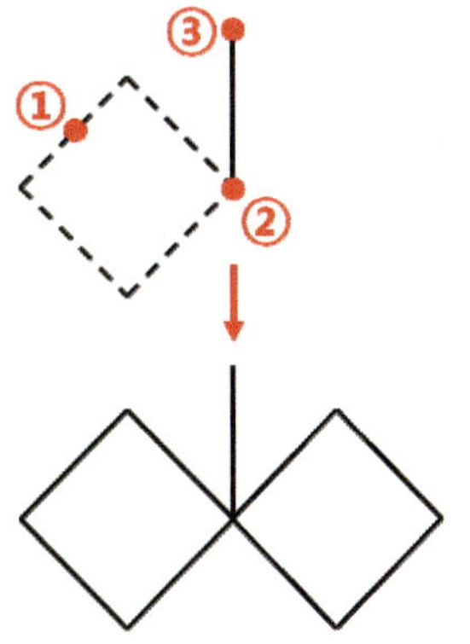

2.3.19 모깎기(FILLET)

모서리를 지정된 반지름으로 모깎기(라운딩)한다. 직선형태의 모서리뿐만 아니라 원과 호, 폴리라인 등도 라운딩이 가능하다.

명령 : fillet (단축키 명령어 : F)

(1) 둥글게 모깍이로 자주 이용됨

명령: F Enter↵
첫 번째 객체 선택 또는
[명령 취소(U)/폴리선(P)/반지름(R)/자르기(T)/다중(M)]:
R Enter↵
모깍이 반지름 지정 〈0.0000〉: 5 Enter↵
첫 번째 객체 선택 또는 [명령 취소(U)/폴리선(P)/
반지름(R)/자르기(T)/다중(M)]: 1번 선택
두 번째 객체 선택 또는 shift 키를 누른 채 선택하여
구석 적용: 2번 선택

(2) Trim 대신 사용하는 경우도 있다

명령: F Enter↵
첫 번째 객체 선택 또는
[명령 취소(U)/폴리선(P)/반지름(R)/자르기(T)/다중(M)]:
1번 선택
두 번째 객체 선택 또는 shift 키를 누른 채 선택하여
구석 적용: 2번 선택
※ 반지름 값이 0이고, 자르기 모드(T)를 한 것과 같다.
※ 자르기 모드(T): 선택되지 않은 부분은 사라진다.
※ 자르지 않기(N): 선택되지 않은 부분이 남아있다.
※ 모따기(CHA)에 영향을 준다.

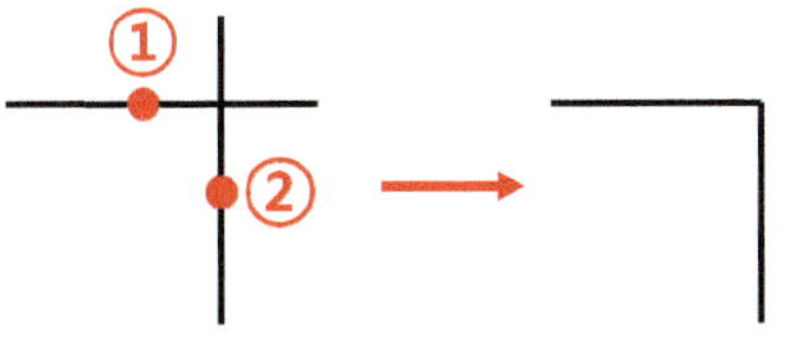

2.3.20 모따기(CHAMFER)

모서리를 모따기할 때 사용하는 명령어이다.
모따기 길이를 입력하고, 모따기 할 부분을 선택한다.
모따기 할 때 첫 번째 선택부분에 첫째 길이로 두 번째 선택부분에 두 번째 입력한 길이로 모따기 된다.

명령 : chamfer (단축키 명령어 : CHA)

(1) 두 개의 거리 값을 이용한 모따기

명령: CHA Enter↵
첫 번째 객체 선택 또는 [명령 취소(U)/폴리선(P)/거리(D)/각도(A)/자르기(T)/메서드(E)/다중(M)]:
D Enter↵
첫 번째 모따기 거리 지정 〈0.0000〉: 10 Enter↵
두 번째 모따기 거리 지정 〈0.0000〉: 5 Enter↵
1,2번 객체 차례대로 선택

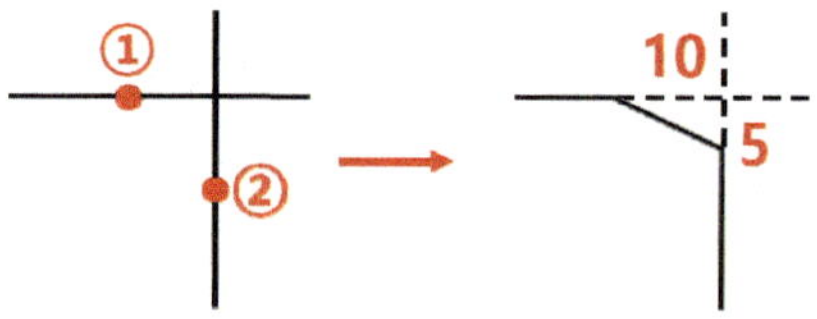

(2) 거리 값과 각도를 이용한 모따기

명령: CHA Enter↵
첫 번째 객체 선택 또는 [명령 취소(U)/폴리선(P)/거리(D)/각도(A)/자르기(T)/메서드(E)/다중(M)]:
A Enter↵
첫 번째 모따기 거리 지정 〈0.0000〉: 10 Enter↵
첫 번째 선으로부터 모따기 각도 지정 〈0〉:
30 Enter↵
1,2번 객체 차례대로 선택

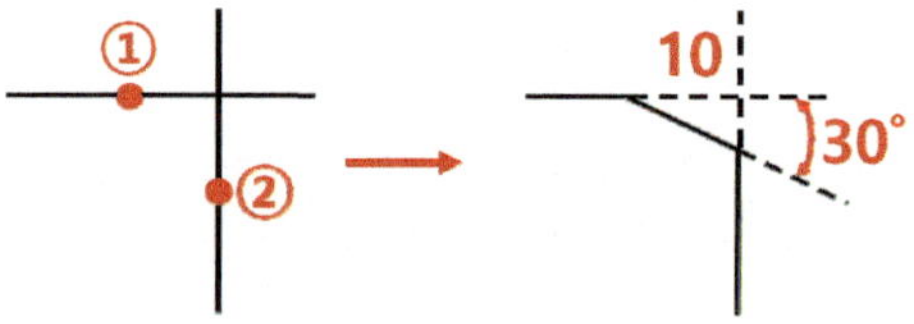

2.3.21 배열(ARRAY)

선택된 도면 객체를 원형 또는 사각형으로 배열한다.

명령 : array (단축키 명령어 : AR)

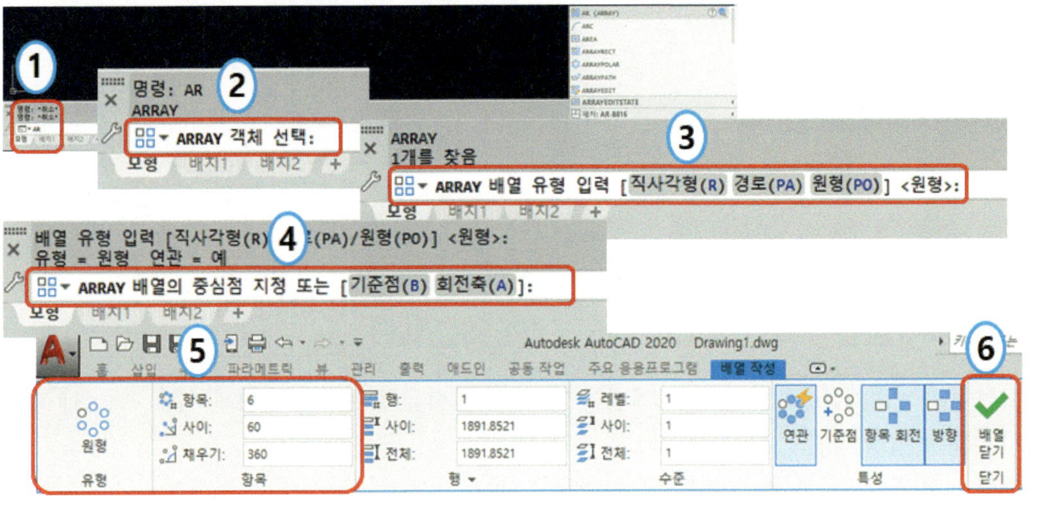

명령: AR Enter↵

① 명령행에 'AR' 명령어 입력

② 객체 선택: 원형 배열을 할 객체를 선택

③ 배열 유형 입력 : 예) '원형(po)' 클릭

④ 배열의 중심점(또는 기준점/회전축)을 선택

⑤ 배열 할 수량, 사이 각도, 채울 각도를 입력

⑥ 배열 작업 완료

2.3.22 객체정보 보기(LIST)

명령 : list (단축키 명령어 : LI)

선택된 객체의 모든 정보를 *.TXT 형식으로 볼 수 있다.

명령: LI Enter↵

객체 선택: 선택 후 Enter↵

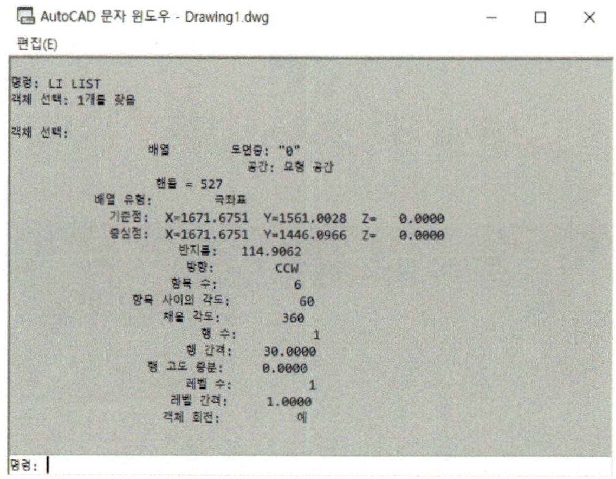

2.3.23 선간격 조정 LTS(LINE TYPE SCALE)

점선이나 일점쇄선들은 도면의 스케일에 따라 그 간격을 적절히 조절해 주어야 하는 데 이때 사용하는 명령이다.

명령 : line type scale (단축키 명령어 : LTS)

명령: LTS Enter↵

LTSCALE 새 선종류 축척 비율 입력 〈1.0000〉:

2 Enter↵

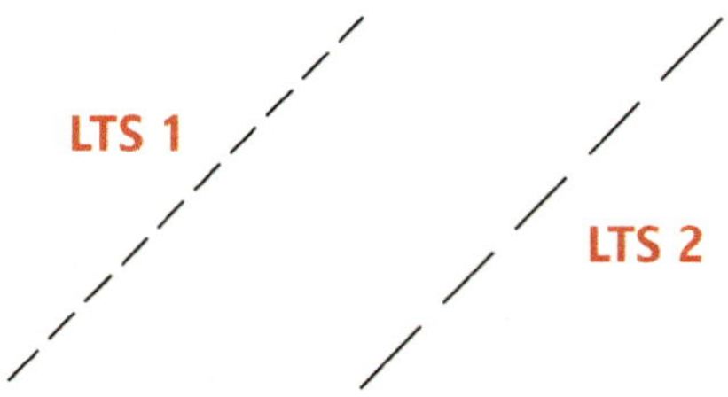

2.3.24 속성복사(MATCH PROPERTIES)

명령 : match properties (단축키 명령어 : MA)

명령: MA Enter↵

원본 객체를 선택하십시오: 1번 선택

대상 객체를 선택 또는 [설정(s)]: 2번 선택

한 번의 원본 선택 후 여러 객체 복사 가능

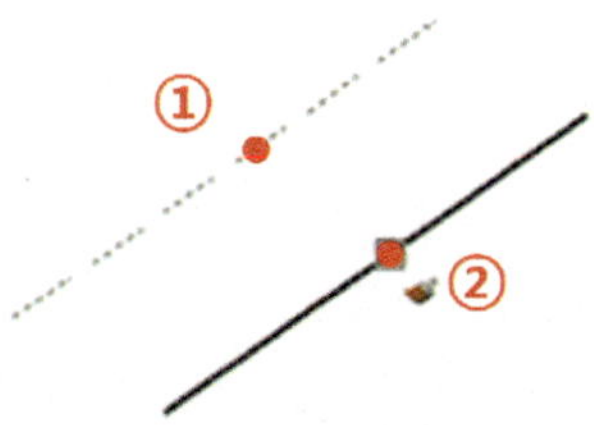

필요한 속성만 복사하고 싶은 경우
대상 객체를 선택 또는 [설정(s)]: S Enter↵
속성 선택 후 객체 선택

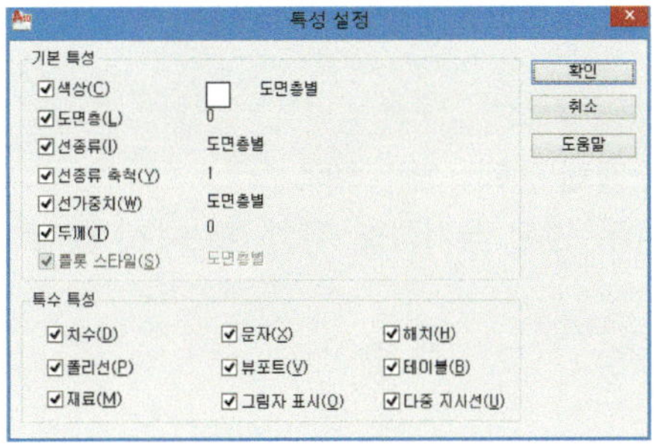

2.3.25 용지(도면한계)설정(LIMITS)

도면이 그려질 영역을 결정하여 주며, 그 범위는 도면의 왼쪽 아래 좌표와 오른쪽 위의 좌표를 입력하여 지정한다. 도면 편집 중 언제라도 도면 영역을 변경할 수 있다.

명령 : limits

명령: LIMITS Enter↵
왼쪽 아래 구석 지정 또는 [켜기(ON)/끄기(OFF)] <0.0000,0.0000>: Enter↵
오른쪽 위 구석 지정 <420.0000,297.0000>:
A4: 297x210
A3: 420x297 (기본 설정)
A2: 594x420

※ ON : 설정된 영역 밖의 좌표 선택은 무시된다.
※ OFF : 설정된 영역 밖에서도 좌표 선택이 가능하다.

Default는 OFF이며 만약 ON으로 설정된 상태에서 도면 영역 밖의 좌표를 선택한다면 "Out side limits"라는 경고문을 나타낸다.

2.3.26 객체 절단(BREAK)

선, 원, 호 트레이스 또는 2차원 폴리라인의 일부를 끊는다. 또한 하나의 도면 요소를 형태의 손상 없이 둘로 나눌 수 있다.

명령 : break (단축키 명령어 : BR)

(1) 첫 번째 점이 절단의 시작점이 되는 경우

명령: BR Enter↵
객체 선택: 1번 선택
두 번째 끊기점을 지정 또는 [첫 번째 점(F)]: 2번 선택

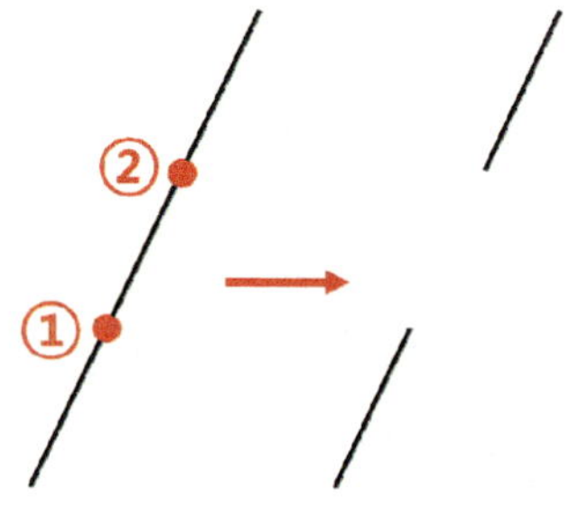

(2) 절단의 시작점을 재설정하는 경우

명령: BR Enter↵
객체 선택: 1번 선택
두 번째 끊기점을 지정 또는 [첫 번째 점(F)]: F Enter↵
첫 번째 끊기점을 지정: 2번 선택
두 번째 끊기점을 지정: 3번 선택

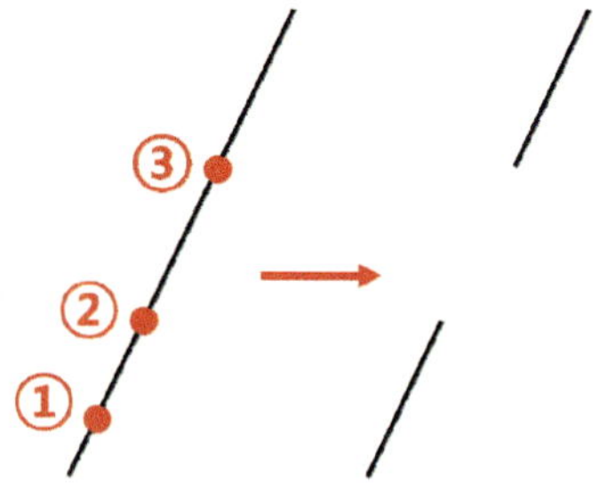

(3) 한 직선을 둘로 나누는 경우

명령: BR Enter↵
객체 선택: 1번 선택
두 번째 끊기점을 지정 또는 [첫 번째 점(F)]: F Enter↵
첫 번째 끊기점을 지정: 2번 선택
두 번째 끊기점을 지정: 2번 선택 or @ Enter↵

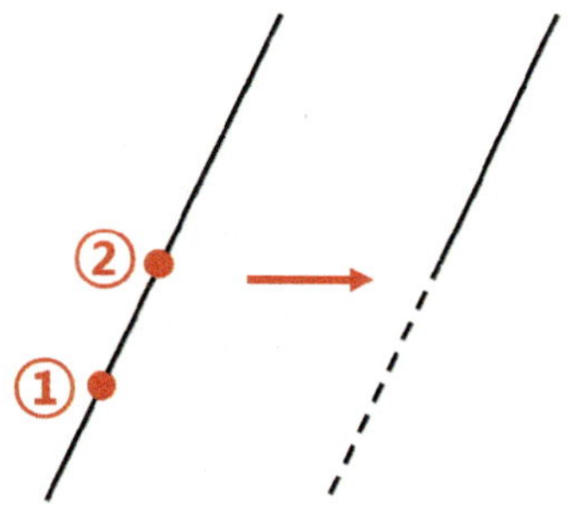

2.3.27 객체의 증분 길이 조절(LENGTHEN)

명령 : lengthen (단축키 명령어 : LEN)

명령: LEN Enter↵
객체 선택 또는
[증분(DE)/퍼센트(P)/합계(T)/동적(DY)]: DE Enter↵
증분 길이 또는 [각도(A)] 입력 〈0.0000〉:
10 Enter↵
변경할 객체 선택 또는 [명령 취소(U)]: 1번 선택

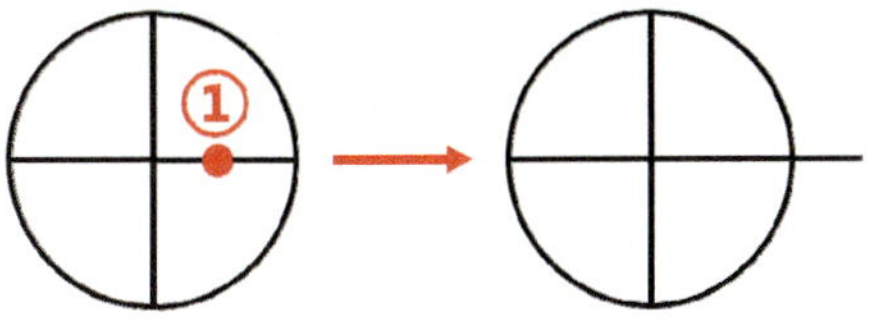

2.3.28 닫힌 객체의 크기 조절(STRETCH)

명령 : stretch (단축키 명령어 : S)

반드시 Crossing으로 객체를 선택해야 한다.

명령: S Enter↵
걸침 윈도우 또는 걸침 다각형만큼 신축할 객체 선택...
객체 선택: 반대 구석 지정: 객체 선택 5개를 찾음
객체 선택:
기준점 지정 또는 [변위(D)] 〈변위〉:
늘리고 싶은 방향에 마우스 클릭
두 번째 점 지정 또는
〈첫 번째 점을 변위로 사용〉: 20

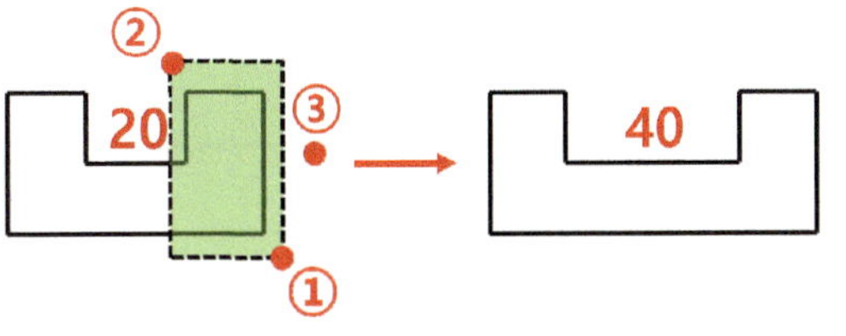

2.3.29 해치패턴(HATCH)

해치 패턴을 지정하는 것이다. 지정된 영역 안에서 문자를 제외하거나 또 다른 영역을 제외할 수도 있다. 표준 패턴은 ACAD.PAT 파일에 제공된다.

명령 : hatch (단축키 명령어 : H)

명령: H Enter↵

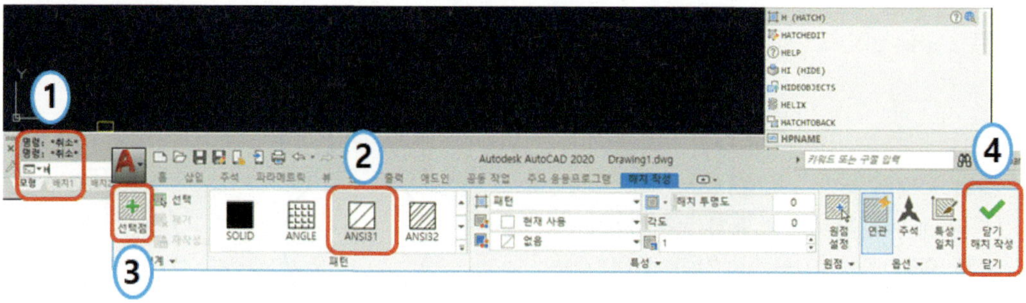

① 명령행에 'H' 명령어 입력
② 해치 유형을 선택(ANSI31)
③ 해치를 넣을 객체를 선택
④ 해치 작업 완료

• 결과 확인 예시

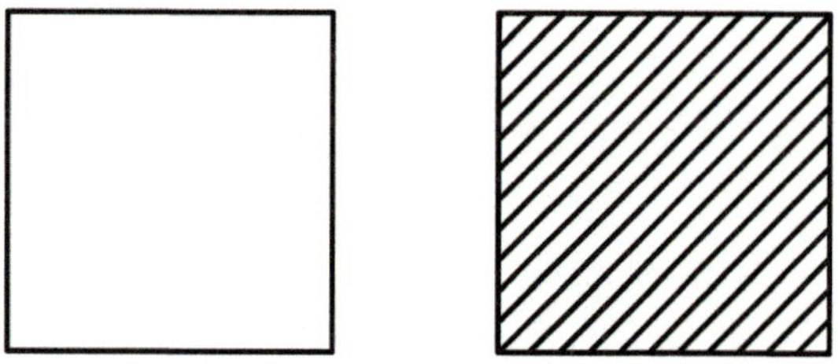

2.3.30 객체 크기조절(SCALE)

선택한 물체를 임의의 크기나 배율로 확대 혹은 축소할 수 있다.

명령 : scale (단축키 명령어 : SC)

명령: SC Enter↵
객체 선택: 객체 선택
기준점 지정: 점 선택
축척 비율 지정 또는
[복사(C)/참조(R)] 〈1.0000〉: 2 Enter↵

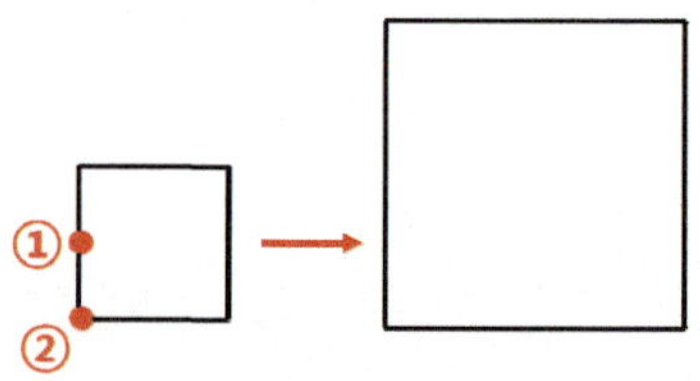

2.3.31 글꼴 바꾸기(STYLE)

문자의 스타일 지정하기 위한 명령어이다.

명령 : style (단축키 명령어 : ST)

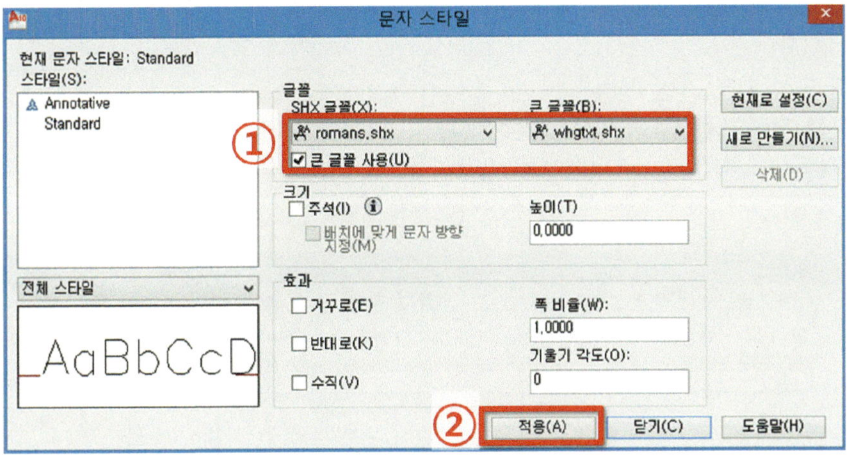

글꼴 바꾸기 예)

명령: ST Enter↵

① 큰 글꼴 사용 체크

  SHX 글꼴: romans.shx

  큰 글꼴: whgtxt.shx

② 적용

2.3.32 글자 입력(DTEXT)

도면에 문자를 넣을 때 사용한다.

명령 : dtext (단축키 명령어 : DT)

명령: DT Enter↵

문자의 시작점 지정 또는

[자리맞추기(J)/스타일(S)]: 시작점 클릭

높이 지정 〈2.5000〉: Enter↵

문자의 회전 각도 지정 〈0〉: Enter↵

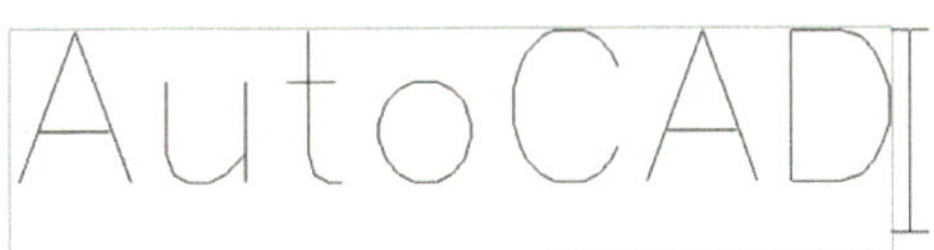

2.3.33 글자 입력(MTEXT)

도면에 문자를 넣을 때 사용한다.

명령 : mtext (단축키 명령어 : MT)

명령: MT Enter↵
첫 번째 구석 지정: 1번 선택
반대 구석 지정 또는 [높이(H)/자리맞추기(J)/선 간격두기(L)/회전(R)/스타일(S)/폭(W)/열(C)]:
2번 선택

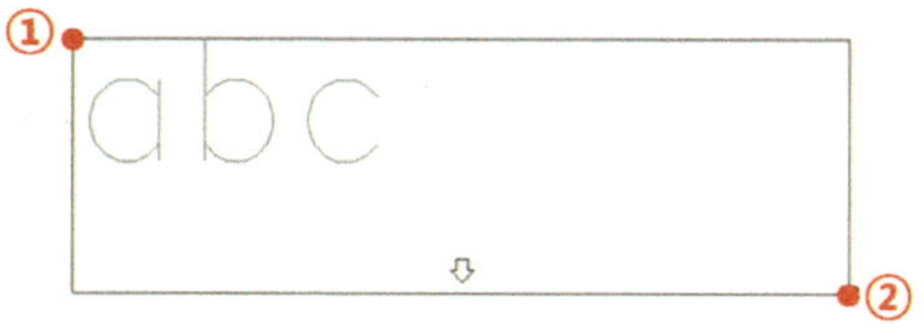

2.3.34 글자 수정(EDIT)

치수나 입력 문자를 수정하기 위한 명령어이다.

명령 : edit (단축키 명령어 : ED)

명령: ED Enter↵
주석 객체 선택 또는 [명령 취소(U)]: 1번 선택
치수 수정 (20 → 25)
주석 객체 선택 또는 [명령 취소(U)]: Enter↵

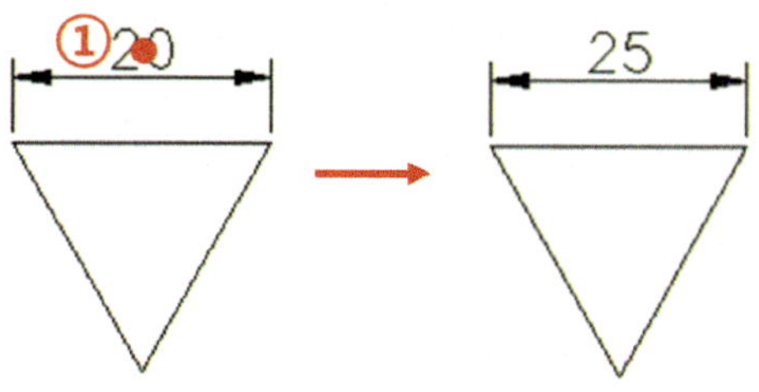

특수문자의 종류

기호	기능	입력예	출력예
%%O	윗줄을 긋는다	%%OAutoCAD	AutoCAD
%%U	밑줄을 긋는다	%%UAutoCAD	AutoCAD
%%D	각도표시(°)를 그린다	130%%D	130°
%%P	공차표시(±)를 그린다	%%P14	±15
%%C	지름표시(ϕ)를 그린다	%%C245	ϕ245
%%%	퍼센트표시(%)를 그린다	98%%%	98%
%%nnn	ASCII값 nnn인 문자를 그린다	%%065	A

2.3.35 지시선(LEADER)

위치를 지정하는 것만으로 지시선이 자동적으로 그려진다.

명령 : leader

명령: leader Enter↵
지시선 시작점 지정: 1번 선택
다음점 지정: 2번 선택
다음 점 지정 또는 [주석(A)/형식(F)/명령 취소(U)] 〈주석(A)〉: 〈직교 켜기〉 (F8)
다음 점 지정 또는 [주석(A)/형식(F)/명령 취소(U)] 〈주석(A)〉: 3번 선택
주석 문자의 첫 번째 행 입력 또는 〈옵션〉: Auto Enter↵
주석 문자의 다음 행을 입력: CAD Enter↵
주석 문자의 다음 행을 입력: Enter↵

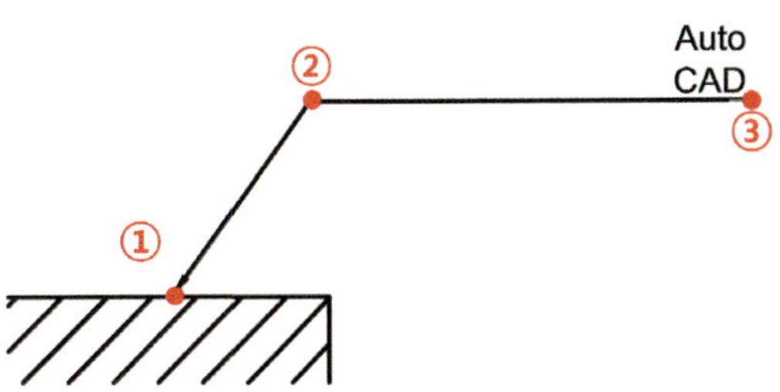

2.3.36 Template 파일 만들기

작업 도면의 시작 파일(*.dwt)

자주 쓰는 도면의 양식을 미리 만들어 Template 형식으로 저장 후 필요할 때마다 씀

① 양식을 만든 후 저장할 때 파일 형식을 AutoCAD 도면 템플릿(*.dwt)으로 변경
② 저장

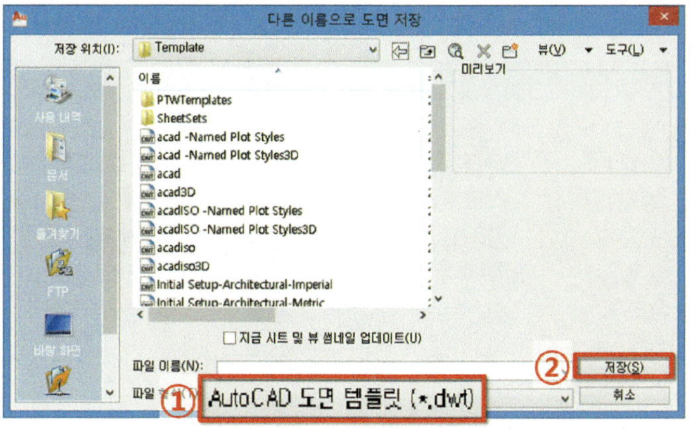

① 설명 창에 저장한 템플릿의 설명을 적는다.
② 확인

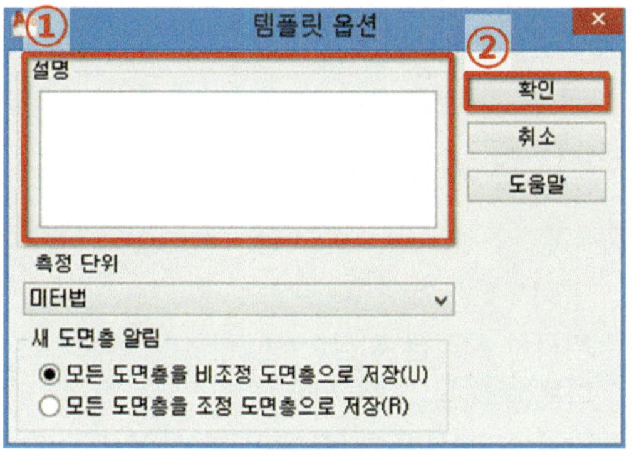

2.3.37 파일 추출하기(WBLOCK)

자주 사용하는 객체를 묶어서 따로 저장하는 명령어이다.

명령 : wblock (단축키 명령어 : W)

명령: W Enter↵
기준점 선택
블록으로 지정할 객체를 선택
저장경로 지정
확인
※ 기준점: 파일을 불러올 때 기준이 되는 점

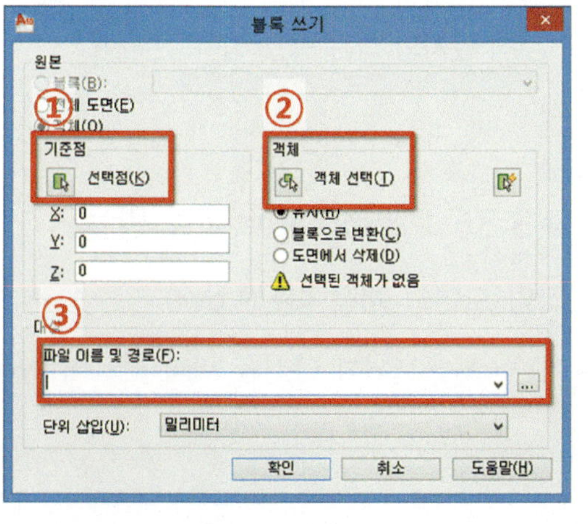

2.3.38 파일 삽입(INSERT)

저장시킨 객체들을 불러와 삽입시키는 명령어이다.

명령 : insert (단축키 명령어 : I)

명령: I Enter↵
불러올 파일을 찾기
확인
※ 블록 파일을 제외한 모든 객체는 왼쪽 아래 구석이 기준점
※ 블록 파일은 생성 시 기준점을 지정

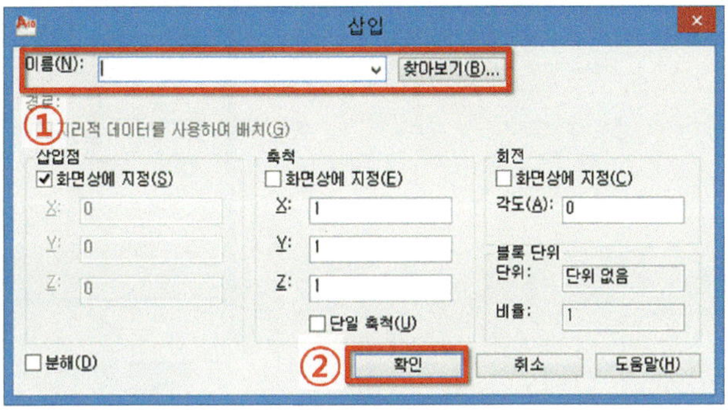

2.4 치수 설정 및 기입 예제

2.4.1 치수 설정

명령: dimstyle (단축키 명령어 : D)

명령: D Enter↵

① 수정을 클릭

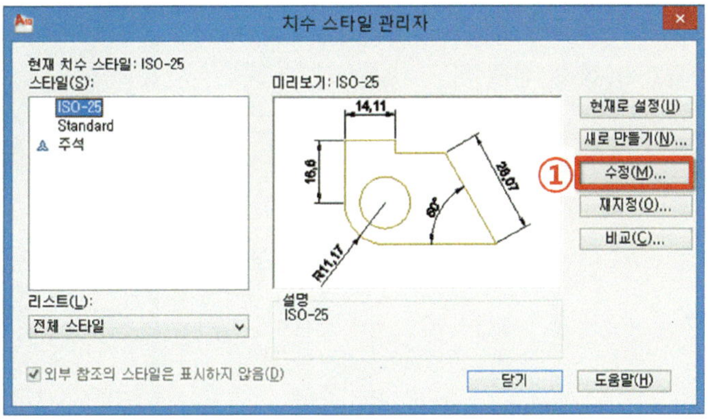

② 기호 및 화살표를 선택

③ 중심 표식에서 없음(N)을 선택

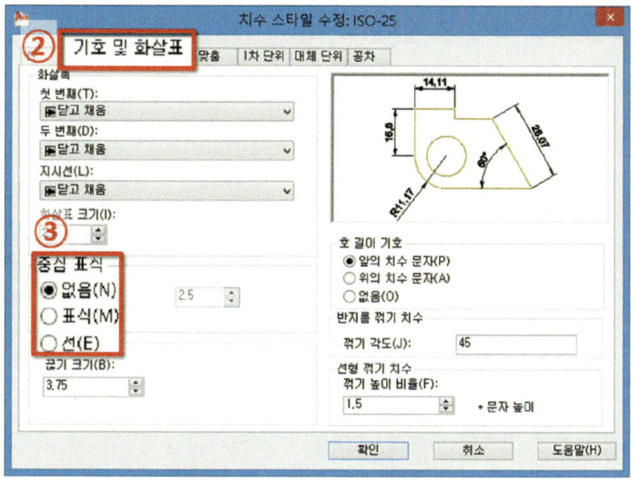

④ 문자 선택

⑤ 문자 모양에 문자 스타일(Y)의 ... 선택

⑥ 큰 글꼴 사용 체크, SHX 글꼴: romans.shx, 큰 글꼴: whgtxt.shx

⑦ 적용

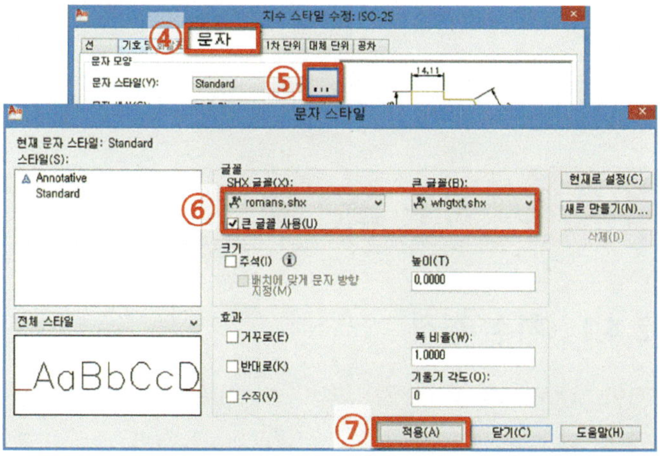

⑧ 문자 정렬(A)에서 치수선에 정렬 또는 ISO 표준 선택

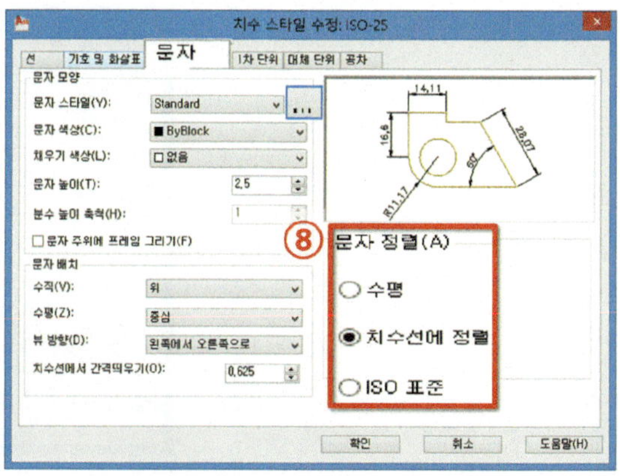

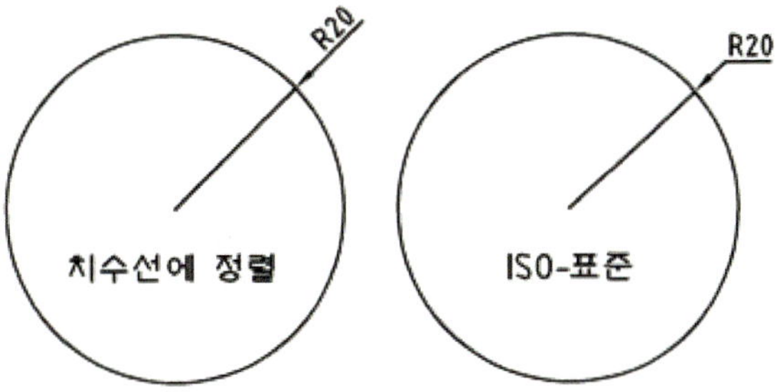

⑨ 맞춤 선택

⑩ 치수 피처 축척에 전체 축척 사용(S)를 선택 후 1 입력

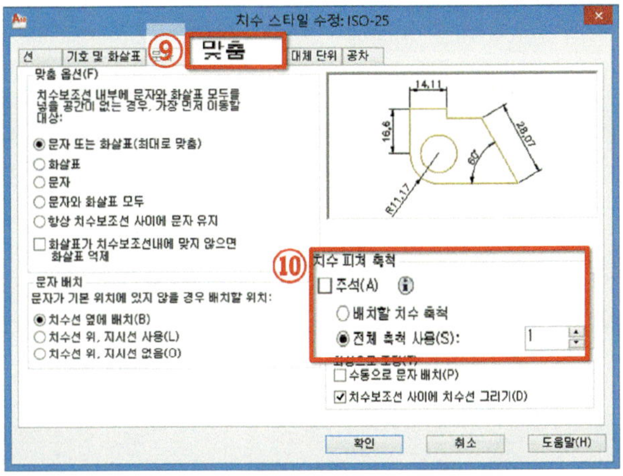

⑪ 1차 단위 선택

⑫ 소수 구분 기호(C)에서 '.'(마침표)를 선택

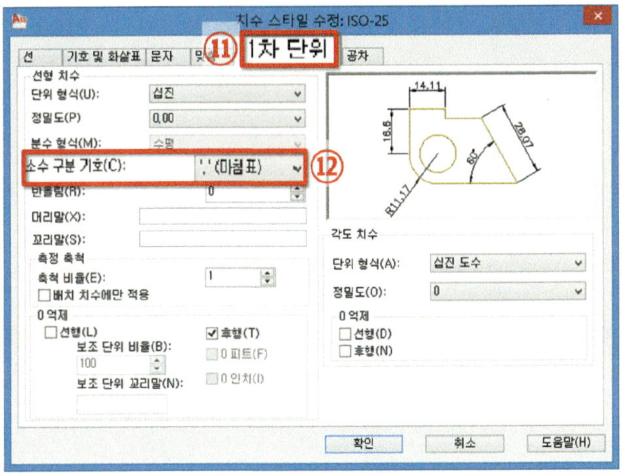

2.4.2 치수 기입

치수 기입은 보통 치수툴바를 통하여 치수를 기입한다.

〈치수 툴바〉

- 수직, 수평, 지름, 오차 표시 등 다양한 종류의 치수 형태를 제공한다.
- 적절한 위치를 지정해 주면 화살표, 치수선, 치수보조선, 치수, 각도 등이 자동으로 기입된다. 물론 원할 경우 수동으로 기입할 수도 있다.
- 치수 기입을 위한 위치를 지정해 주어야 할 때 OSNAP 명령을 사용하면 정확한 치수를 얻을 수도 있고, 동시에 작도를 정확하게 했는지 확인할 수도 있다(측정된 치수가 표시되기 때문).
- 자동적으로 기입된 치수의 경우 길이가 변하면 치수 역시 변한다.
- 척도나 도면규격(KS)에 맞는 치수형태를 위해 여러 가지 변수가 제공된다(예: 화살표 크기 변수, 문자 크기 변수, 치수 위치 결정 변수 등).

2.4.3 치수 기입 예제

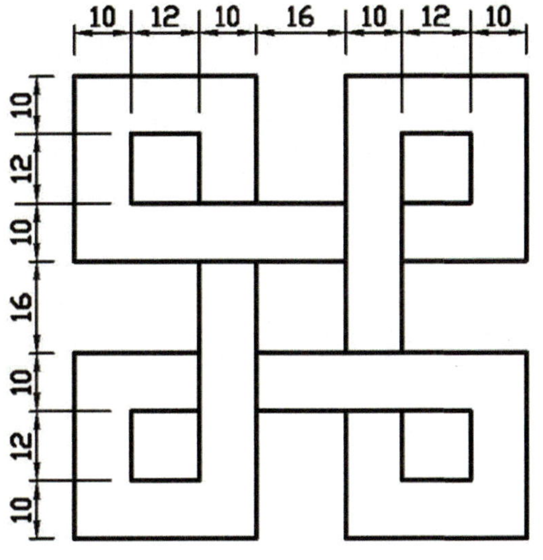

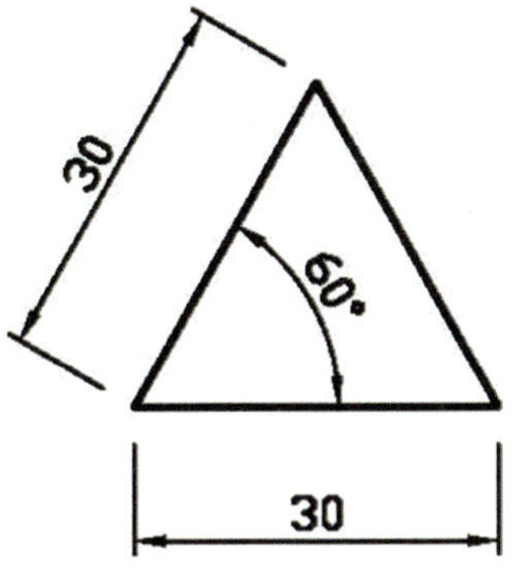

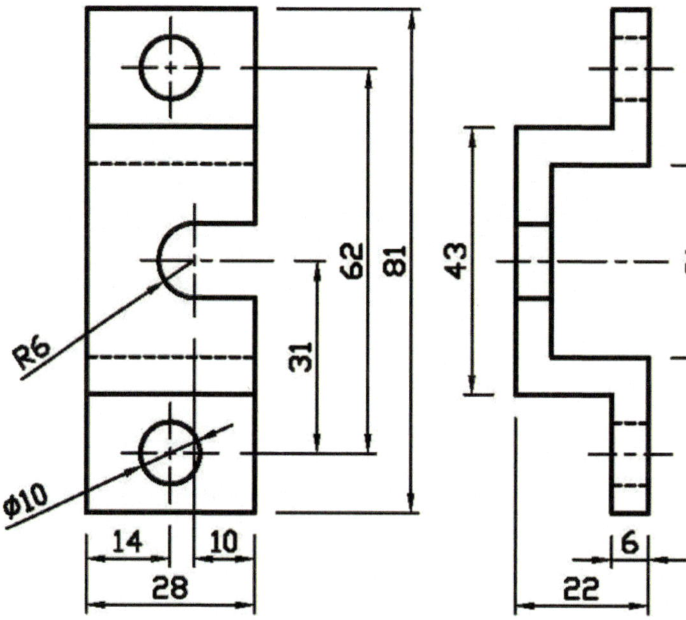
R6
Ø10
14
10
28
31
62
81
43
31
6
22

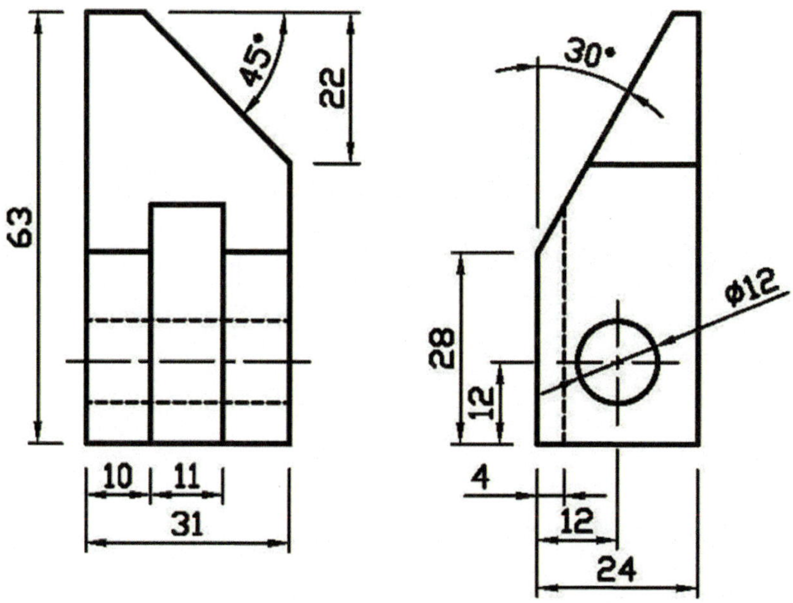
45°
22
63
10
11
31
30°
Ø12
28
12
4
12
24

2.5 인쇄 (PRINT)

명령 : print (단축키 명령어 : PLOT)

명령: PLOT Enter↵

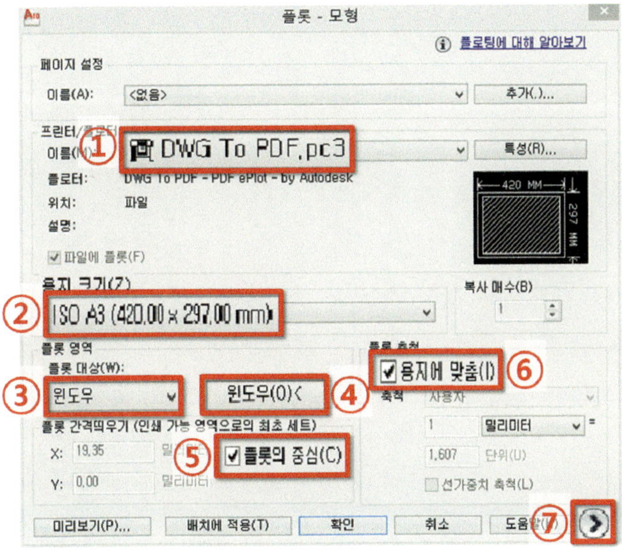

① 프린터/플로터의 이름(M)에서 DWG To PDF.pc3을 선택

② 용지크기(Z)에서 사용할 용지에 맞는 용지를 선택[ISO A3(420.00×297.00 mm)]

③ 플롯 영역의 플롯 대상(W)에서 윈도우 선택

④ 윈도우(O) 선택 → 프린트할 영역 마우스 클릭 또는 좌표 값 입력

⑤ 플롯 간격띄우기의 블롯의 중심(C) 선택

⑥ 플롯 축척의 용지에 맞춤(I) 선택

⑦ 많은 옵션 선택

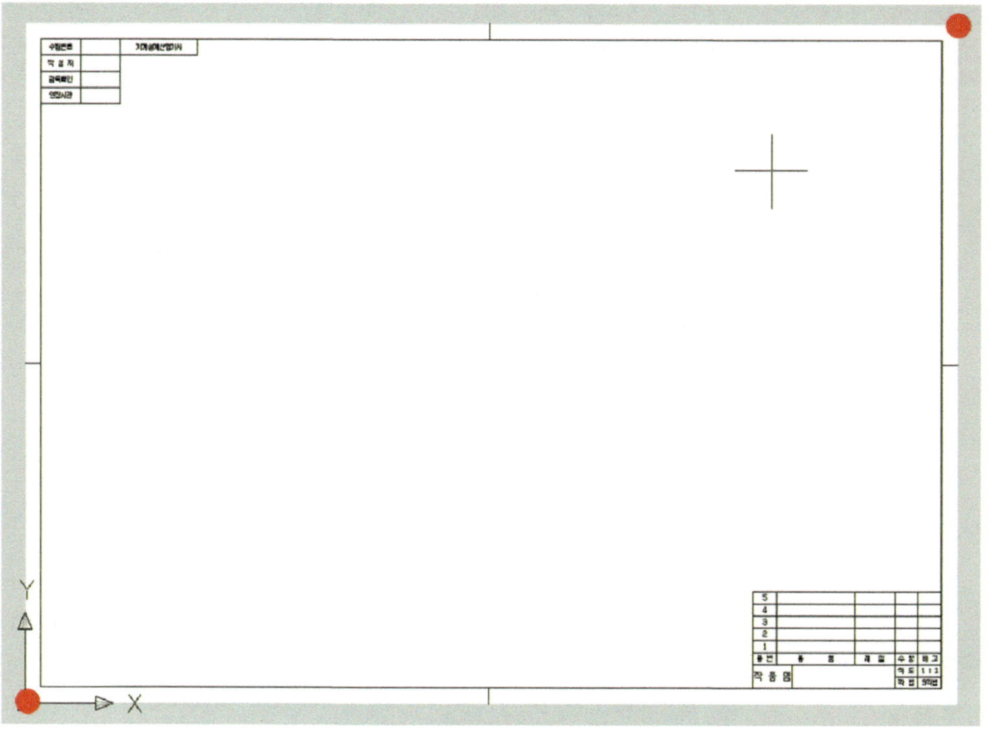

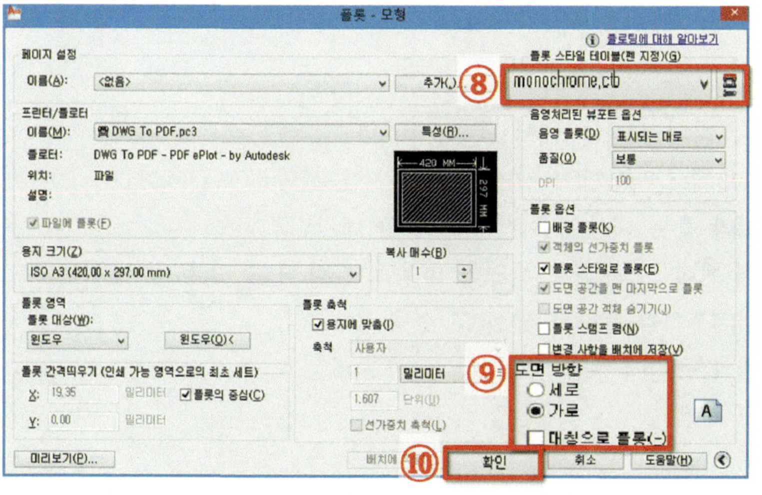

⑧ 플롯 스타일 테이블(펜 지정)(G)에서 monochrome.ctb 선택 → 편집 선택
⑨ 도면 방향에서 설정에 맞는 도면의 방향 선택
⑩ 확인

⑧-1. 플롯 스타일(P)에서 색상 선택

⑧-2. 특성의 선가중치(W)에서 색상에 맞는 선 가중치 선택

⑧-3. 저장 및 닫기

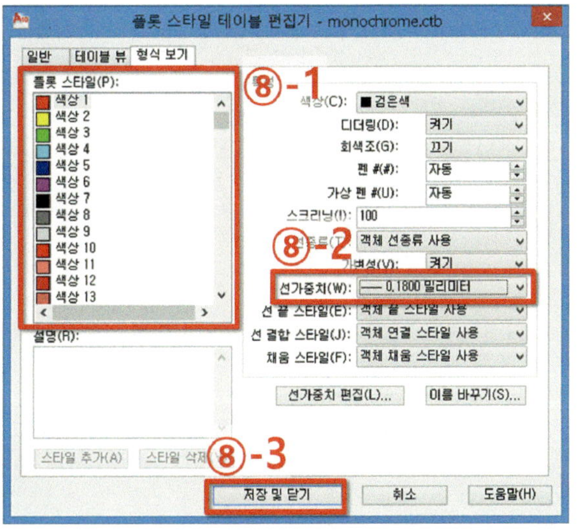

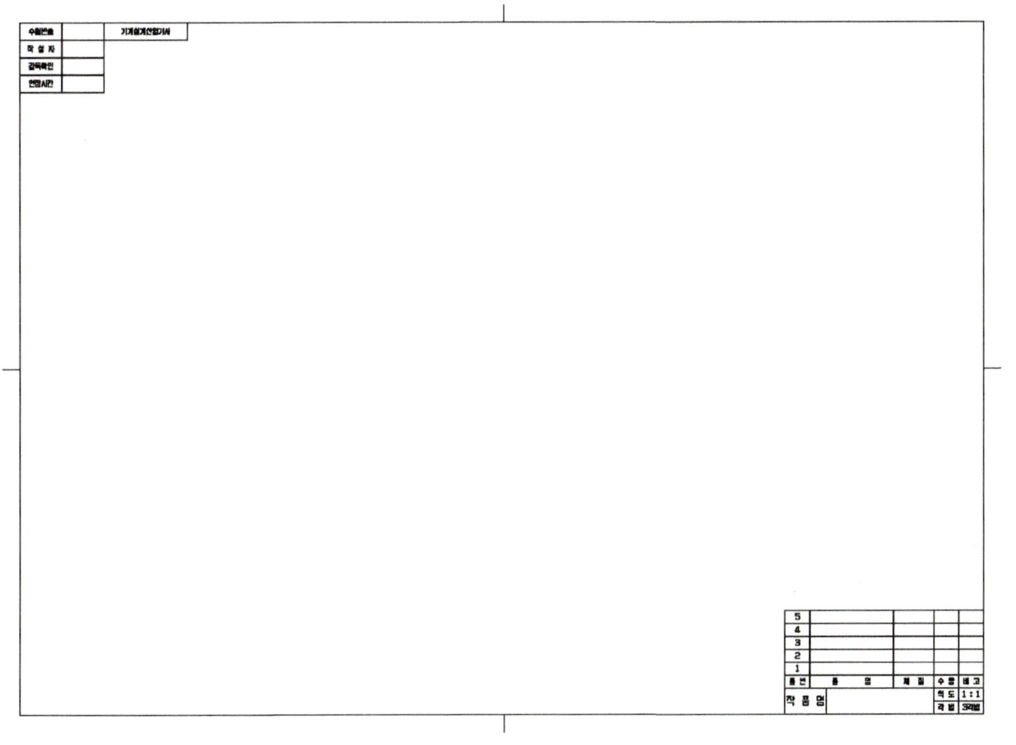

출력된 도면

03 CHAPTER

AutoCAD 초급 실습

3.1 AutoCAD 초급 따라 그리기
3.2 AutoCAD 초급 도면

03

AutoCAD 초급 실습

3.1 AutoCAD 초급 따라 그리기

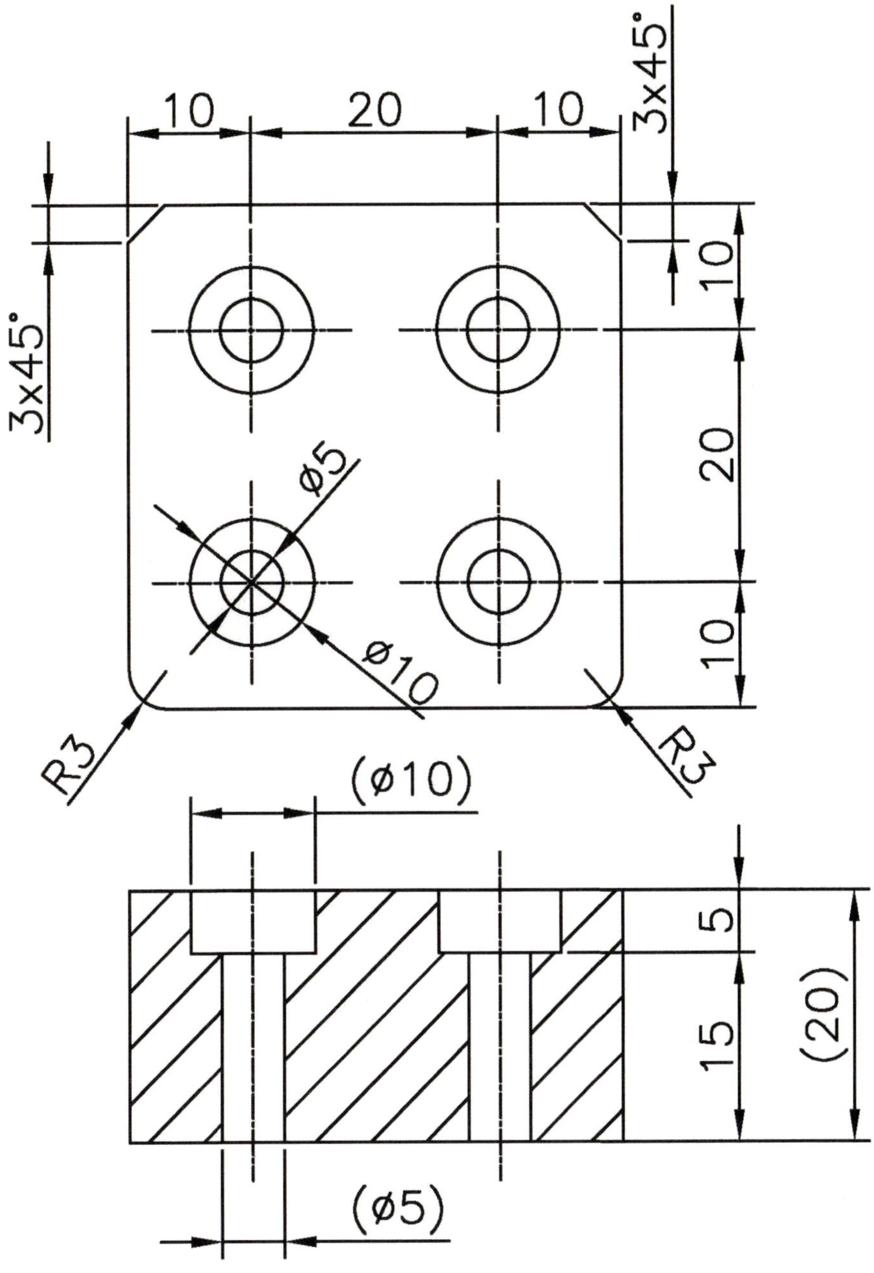

3.1.1 AutoCAD를 실행

AutoCAD 클래식을 기본 설정사항으로 진행한다.

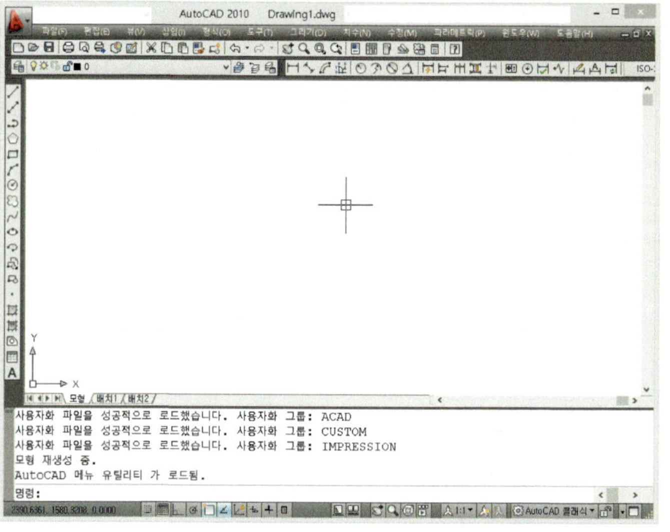

3.1.2 도면층 생성

도면층 특성 관리자를 실행하여 도면층을 생성한다.

① LAYER(LA) 명령어 또는 아이콘 클릭으로 도면층 특성 관리자 실행

② 새 도면층(N) 버튼을 선택

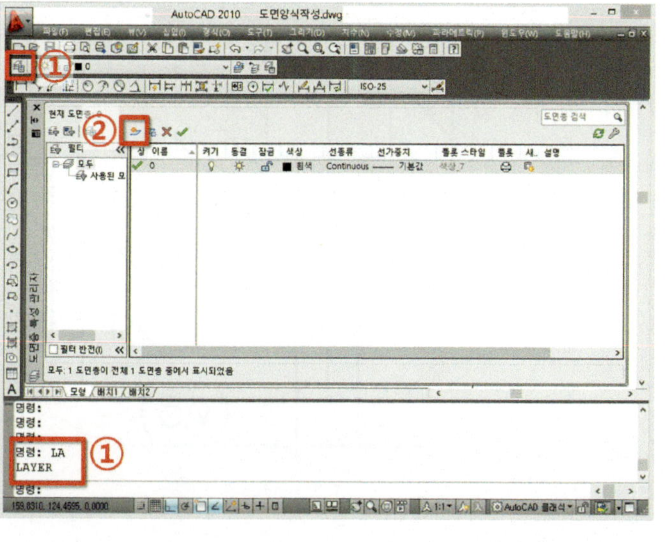

① 도면층 이름 입력(중심선)
② 색상 부분 선택
③ 색상 선택(빨간색)
④ 확인

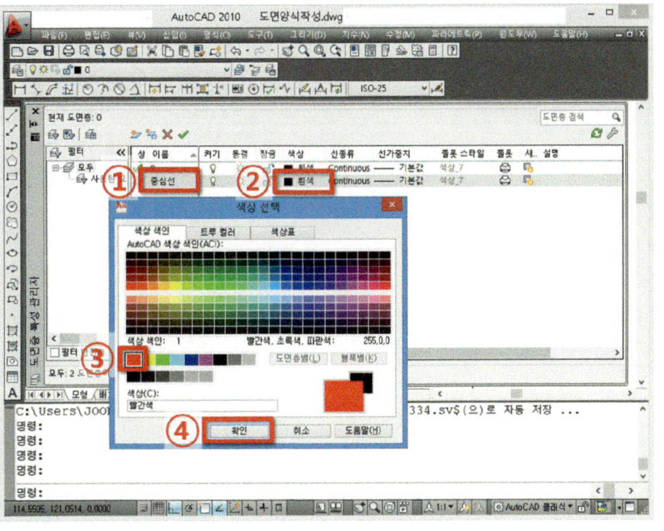

① 선 종류 부분 선택
② 로드(L) 선택

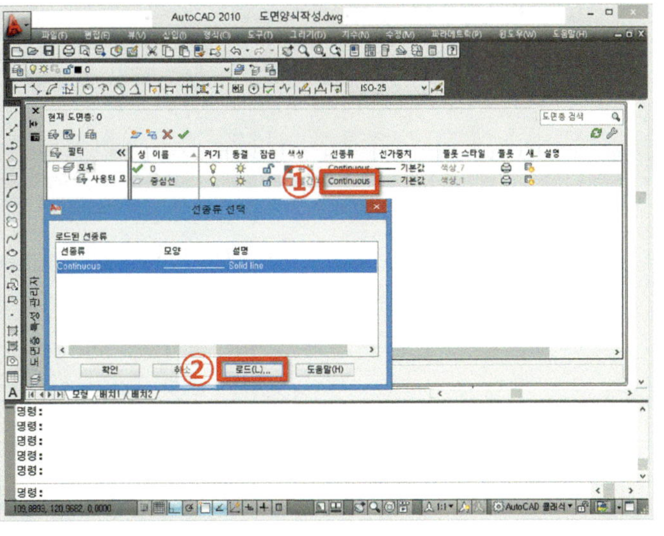

③ 도면층에 맞는 선 종류 로드 (CENTER2 선택)

④ 확인

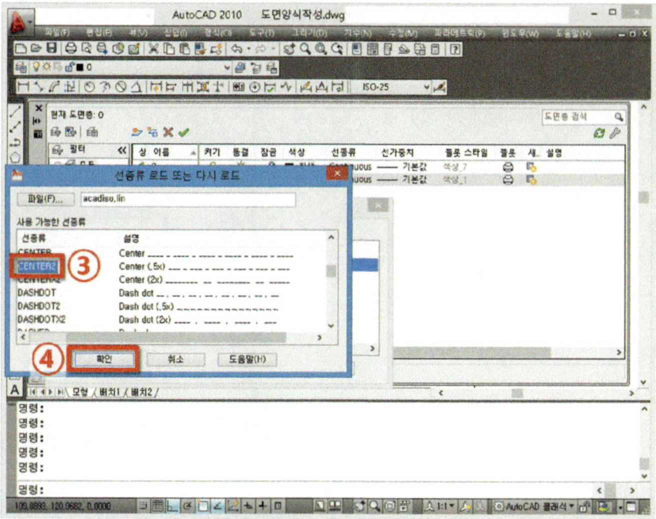

⑤ 도면층에 맞는 선 종류 선택(CENTER2 선택)

⑥ 확인

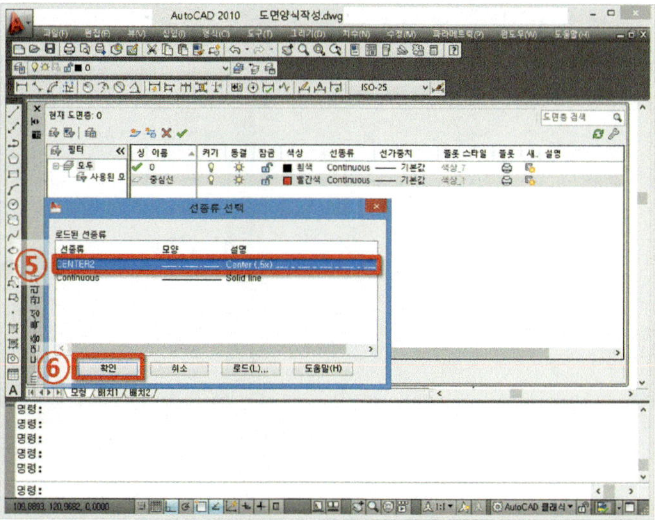

① 선 가중치 부분 선택
② 도면층에 맞는 선 가중치 선택(0.18mm)
③ 확인

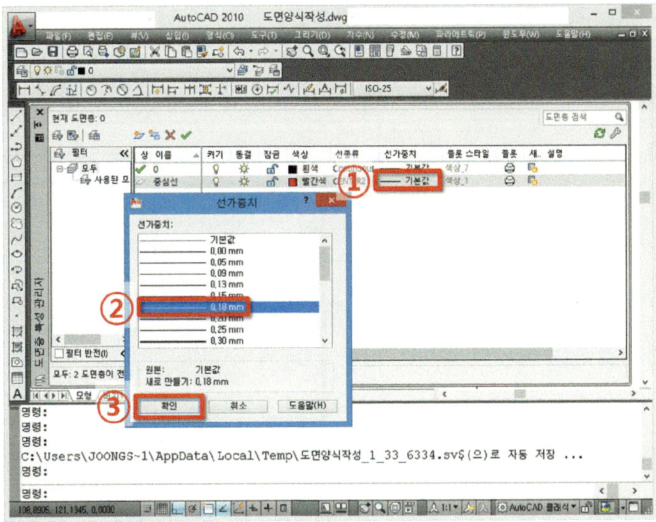

▌다음과 같은 도면층을 생성한다.(도면층 생성 반복)

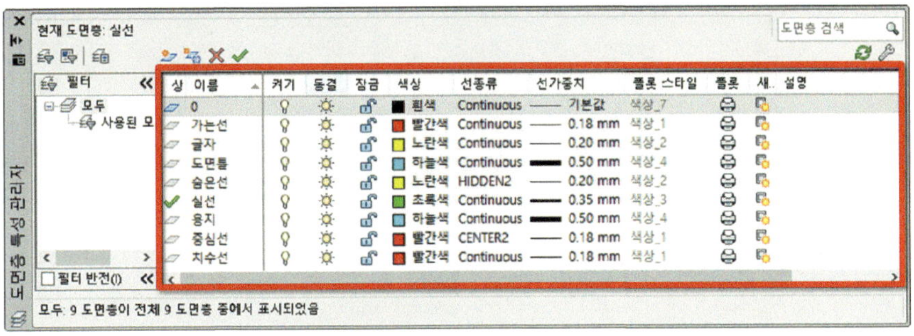

▌도면층 선택

① 도면층 컨트롤 부분을 통해 선택
② 도면층 특성 관리자를 실행 후 도면층 더블클릭을 하여 선택

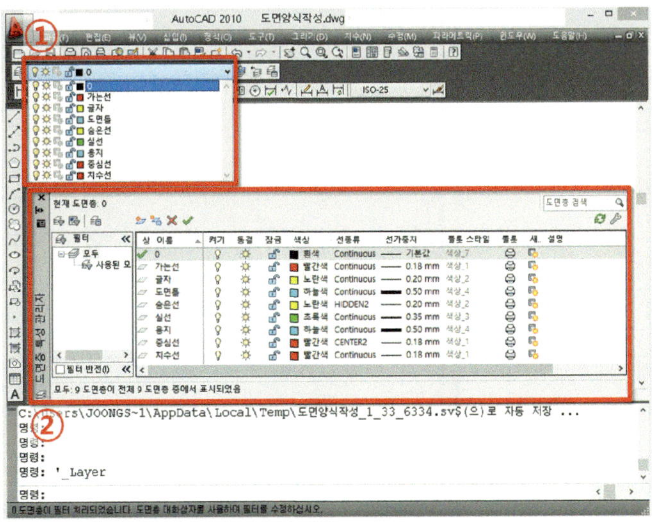

3.1.3 도면 크기 및 양식

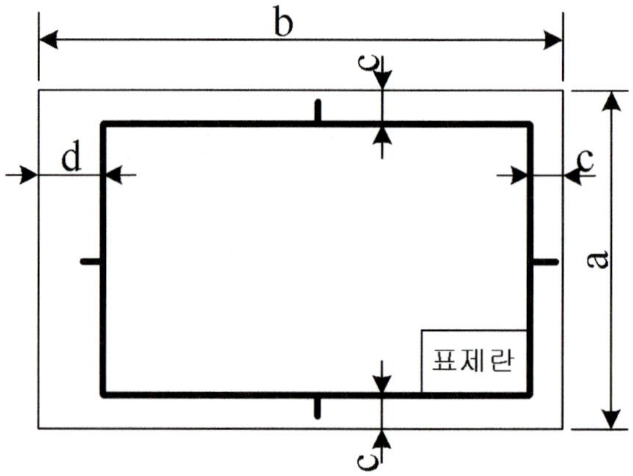

	a	b	c	d	
				철할 경우	철하지 않을 경우
A0	841	1189	20	25	20
A1	594	841	20	25	20
A2	420	594	10	25	10
A3	297	420	10	25	10
A4	210	297	10	25	10

3.1.4 도면양식 작성(도면층 : 도면틀)

▌LIMITS 명령어를 사용하여 도면의 크기를 설정한다.

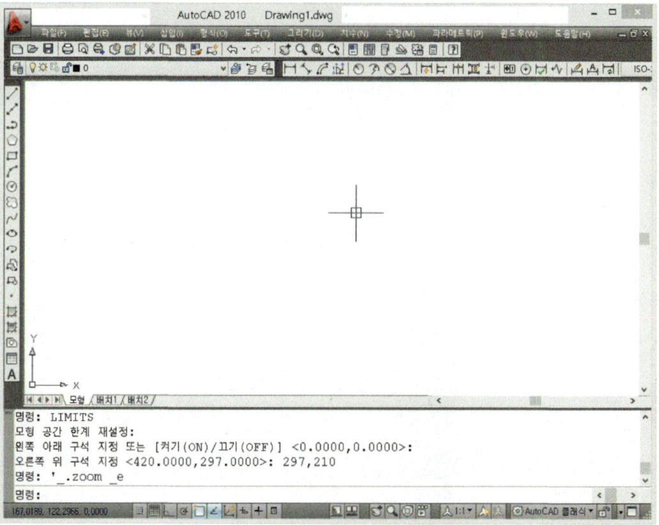

명령: LIMITS Enter↵

모형 공간 한계 재설정:
왼쪽 아래 구석 지정 또는 [켜기(ON)/끄기(OFF)] 〈0.0000,0.0000〉: Enter↵
오른쪽 위 구석 지정 〈420.0000,297.0000〉: 297,210 Enter↵ (A4사이즈: 297X210)
명령: '_.zoom _e (마우스 2번 버튼 더블클릭으로 줌인)

▌RECTANGLE(REC) 명령어를 실행시켜 윤곽선 작성

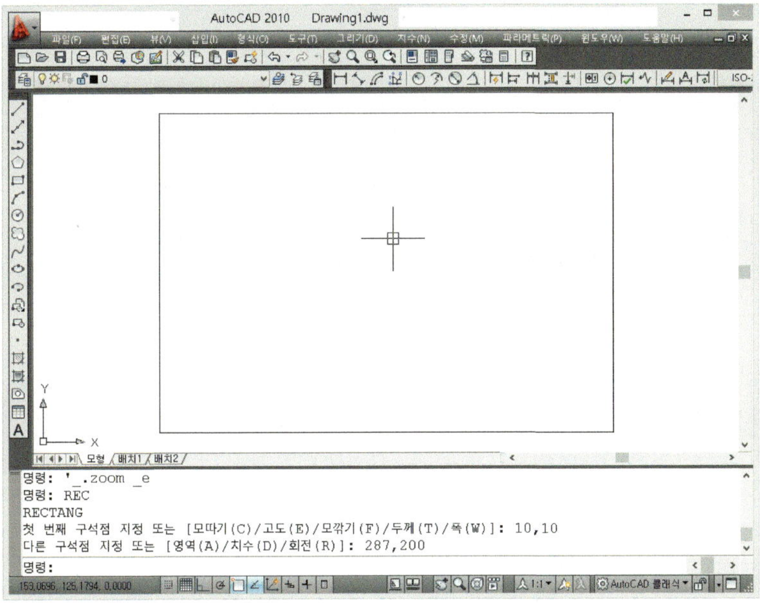

명령: REC RECTANG Enter↵

첫 번째 구석점 지정 또는 [모따기(C)/고도(E)/모깎기(F)/두께(T)/폭(W)]: 10,10 Enter↵
다른 구석점 지정 또는 [영역(A)/치수(D)/회전(R)]: 287,200 Enter↵

▌LINE(L) 명령어를 실행시켜 중심마크 작성

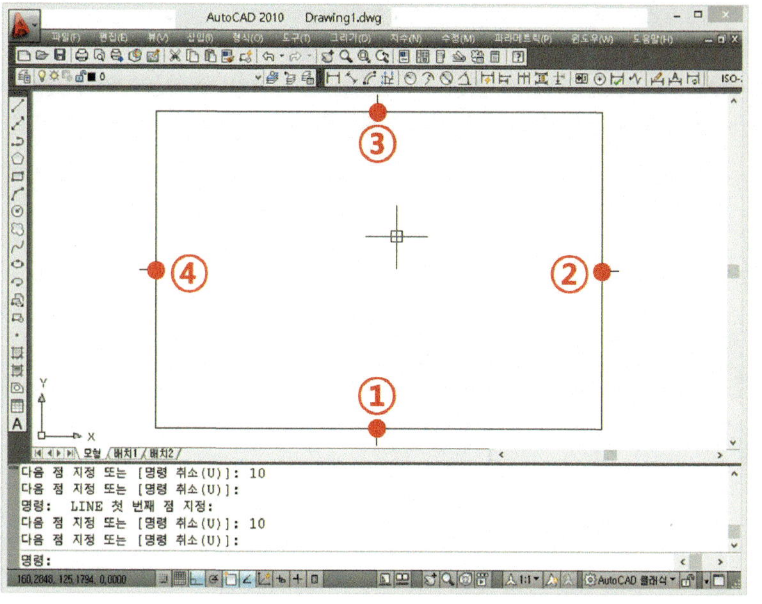

명령: L LINE Enter↵
첫 번째 점 지정: 1번 선택
다음 점 지정 또는 [명령 취소(U)]: 〈직교 켜기〉 10 Enter↵ 마우스를 라인 방향으로 놓는다.
다음 점 지정 또는 [명령 취소(U)]: Enter↵ (종료)
명령: LINE 첫 번째 점 지정: 2번 선택
다음 점 지정 또는 [명령 취소(U)]: 10 Enter↵
다음 점 지정 또는 [명령 취소(U)]: Enter↵
명령: LINE 첫 번째 점 지정: 3번 선택
다음 점 지정 또는 [명령 취소(U)]: 10 Enter↵
다음 점 지정 또는 [명령 취소(U)]: Enter↵
명령: LINE 첫 번째 점 지정: 4번 선택
다음 점 지정 또는 [명령 취소(U)]: 10 Enter↵
다음 점 지정 또는 [명령 취소(U)]: Enter↵

3.1.5 표제란 작성(도면층 : 실선)

EXPLODE(X) 명령어를 이용하여 윤곽선을 분해 후 OFFSET(O) 명령어와 TRIM(TR) 명령어로 표제란 작성

▌EXPLODE(X) 명령어를 이용하여 윤곽선을 분해

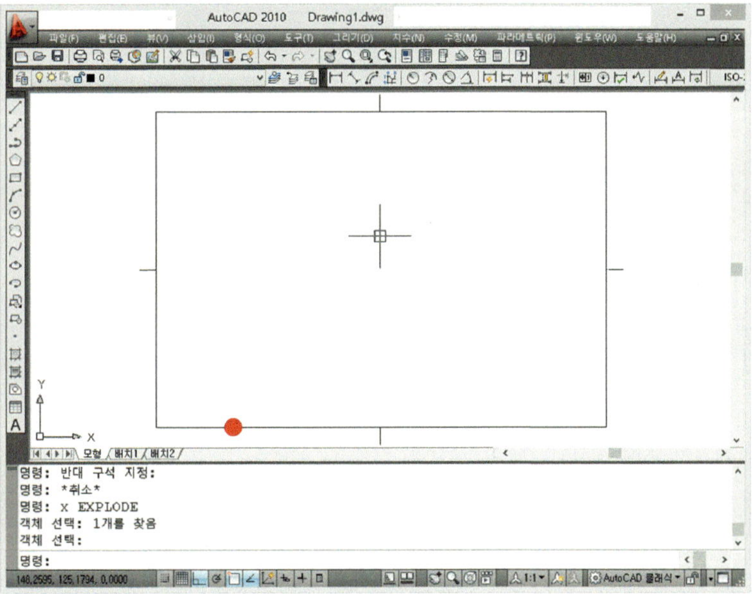

명령: x EXPLODE

객체 선택: 1개를 찾음 (마우스로 외곽선 선택)

객체 선택: Enter↵

▌상부표제란

▌OFFSET(O) 명령어를 실행하여 분해된 LINE 복사

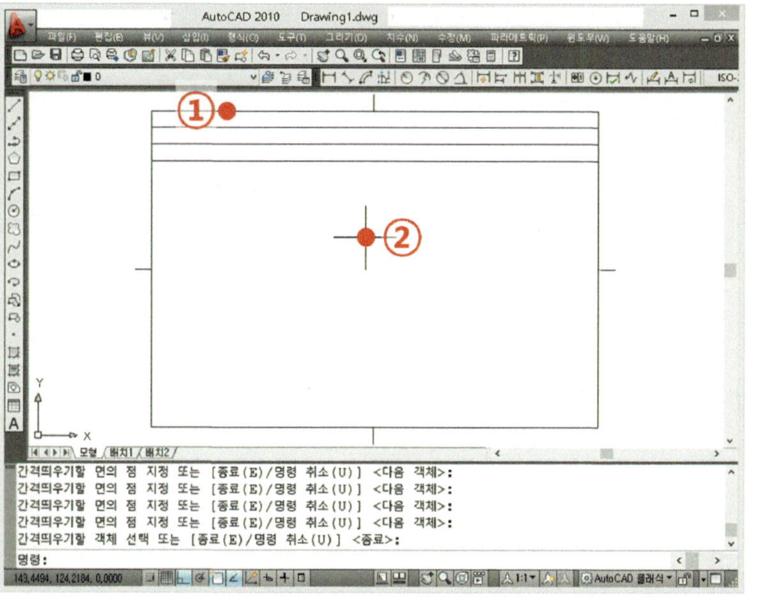

명령: o OFFSET Enter↵
현재 설정: 원본 지우기=아니오 도면층=원본 OFFSETGAPTYPE=0
간격띄우기 거리 지정 또는 [통과점(T)/지우기(E)/도면층(L)] 〈통과점〉: 10 Enter↵
간격띄우기할 객체 선택 또는 [종료(E)/명령 취소(U)] 〈종료〉: 1번 선택
간격띄우기할 면의 점 지정 또는 [종료(E)/다중(M)/명령 취소(U)] 〈종료〉: m Enter↵
간격띄우기할 면의 점 지정 또는 [종료(E)/명령 취소(U)] 〈다음 객체〉: 2번 선택
간격띄우기할 면의 점 지정 또는 [종료(E)/명령 취소(U)] 〈다음 객체〉: 2번 선택
간격띄우기할 면의 점 지정 또는 [종료(E)/명령 취소(U)] 〈다음 객체〉: 2번 선택
간격띄우기할 면의 점 지정 또는 [종료(E)/명령 취소(U)] 〈다음 객체〉: Enter↵
간격띄우기할 객체 선택 또는 [종료(E)/명령 취소(U)] 〈종료〉: Enter↵

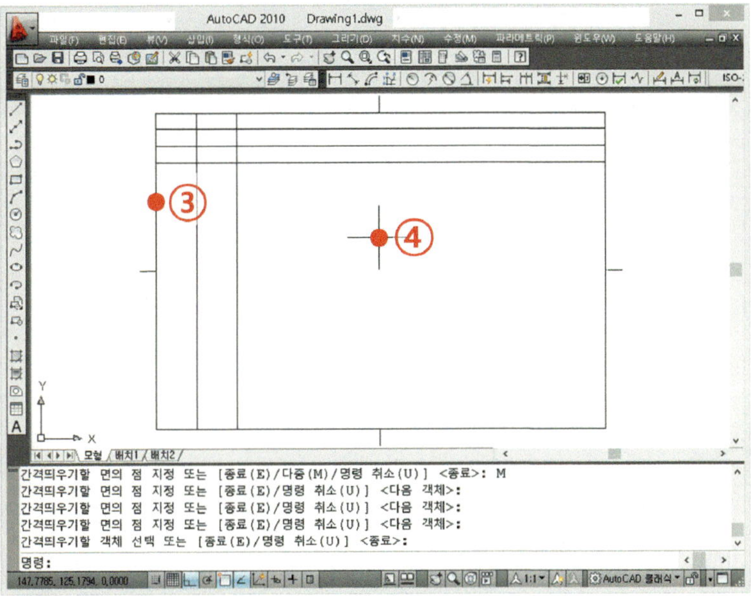

명령: o OFFSET Enter↵

현재 설정: 원본 지우기=아니오 도면층=원본 OFFSETGAPTYPE=0

간격띄우기 거리 지정 또는 [통과점(T)/지우기(E)/도면층(L)] 〈10.0000〉: 25 Enter↵

간격띄우기할 객체 선택 또는 [종료(E)/명령 취소(U)] 〈종료〉: 3번 선택

간격띄우기할 면의 점 지정 또는 [종료(E)/다중(M)/명령 취소(U)] 〈종료〉: m Enter↵

간격띄우기할 면의 점 지정 또는 [종료(E)/명령 취소(U)] 〈다음 객체〉: 4번 선택

간격띄우기할 면의 점 지정 또는 [종료(E)/명령 취소(U)] 〈다음 객체〉: 4번 선택

간격띄우기할 면의 점 지정 또는 [종료(E)/명령 취소(U)] 〈다음 객체〉: Enter↵

간격띄우기할 객체 선택 또는 [종료(E)/명령 취소(U)] 〈종료〉: Enter↵

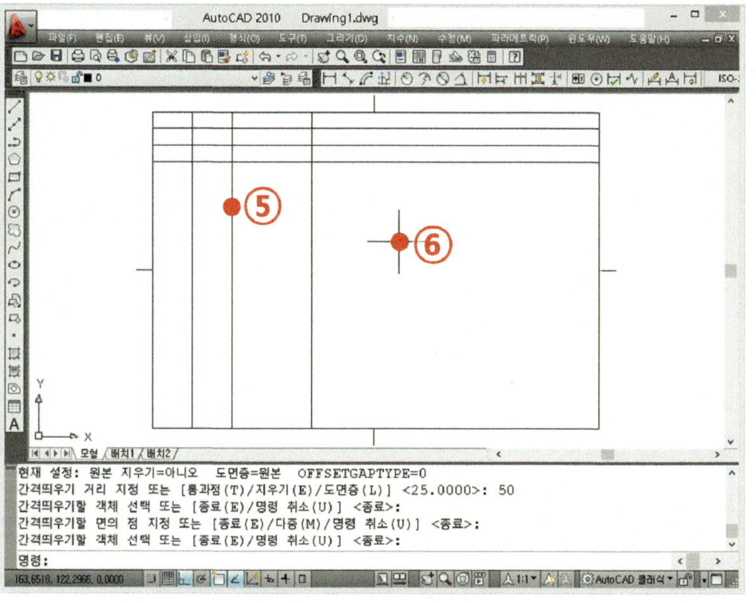

명령: o OFFSET Enter↵

현재 설정: 원본 지우기=아니오 도면층=원본 OFFSETGAPTYPE=0

간격띄우기 거리 지정 또는 [통과점(T)/지우기(E)/도면층(L)] 〈25.0000〉: 50 Enter↵

간격띄우기할 객체 선택 또는 [종료(E)/명령 취소(U)] 〈종료〉: 5번 선택

간격띄우기할 면의 점 지정 또는 [종료(E)/다중(M)/명령 취소(U)] 〈종료〉: 6번 선택

간격띄우기할 객체 선택 또는 [종료(E)/명령 취소(U)] 〈종료〉: Enter↵

※ TRIM(TR) 명령어를 실행하여 필요 없는 라인 제거

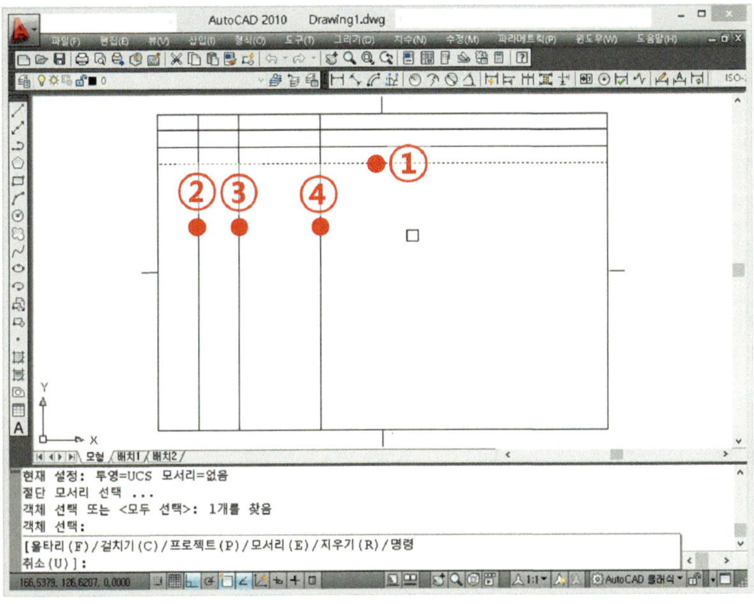

명령: tr TRIM Enter↵
현재 설정: 투영=UCS 모서리=없음
절단 모서리 선택 ...
객체 선택 또는 <모두 선택>: 1개를 찾음 1번 선택 Enter↵
객체 선택:
자를 객체 선택 또는 Shift 키를 누른 채 선택하여 연장 또는
[울타리(F)/걸치기(C)/프로젝트(P)/모서리(E)/지우기(R)/명령 취소(U)]: 2번 선택
자를 객체 선택 또는 Shift 키를 누른 채 선택하여 연장 또는
[울타리(F)/걸치기(C)/프로젝트(P)/모서리(E)/지우기(R)/명령 취소(U)]: 3번 선택
자를 객체 선택 또는 Shift 키를 누른 채 선택하여 연장 또는
[울타리(F)/걸치기(C)/프로젝트(P)/모서리(E)/지우기(R)/명령 취소(U)]: 4번 선택
자를 객체 선택 또는 Shift 키를 누른 채 선택하여 연장 또는
[울타리(F)/걸치기(C)/프로젝트(P)/모서리(E)/지우기(R)/명령 취소(U)]: Enter↵

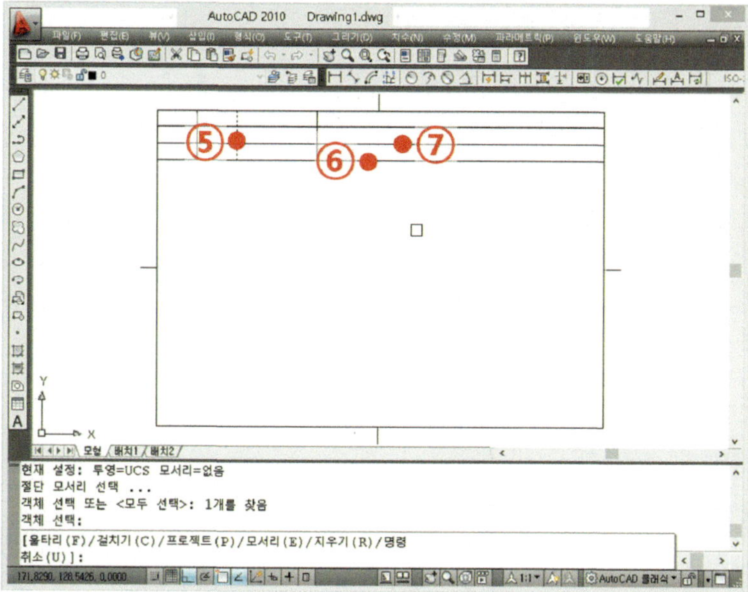

명령: TR TRIM Enter↵

현재 설정: 투영=UCS 모서리=없음

절단 모서리 선택 ...

객체 선택 또는 〈모두 선택〉: 1개를 찾음 5번 선택 Enter↵

객체 선택:

자를 객체 선택 또는 Shift 키를 누른 채 선택하여 연장 또는

[울타리(F)/걸치기(C)/프로젝트(P)/모서리(E)/지우기(R)/명령 취소(U)]: 6번 선택

자를 객체 선택 또는 Shift 키를 누른 채 선택하여 연장 또는

[울타리(F)/걸치기(C)/프로젝트(P)/모서리(E)/지우기(R)/명령 취소(U)]: 7번 선택

자를 객체 선택 또는 Shift 키를 누른 채 선택하여 연장 또는

[울타리(F)/걸치기(C)/프로젝트(P)/모서리(E)/지우기(R)/명령 취소(U)]: Enter↵

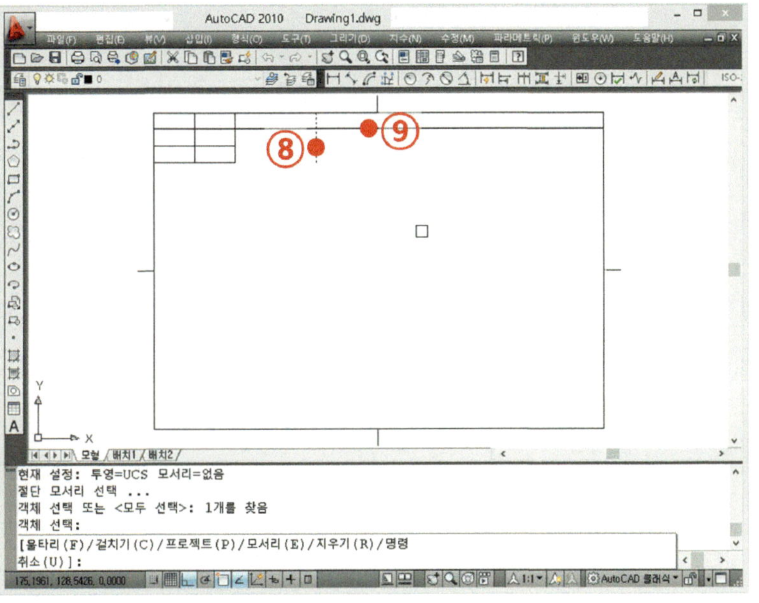

명령: TR TRIM Enter↵

현재 설정: 투영=UCS 모서리=없음

절단 모서리 선택 ...

객체 선택 또는 〈모두 선택〉: 1개를 찾음 8번 선택 Enter↵

객체 선택:

자를 객체 선택 또는 Shift 키를 누른 채 선택하여 연장 또는

[울타리(F)/걸치기(C)/프로젝트(P)/모서리(E)/지우기(R)/명령 취소(U)]: 9번 선택

자를 객체 선택 또는 Shift 키를 누른 채 선택하여 연장 또는

[울타리(F)/걸치기(C)/프로젝트(P)/모서리(E)/지우기(R)/명령 취소(U)]: Enter↵

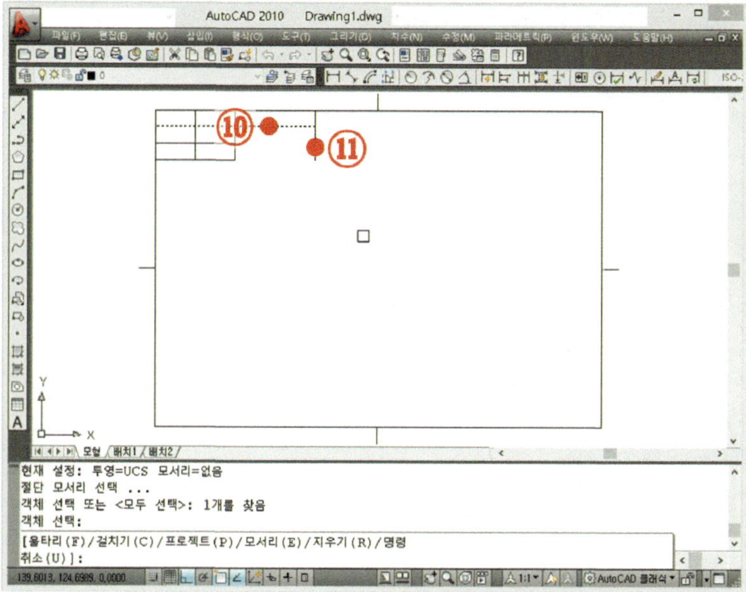

명령: TR TRIM Enter↵
현재 설정: 투영=UCS 모서리=없음
절단 모서리 선택 ...
객체 선택 또는 〈모두 선택〉: 1개를 찾음 10번 선택 Enter↵
객체 선택:
자를 객체 선택 또는 Shift 키를 누른 채 선택하여 연장 또는
[울타리(F)/걸치기(C)/프로젝트(P)/모서리(E)/지우기(R)/명령 취소(U)]: 11번 선택
자를 객체 선택 또는 Shift 키를 누른 채 선택하여 연장 또는
[울타리(F)/걸치기(C)/프로젝트(P)/모서리(E)/지우기(R)/명령 취소(U)]: Enter↵

▌하부표제란

▌OFFSET(O) 명령어를 실행하여 분해된 LINE 복사

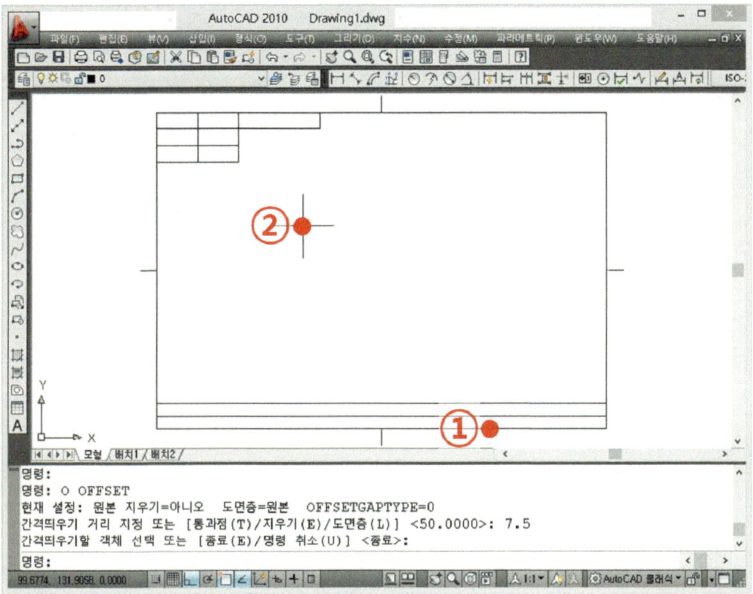

명령: o OFFSET Enter↵

현재 설정: 원본 지우기=아니오 도면층=원본 OFFSETGAPTYPE=0

간격띄우기 거리 지정 또는 [통과점(T)/지우기(E)/도면층(L)] 〈50.0000〉: 7.5 Enter↵

간격띄우기할 객체 선택 또는 [종료(E)/명령 취소(U)] 〈종료〉: 1번 선택

간격띄우기할 면의 점 지정 또는 [종료(E)/다중(M)/명령 취소(U)] 〈종료〉: m Enter↵

간격띄우기할 면의 점 지정 또는 [종료(E)/명령 취소(U)] 〈다음 객체〉: 2번 선택

간격띄우기할 면의 점 지정 또는 [종료(E)/명령 취소(U)] 〈다음 객체〉: 2번 선택

간격띄우기할 면의 점 지정 또는 [종료(E)/명령 취소(U)] 〈다음 객체〉: Enter↵

간격띄우기할 객체 선택 또는 [종료(E)/명령 취소(U)] 〈종료〉: Enter↵

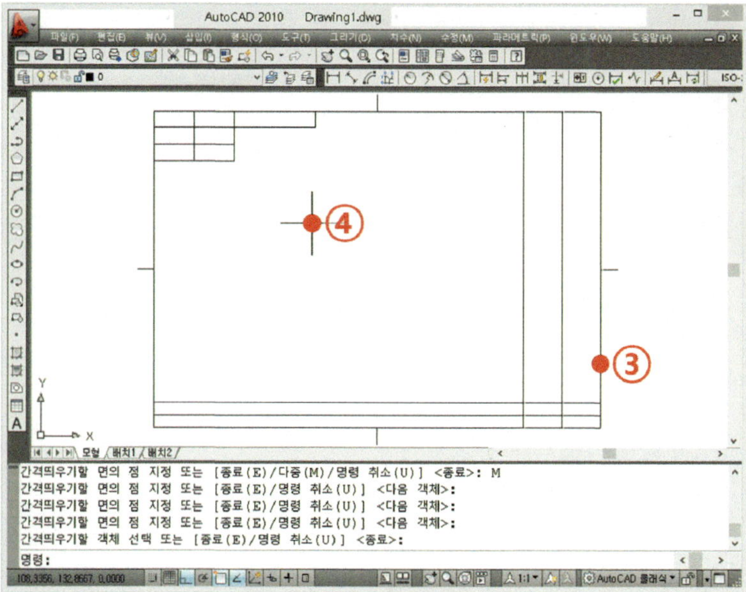

명령: o OFFSET Enter↵

현재 설정: 원본 지우기=아니오 도면층=원본 OFFSETGAPTYPE=0

간격띄우기 거리 지정 또는 [통과점(T)/지우기(E)/도면층(L)] 〈7.5000〉: 24 Enter↵

간격띄우기할 객체 선택 또는 [종료(E)/명령 취소(U)] 〈종료〉: 3번 선택

간격띄우기할 면의 점 지정 또는 [종료(E)/다중(M)/명령 취소(U)] 〈종료〉: m Enter↵

간격띄우기할 면의 점 지정 또는 [종료(E)/명령 취소(U)] 〈다음 객체〉: 4번 선택

간격띄우기할 면의 점 지정 또는 [종료(E)/명령 취소(U)] 〈다음 객체〉: 4번 선택

간격띄우기할 면의 점 지정 또는 [종료(E)/명령 취소(U)] 〈다음 객체〉: Enter↵

간격띄우기할 객체 선택 또는 [종료(E)/명령 취소(U)] 〈종료〉: Enter↵

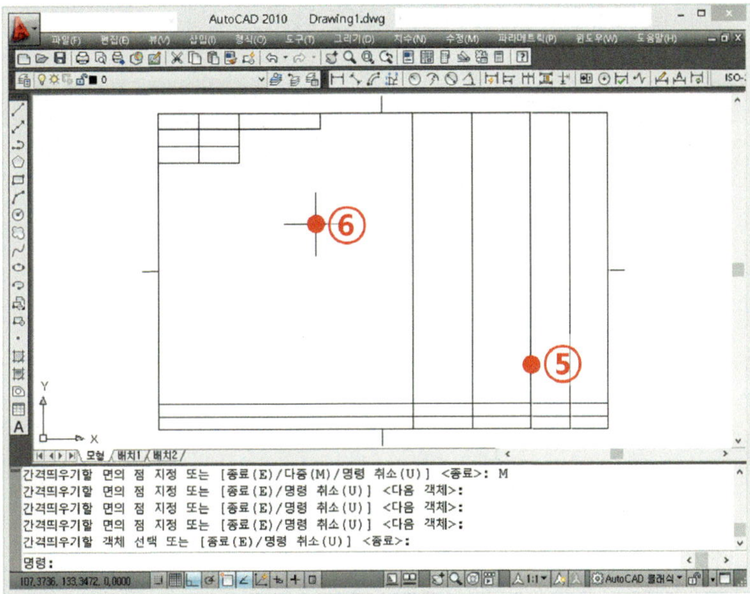

명령: o OFFSET Enter↵
현재 설정: 원본 지우기=아니오 도면층=원본 OFFSETGAPTYPE=0
간격띄우기 거리 지정 또는 [통과점(T)/지우기(E)/도면층(L)] 〈24.0000〉: 36 Enter↵
간격띄우기할 객체 선택 또는 [종료(E)/명령 취소(U)] 〈종료〉: 5번 선택
간격띄우기할 면의 점 지정 또는 [종료(E)/다중(M)/명령 취소(U)] 〈종료〉: m Enter↵
간격띄우기할 면의 점 지정 또는 [종료(E)/명령 취소(U)] 〈다음 객체〉: 6번 선택
간격띄우기할 면의 점 지정 또는 [종료(E)/명령 취소(U)] 〈다음 객체〉: 6번 선택
간격띄우기할 면의 점 지정 또는 [종료(E)/명령 취소(U)] 〈다음 객체〉: Enter↵
간격띄우기할 객체 선택 또는 [종료(E)/명령 취소(U)] 〈종료〉: Enter↵

▌TRIM(TR) 명령어를 실행하여 필요 없는 라인 제거

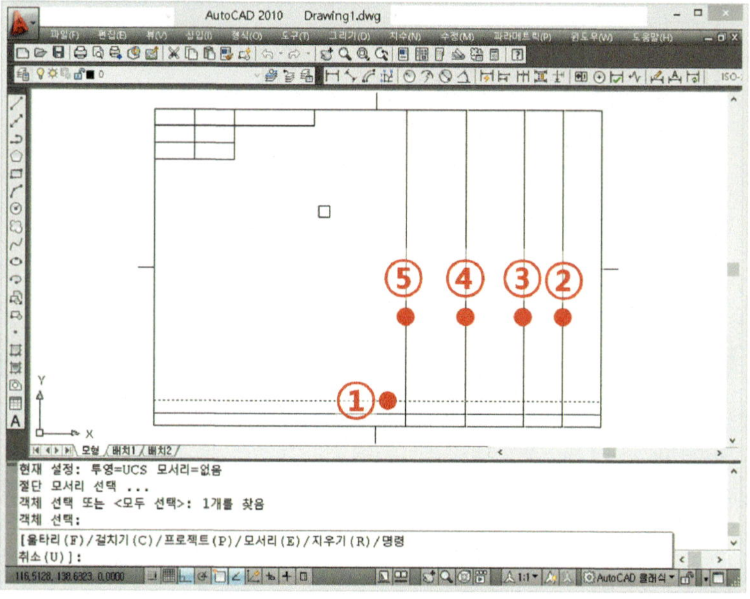

명령: tr TRIM Enter↵
현재 설정: 투영=UCS 모서리=없음
절단 모서리 선택 ...
객체 선택 또는 〈모두 선택〉: 1개를 찾음 1번 선택 Enter↵
객체 선택:
자를 객체 선택 또는 Shift 키를 누른 채 선택하여 연장 또는
[울타리(F)/걸치기(C)/프로젝트(P)/모서리(E)/지우기(R)/명령 취소(U)]: 2번 선택
자를 객체 선택 또는 Shift 키를 누른 채 선택하여 연장 또는
[울타리(F)/걸치기(C)/프로젝트(P)/모서리(E)/지우기(R)/명령 취소(U)]: 3번 선택
자를 객체 선택 또는 Shift 키를 누른 채 선택하여 연장 또는
[울타리(F)/걸치기(C)/프로젝트(P)/모서리(E)/지우기(R)/명령 취소(U)]: 4번 선택
자를 객체 선택 또는 Shift 키를 누른 채 선택하여 연장 또는
[울타리(F)/걸치기(C)/프로젝트(P)/모서리(E)/지우기(R)/명령 취소(U)]: 5번 선택
자를 객체 선택 또는 Shift 키를 누른 채 선택하여 연장 또는
[울타리(F)/걸치기(C)/프로젝트(P)/모서리(E)/지우기(R)/명령 취소(U)]: Enter↵

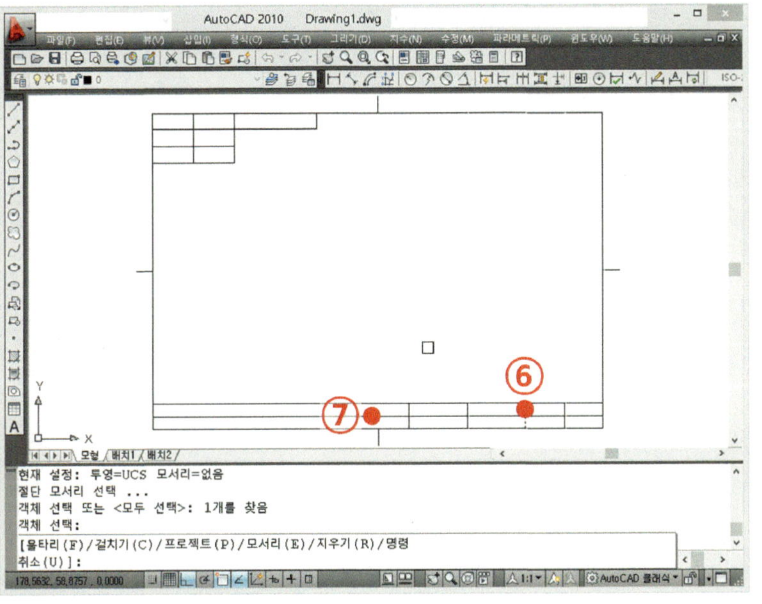

명령: tr TRIM Enter↵
현재 설정: 투영=UCS 모서리=없음
절단 모서리 선택 ...
객체 선택 또는 〈모두 선택〉: 1개를 찾음 6번 선택 Enter↵
객체 선택:
자를 객체 선택 또는 Shift 키를 누른 채 선택하여 연장 또는
[울타리(F)/걸치기(C)/프로젝트(P)/모서리(E)/지우기(R)/명령 취소(U)]: 7번 선택
자를 객체 선택 또는 Shift 키를 누른 채 선택하여 연장 또는
[울타리(F)/걸치기(C)/프로젝트(P)/모서리(E)/지우기(R)/명령 취소(U)]: Enter↵

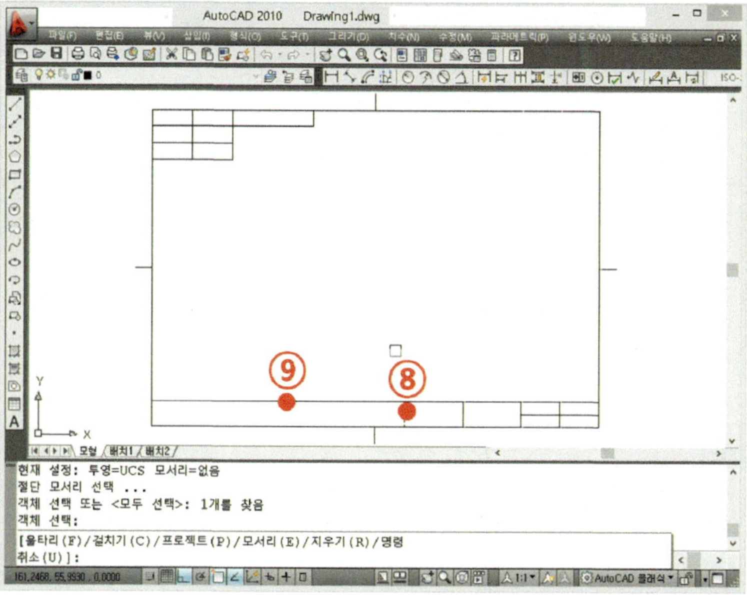

명령: tr TRIM Enter↵
현재 설정: 투영=UCS 모서리=없음
절단 모서리 선택 ...
객체 선택 또는 〈모두 선택〉: 1개를 찾음 8번 선택 Enter↵
객체 선택:
자를 객체 선택 또는 Shift 키를 누른 채 선택하여 연장 또는
[울타리(F)/걸치기(C)/프로젝트(P)/모서리(E)/지우기(R)/명령 취소(U)]: 9번 선택
자를 객체 선택 또는 Shift 키를 누른 채 선택하여 연장 또는
[울타리(F)/걸치기(C)/프로젝트(P)/모서리(E)/지우기(R)/명령 취소(U)]: Enter↵

▍OFFSET(O) 명령어를 실행하여 표제란 LINE 복사

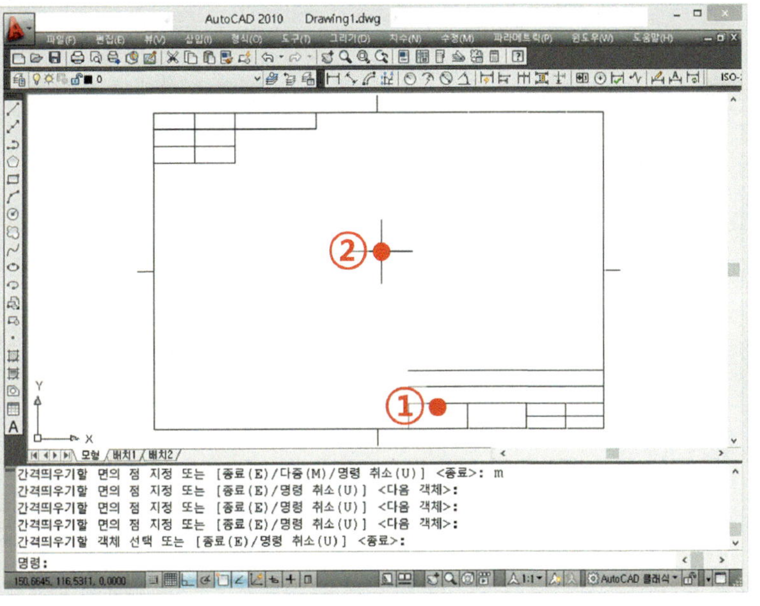

명령: o OFFSET Enter↵

현재 설정: 원본 지우기=아니오 도면층=원본 OFFSETGAPTYPE=0

간격띄우기 거리 지정 또는 [통과점(T)/지우기(E)/도면층(L)] 〈36.0000〉: 10 Enter↵

간격띄우기할 객체 선택 또는 [종료(E)/명령 취소(U)] 〈종료〉: 1번 선택

간격띄우기할 면의 점 지정 또는 [종료(E)/다중(M)/명령 취소(U)] 〈종료〉: m

간격띄우기할 면의 점 지정 또는 [종료(E)/명령 취소(U)] 〈다음 객체〉: 2번 선택

간격띄우기할 면의 점 지정 또는 [종료(E)/명령 취소(U)] 〈다음 객체〉: 2번 선택

간격띄우기할 면의 점 지정 또는 [종료(E)/명령 취소(U)] 〈다음 객체〉: Enter↵

간격띄우기할 객체 선택 또는 [종료(E)/명령 취소(U)] 〈종료〉: Enter↵

▌EXTEND(EX) 명령어를 실행하여 표제란 LINE 연장

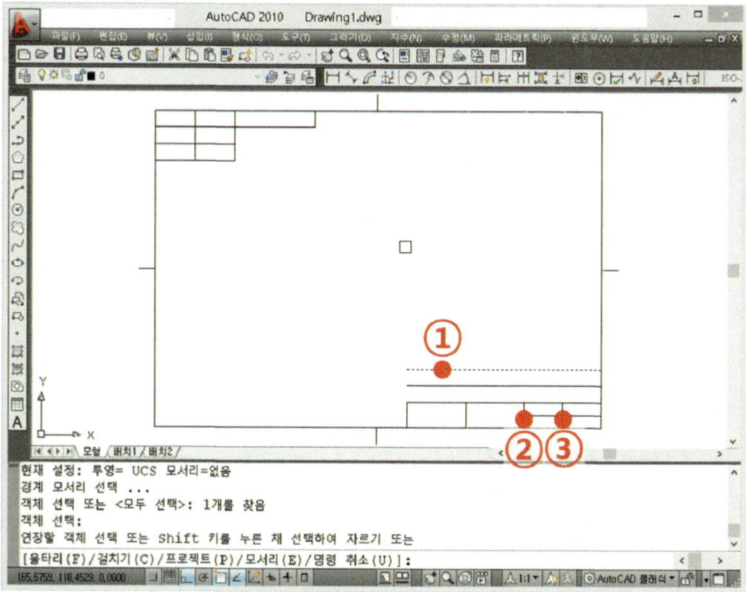

명령: ex EXTEND

현재 설정: 투영= UCS 모서리=없음
경계 모서리 선택 ...
객체 선택 또는 〈모두 선택〉: 1개를 찾음 1번 선택 Enter↵
객체 선택:
연장할 객체 선택 또는 Shift 키를 누른 채 선택하여 자르기 또는
[울타리(F)/걸치기(C)/프로젝트(P)/모서리(E)/명령 취소(U)]: 2번 선택
연장할 객체 선택 또는 Shift 키를 누른 채 선택하여 자르기 또는
[울타리(F)/걸치기(C)/프로젝트(P)/모서리(E)/명령 취소(U)]: 3번 선택
연장할 객체 선택 또는 Shift 키를 누른 채 선택하여 자르기 또는
[울타리(F)/걸치기(C)/프로젝트(P)/모서리(E)/명령 취소(U)]: Enter↵

▌마우스 포인터를 이용한 표제란 LINE 연장

1번 마우스 1번 버튼 클릭

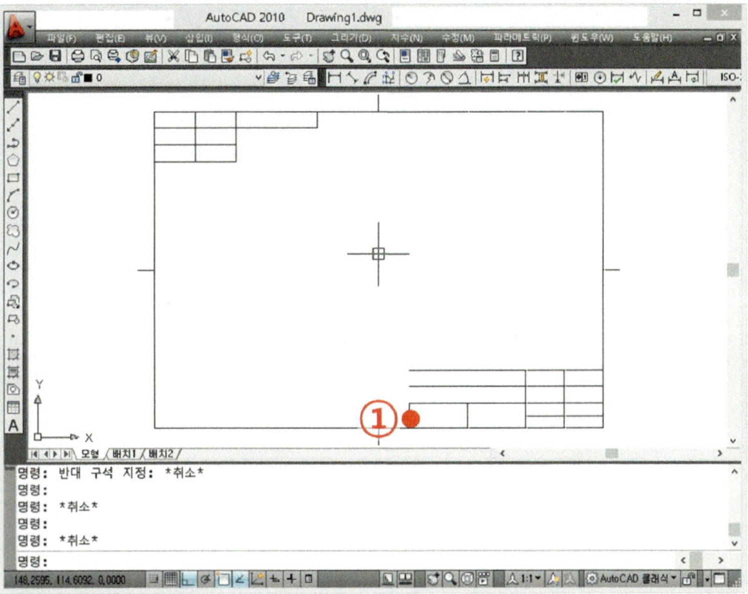

2번 마우스 1번 버튼 클릭

3번 마우스 1번 버튼 클릭

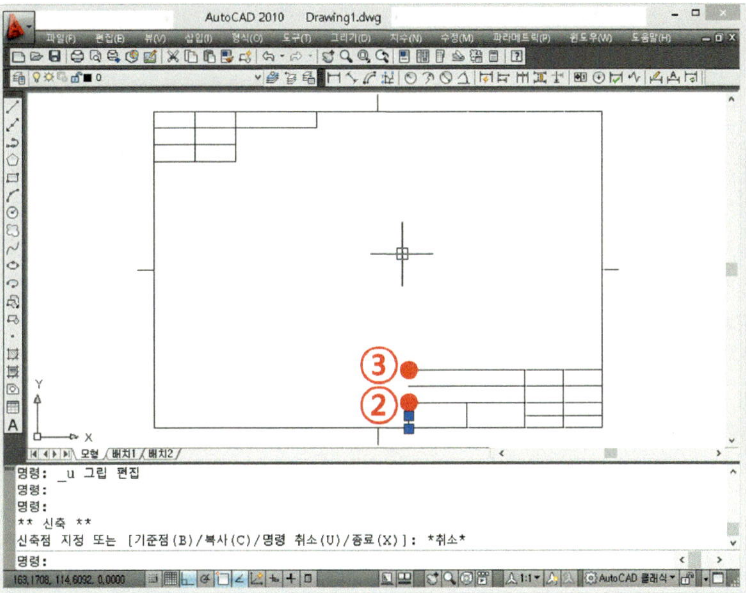

■ OFFSET(O) 명령어를 실행하여 표제란 LINE 복사

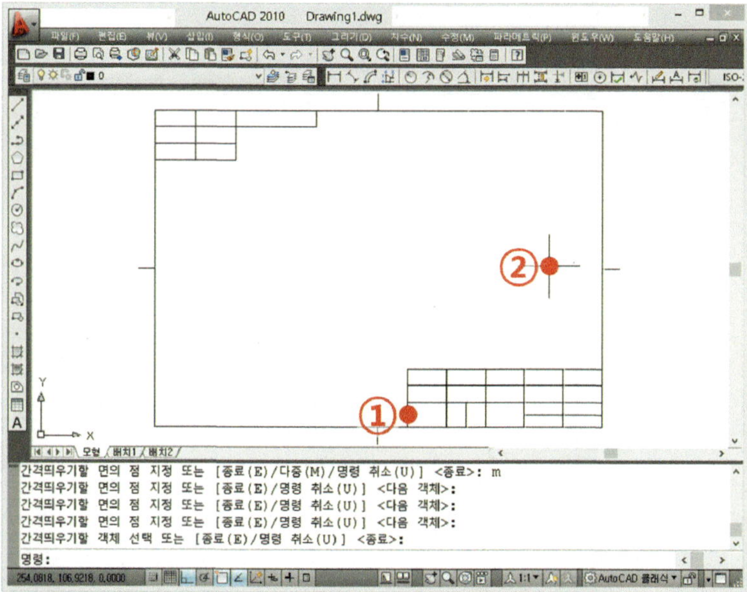

명령: o OFFSET Enter↵

현재 설정: 원본 지우기=아니오 도면층=원본 OFFSETGAPTYPE=0

간격띄우기 거리 지정 또는 [통과점(T)/지우기(E)/도면층(L)] 〈10.0000〉: 24 Enter↵

간격띄우기할 객체 선택 또는 [종료(E)/명령 취소(U)] 〈종료〉: 1번 선택

간격띄우기할 면의 점 지정 또는 [종료(E)/다중(M)/명령 취소(U)] 〈종료〉: m Enter↵

간격띄우기할 면의 점 지정 또는 [종료(E)/명령 취소(U)] 〈다음 객체〉: 2번 선택

간격띄우기할 면의 점 지정 또는 [종료(E)/명령 취소(U)] 〈다음 객체〉: 2번 선택

간격띄우기할 면의 점 지정 또는 [종료(E)/명령 취소(U)] 〈다음 객체〉: Enter↵

간격띄우기할 객체 선택 또는 [종료(E)/명령 취소(U)] 〈종료〉: Enter↵

▌TRIM(TR) 명령어를 실행하여 필요 없는 라인 제거

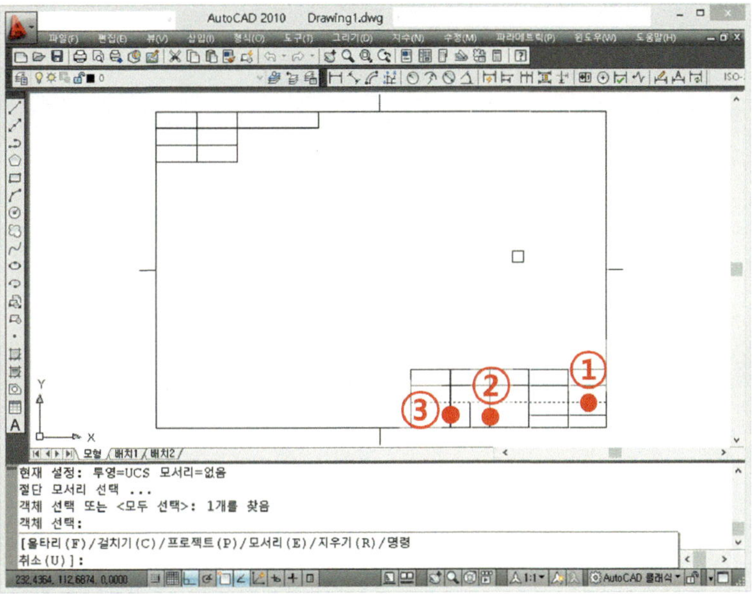

명령: tr TRIM Enter↵
현재 설정: 투영=UCS 모서리=없음
절단 모서리 선택 ...
객체 선택 또는 <모두 선택>: 1개를 찾음 1번 선택 Enter↵
객체 선택:
자를 객체 선택 또는 Shift 키를 누른 채 선택하여 연장 또는
[울타리(F)/걸치기(C)/프로젝트(P)/모서리(E)/지우기(R)/명령 취소(U)]: 2번 선택
자를 객체 선택 또는 Shift 키를 누른 채 선택하여 연장 또는
[울타리(F)/걸치기(C)/프로젝트(P)/모서리(E)/지우기(R)/명령 취소(U)]: 3번 선택
자를 객체 선택 또는 Shift 키를 누른 채 선택하여 연장 또는
[울타리(F)/걸치기(C)/프로젝트(P)/모서리(E)/지우기(R)/명령 취소(U)]: Enter↵

3.1.6 표제란 글자 작성(도면층 : 글자)

▌MTEXT(MT) 명령어를 실행하여 표제란 입력

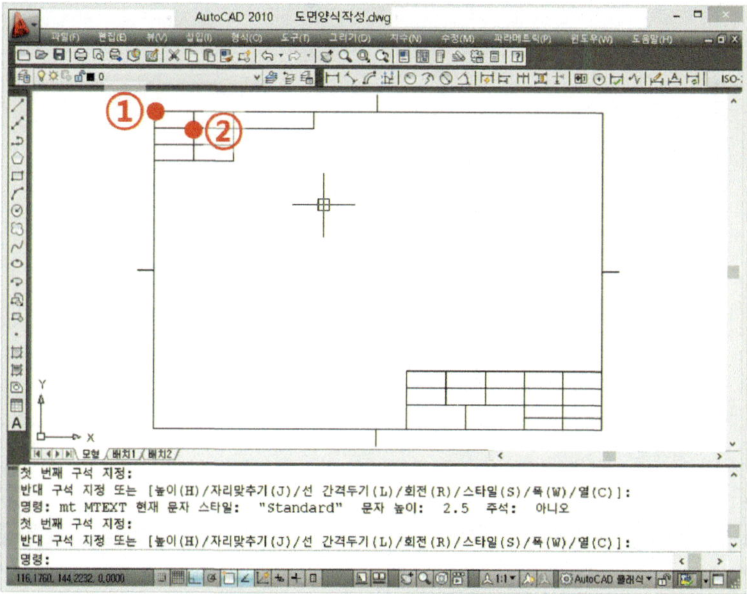

명령: mt MTEXT Enter↵

현재 문자 스타일: "Standard" 문자 높이: 2.5 주석: 아니오

첫 번째 구석 지정: 1번 선택

반대 구석 지정 또는 [높이(H)/자리맞추기(J)/선 간격두기(L)/회전(R)/스타일(S)/폭(W)/열(C)]:
2번 선택

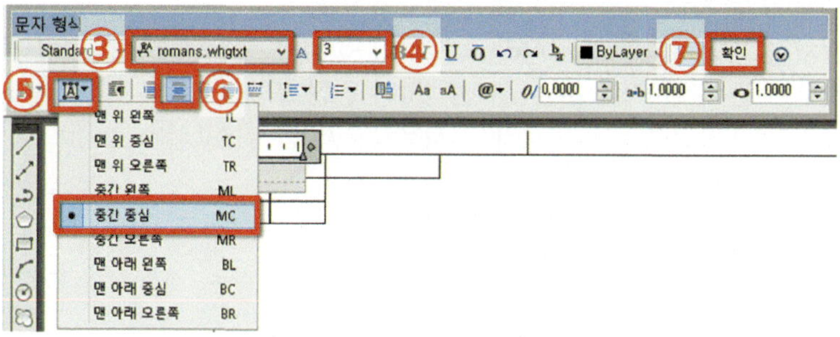

③ 글꼴에서 romans, whgtxt 확인 ④ 문자높이를 3으로 지정

⑤ 여러 줄 문자 자리 맞추기에서 중간 중심 선택 ⑥ 중심 선택

"수험번호" 입력 후 ⑦ 확인

▌상단 표제란 입력 문구

① 수험번호
② 성명
③ 감도확인
④ Auto CAD 기초 실습

※ 상측 "MTEXT(MT) 명령어를 실행하여 표제란 입력"을 참고하여 반복 입력

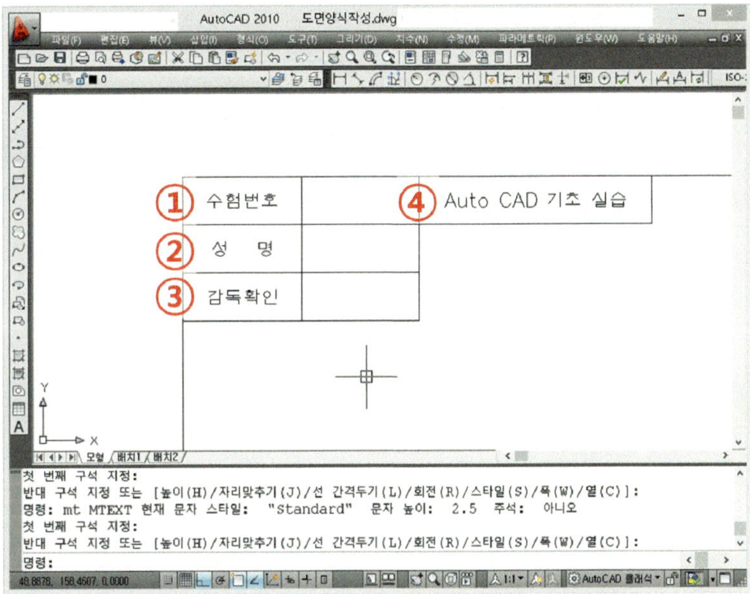

▌하단 표제란 입력 문구

① 작품명
② 기초실습
③ 각법
④ 3각법
⑤ 척도
⑥ 1 : 1
⑦ 품번
⑧ 품명
⑨ 재질
⑩ 수량
⑪ 비고
⑫ 1
⑬ 기초작도
⑭ SM45C
⑮ 1

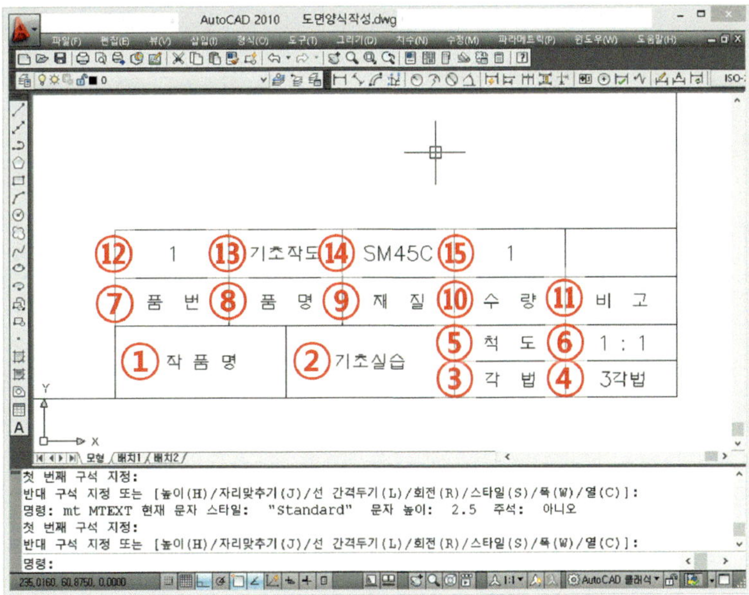

※ 상측 "MTEXT(MT) 명령어를 실행하여 표제란 입력"을 참고하여 반복입력

3.1.7 AutoCAD 사각 BASE 작도(도면층 : 실선)

▌RECTANG(REC)명령어를 실행하여 BASE 생성

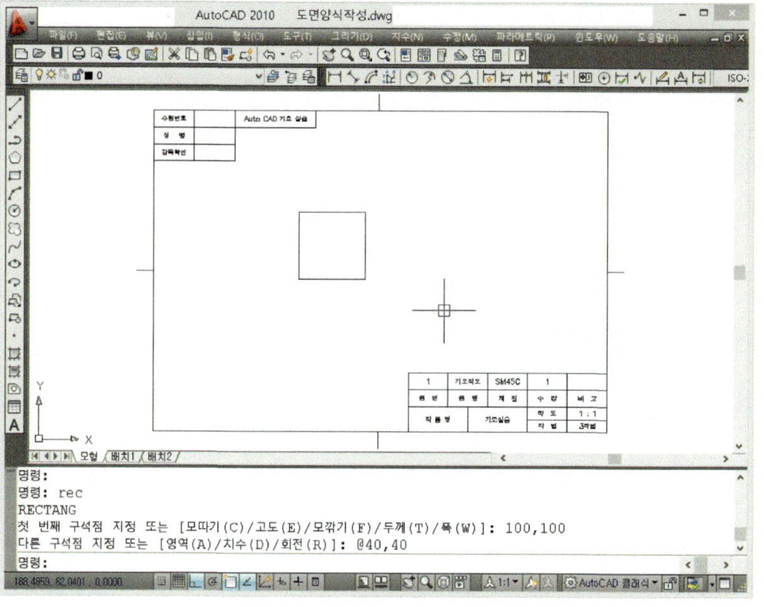

명령: rec RECTANG Enter↵

첫 번째 구석점 지정 또는 [모따기(C)/고도(E)/모깎기(F)/두께(T)/폭(W)]: 100,100 Enter↵

다른 구석점 지정 또는 [영역(A)/치수(D)/회전(R)]: @40,40 Enter↵

▌CIRCLE(C)명령어를 실행하여 HOLE 생성

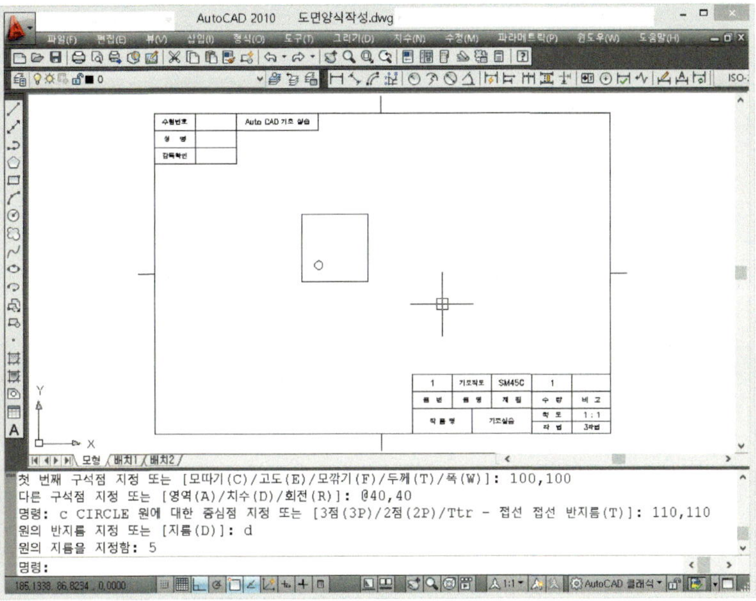

명령: c CIRCLE Enter↵
원에 대한 중심점 지정 또는 [3점(3P)/2점(2P)/Ttr – 접선 접선 반지름(T)]: 110,110 Enter↵
원의 반지름 지정 또는 [지름(D)]: d Enter↵
원의 지름을 지정함: 5 Enter↵

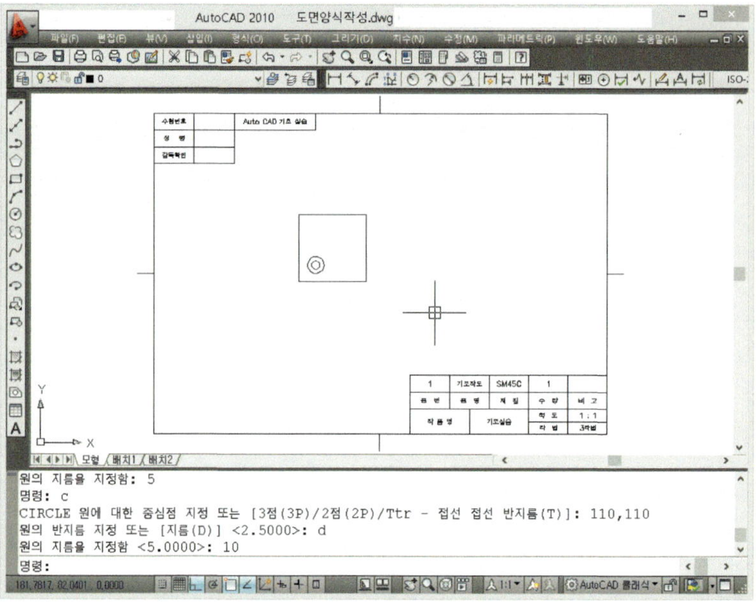

명령: c CIRCLE Enter↵

원에 대한 중심점 지정 또는 [3점(3P)/2점(2P)/Ttr – 접선 접선 반지름(T)]: 110,110 Enter↵

원의 반지름 지정 또는 [지름(D)] 〈2.5000〉: d Enter↵

원의 지름을 지정함 〈5.0000〉: 10 Enter↵

▌ARRAY(AR) 명령어를 실행하여 HOLE 배치

명령: ar ARRAY Enter↵

① 직사각형 배열(R) 선택
② 행의 수(W) 2 입력
③ 열의 수(O) 2 입력
④ 행 간격띄우기(F) 20입력
⑤ 열 간격띄우기(M) 20입력
⑥ 객체 선택(S) 선택

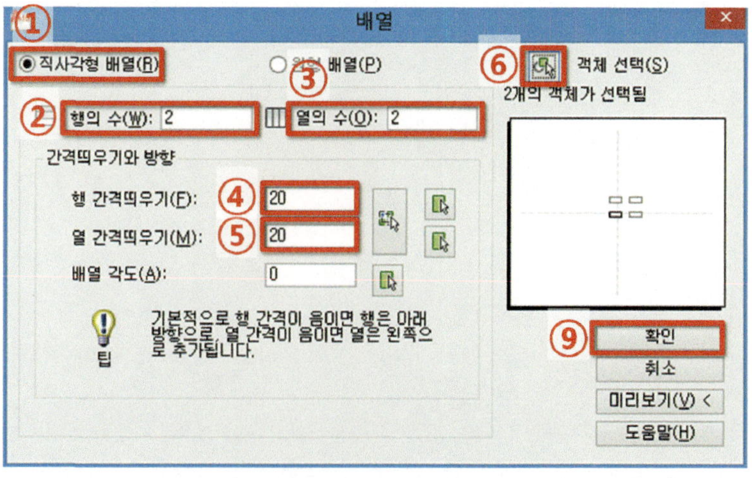

⑦ 5∅ 객체 선택
⑧ 10∅ 객체 선택
Enter↵
⑨ 확인

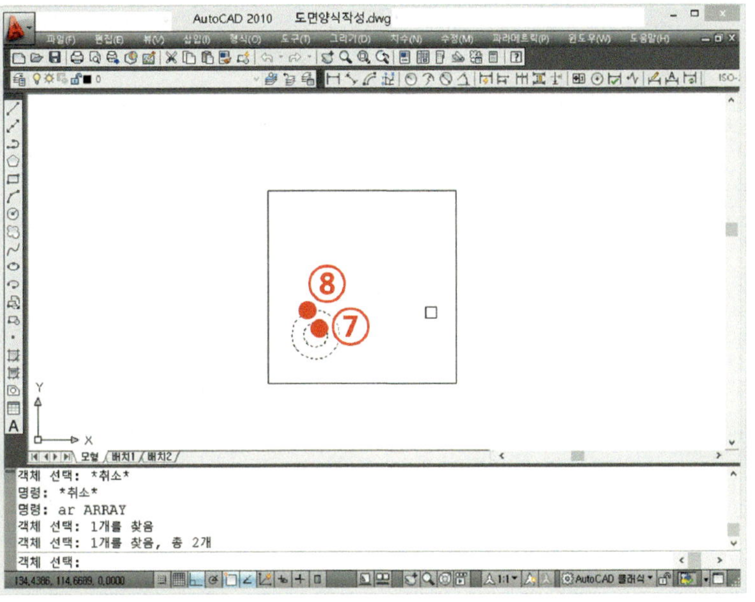

▌CHAMFER(CHA) 명령어를 실행하여 모따기

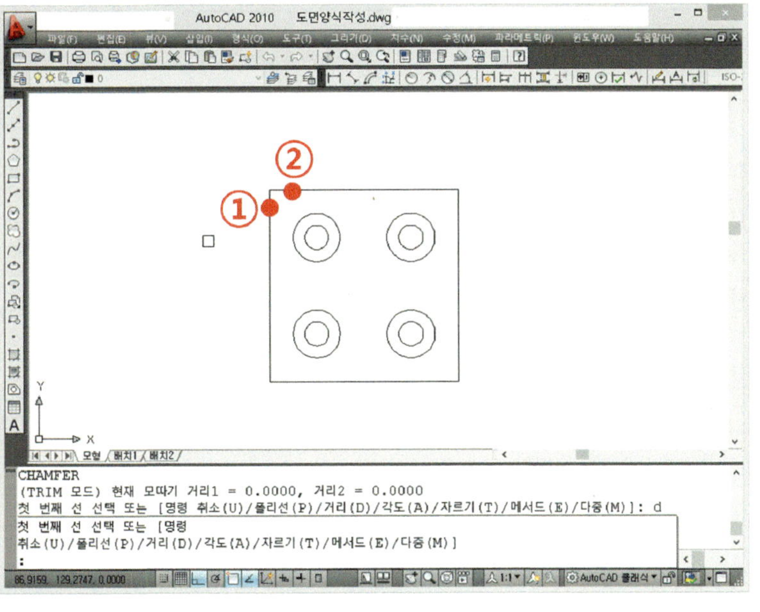

명령: cha CHAMFER Enter↵
(TRIM 모드) 현재 모따기 거리1 = 0.0000, 거리2 = 0.0000
첫 번째 선 선택 또는 [명령 취소(U)/폴리선(P)/거리(D)/각도(A)/자르기(T)/메서드(E)/다중(M)]:

d Enter↵
첫 번째 모따기 거리 지정 〈0.0000〉: 3 Enter↵
두 번째 모따기 거리 지정 〈3.0000〉: 3 Enter↵
첫 번째 선 선택 또는 [명령 취소(U)/폴리선(P)/거리(D)/각도(A)/자르기(T)/메서드(E)/다중(M)]:
1번 선택
두 번째 선 선택 또는 Shift 키를 누른 채 선택하여 구석 적용: 2번 선택

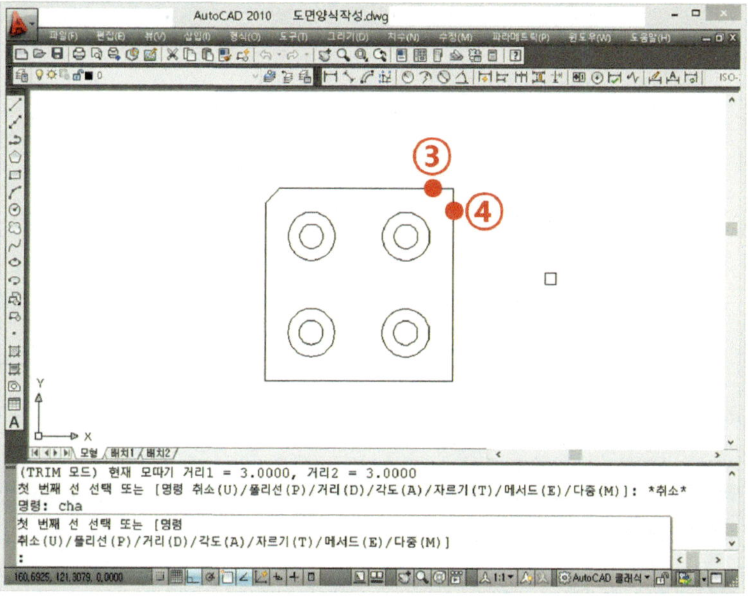

명령: cha CHAMFER Enter↵
(TRIM 모드) 현재 모따기 거리1 = 3.0000, 거리2 = 3.0000
첫 번째 선 선택 또는 [명령 취소(U)/폴리선(P)/거리(D)/각도(A)/자르기(T)/메서드(E)/다중(M)]:
3번 선택
두 번째 선 선택 또는 Shift 키를 누른 채 선택하여 구석 적용: 4번 선택

■ FILLET(F) 명령어를 실행하여 모깎기

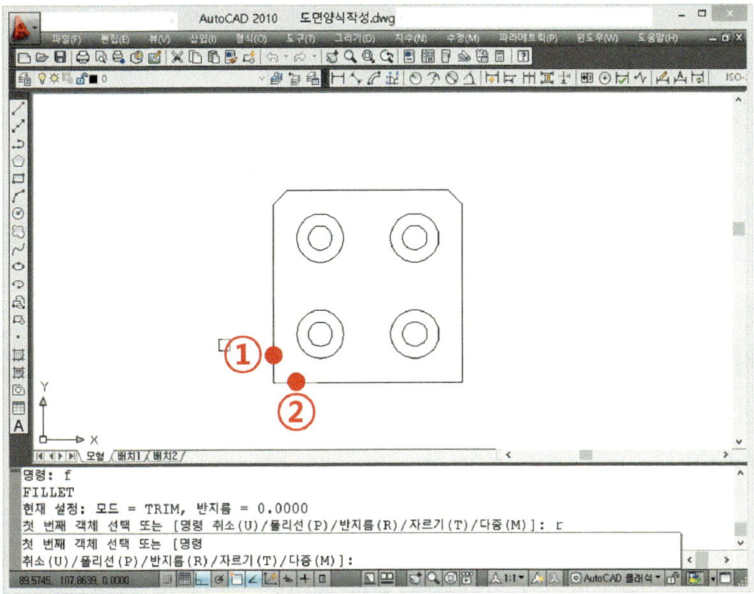

명령: f FILLET Enter↵

현재 설정: 모드 = TRIM, 반지름 = 0.0000

첫 번째 객체 선택 또는 [명령 취소(U)/폴리선(P)/반지름(R)/자르기(T)/다중(M)]: r Enter↵

모깎기 반지름 지정 〈0.0000〉: 3 Enter↵

첫 번째 객체 선택 또는 [명령 취소(U)/폴리선(P)/반지름(R)/자르기(T)/다중(M)]: 1번 선택

두 번째 객체 선택 또는 Shift 키를 누른 채 선택하여 구석 적용: 2번 선택

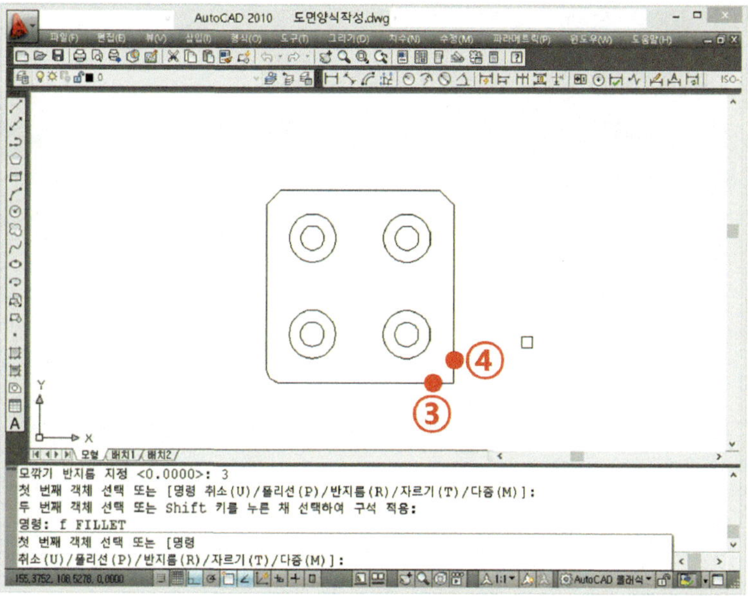

명령: f FILLET Enter↵

현재 설정: 모드 = TRIM, 반지름 = 3.0000

첫 번째 객체 선택 또는 [명령 취소(U)/폴리선(P)/반지름(R)/자르기(T)/다중(M)]: 3번 선택

두 번째 객체 선택 또는 Shift 키를 누른 채 선택하여 구석 적용: 4번 선택

3.1.8 AutoCAD 사각 BASE 단면도 작도(도면층 : 실선)

▌LINE(L) 명령어와 OFFSET(O) 명령어를 실행시켜 단면도 외부 작성

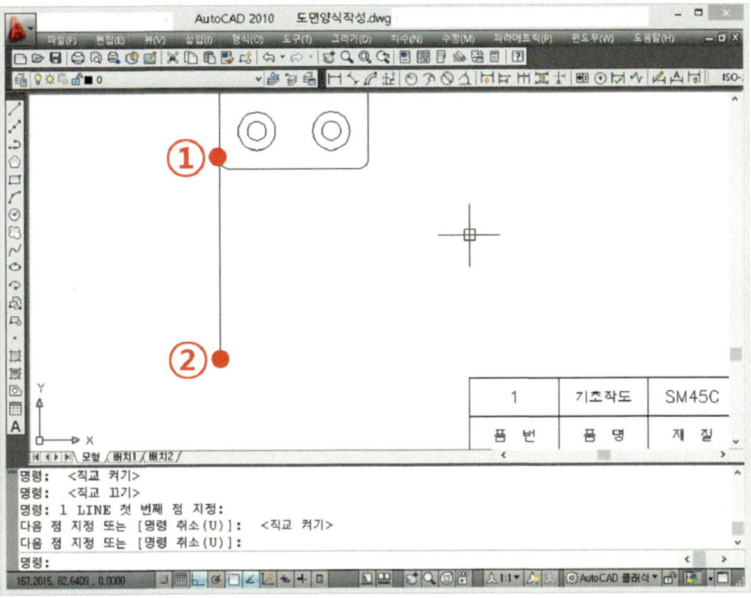

명령: l LINE Enter↵

첫 번째 점 지정: 1번 선택 (객체스냅 끝점일 때 선택)

다음 점 지정 또는 [명령 취소(U)]: 〈직교 켜기〉 2번 선택

(직교모드가 꺼져있을 경우 F8을 누른다.)

다음 점 지정 또는 [명령 취소(U)]: Enter↵

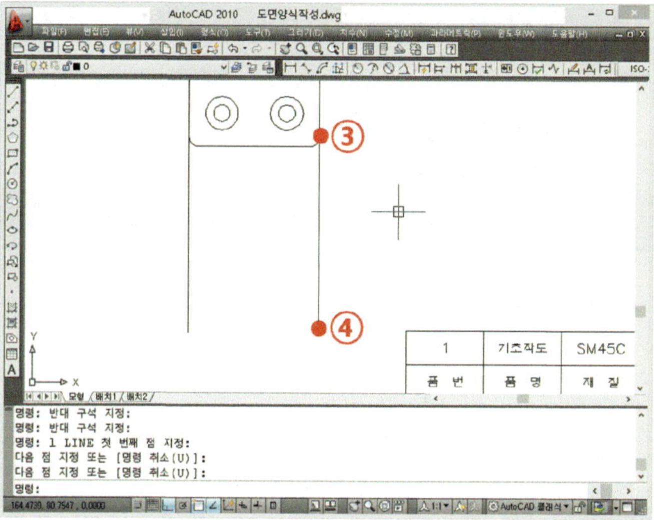

명령: l LINE Enter↵

첫 번째 점 지정: 3번 선택 (객체스냅 끝점에 선택)

다음 점 지정 또는 [명령 취소(U)]: 4번 선택

다음 점 지정 또는 [명령 취소(U)]: Enter↵

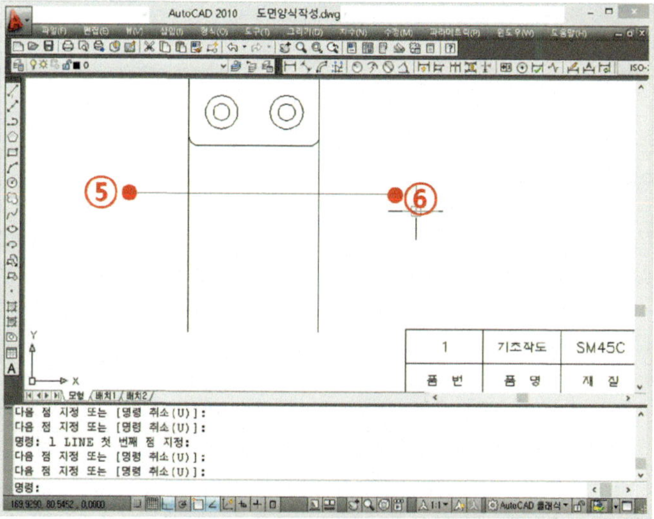

명령: l LINE Enter↵

첫 번째 점 지정: 5번 선택

다음 점 지정 또는 [명령 취소(U)]: 6번 선택

다음 점 지정 또는 [명령 취소(U)]: Enter↵

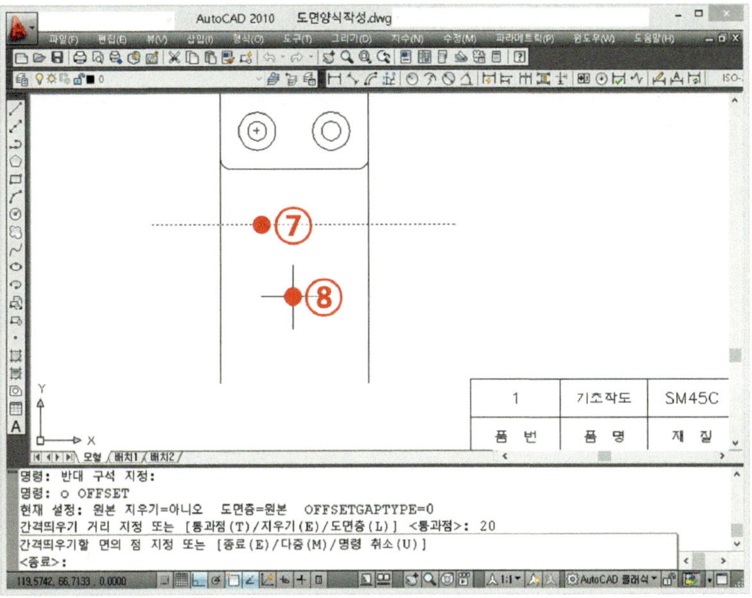

명령: o OFFSET Enter↵
현재 설정: 원본 지우기=아니오 도면층=원본 OFFSETGAPTYPE=0
간격띄우기 거리 지정 또는 [통과점(T)/지우기(E)/도면층(L)] 〈통과점〉: 20 Enter↵
간격띄우기할 객체 선택 또는 [종료(E)/명령 취소(U)] 〈종료〉: 7번 선택
간격띄우기할 면의 점 지정 또는 [종료(E)/다중(M)/명령 취소(U)] 〈종료〉: 8번 선택
간격띄우기할 객체 선택 또는 [종료(E)/명령 취소(U)] 〈종료〉: Enter↵

▌TRIM(TR) 명령어를 실행하여 필요 없는 라인 제거

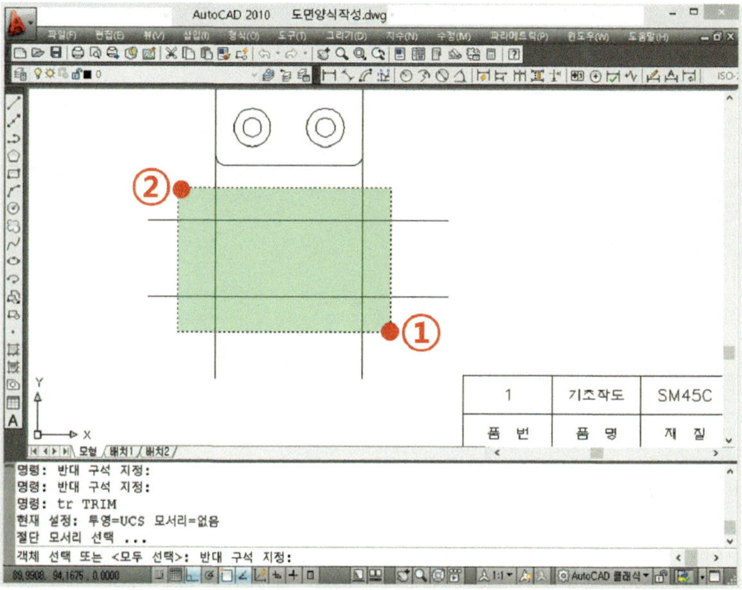

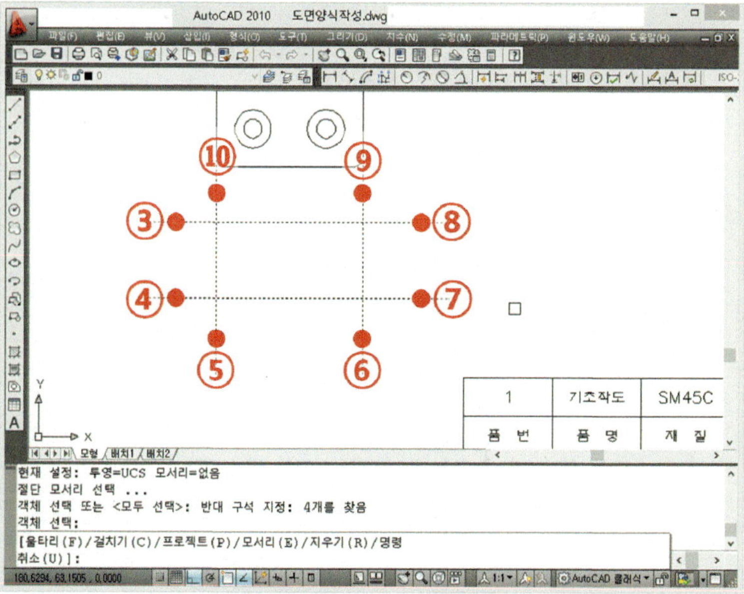

명령: tr TRIM Enter↵
현재 설정: 투영=UCS 모서리=없음
절단 모서리 선택 ...
객체 선택 또는 <모두 선택>: 1번 선택
반대 구석 지정: 2번 선택 Enter↵ 4개를 찾음
객체 선택:
자를 객체 선택 또는 Shift 키를 누른 채 선택하여 연장 또는
[울타리(F)/걸치기(C)/프로젝트(P)/모서리(E)/지우기(R)/명령 취소(U)]: 3번 선택
자를 객체 선택 또는 Shift 키를 누른 채 선택하여 연장 또는
[울타리(F)/걸치기(C)/프로젝트(P)/모서리(E)/지우기(R)/명령 취소(U)]: 4번 선택
자를 객체 선택 또는 Shift 키를 누른 채 선택하여 연장 또는
[울타리(F)/걸치기(C)/프로젝트(P)/모서리(E)/지우기(R)/명령 취소(U)]: 5번 선택
자를 객체 선택 또는 Shift 키를 누른 채 선택하여 연장 또는
[울타리(F)/걸치기(C)/프로젝트(P)/모서리(E)/지우기(R)/명령 취소(U)]: 6번 선택
자를 객체 선택 또는 Shift 키를 누른 채 선택하여 연장 또는
[울타리(F)/걸치기(C)/프로젝트(P)/모서리(E)/지우기(R)/명령 취소(U)]: 7번 선택
자를 객체 선택 또는 Shift 키를 누른 채 선택하여 연장 또는
[울타리(F)/걸치기(C)/프로젝트(P)/모서리(E)/지우기(R)/명령 취소(U)]: 8번 선택
자를 객체 선택 또는 Shift 키를 누른 채 선택하여 연장 또는
[울타리(F)/걸치기(C)/프로젝트(P)/모서리(E)/지우기(R)/명령 취소(U)]: 9번 선택
자를 객체 선택 또는 Shift 키를 누른 채 선택하여 연장 또는
[울타리(F)/걸치기(C)/프로젝트(P)/모서리(E)/지우기(R)/명령 취소(U)]: 10번 선택
자를 객체 선택 또는 Shift 키를 누른 채 선택하여 연장 또는
[울타리(F)/걸치기(C)/프로젝트(P)/모서리(E)/지우기(R)/명령 취소(U)]: Enter↵

■ LINE(L) 명령어와 OFFSET(O) 명령어를 실행시켜 단면도 내부 작성

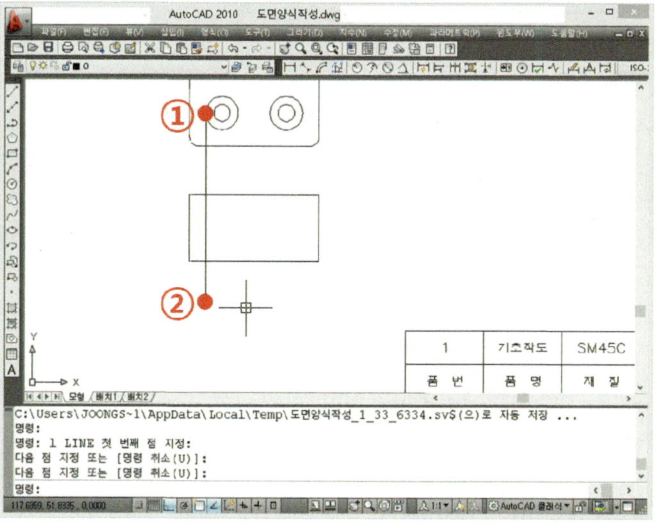

명령: l LINE Enter↵
첫 번째 점 지정: 1번 선택 (객체스냅 사분점일 때 선택)
다음 점 지정 또는 [명령 취소(U)]: 2번 선택
다음 점 지정 또는 [명령 취소(U)]: Enter↵

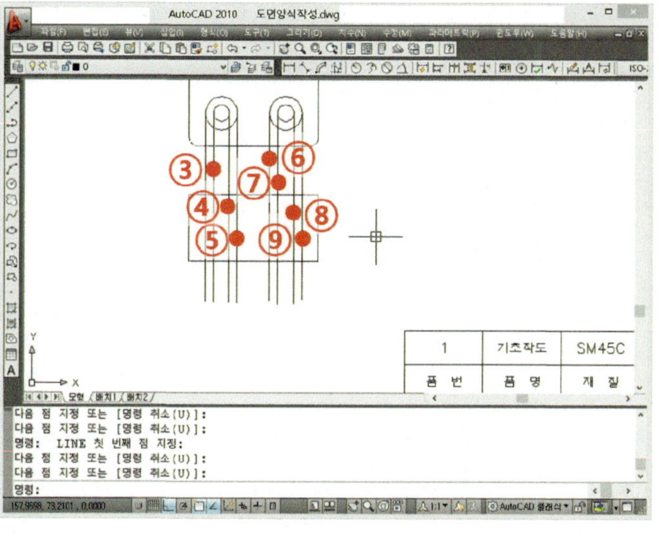

같은 방법으로 ③, ④, ⑤, ⑥, ⑦, ⑧, ⑨ 선 작성

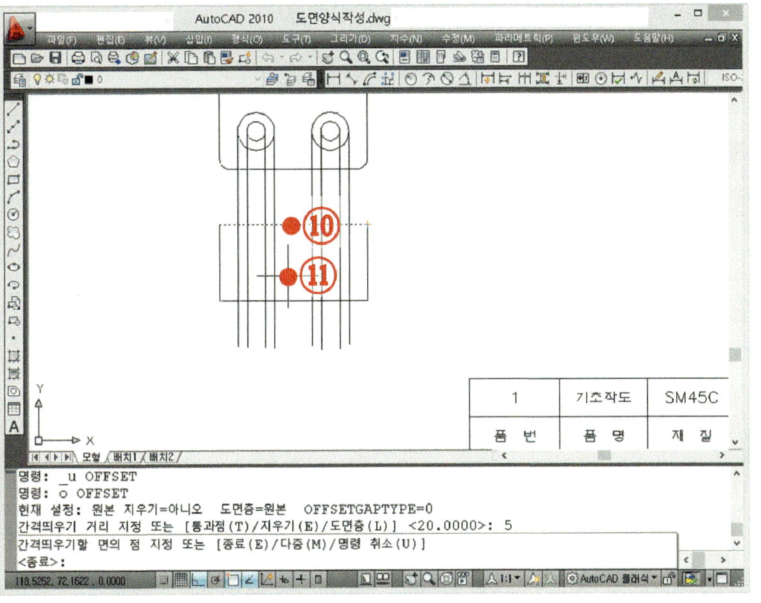

명령: o OFFSET Enter↵
현재 설정: 원본 지우기=아니오 도면층=원본 OFFSETGAPTYPE=0
간격띄우기 거리 지정 또는 [통과점(T)/지우기(E)/도면층(L)] 〈20.0000〉: 5 Enter↵
간격띄우기할 객체 선택 또는 [종료(E)/명령 취소(U)] 〈종료〉: 10번 선택
간격띄우기할 면의 점 지정 또는 [종료(E)/다중(M)/명령 취소(U)] 〈종료〉: 11번 선택
간격띄우기할 객체 선택 또는 [종료(E)/명령 취소(U)] 〈종료〉: Enter↵

▌TRIM(TR) 명령어를 실행하여 필요없는 라인 제거

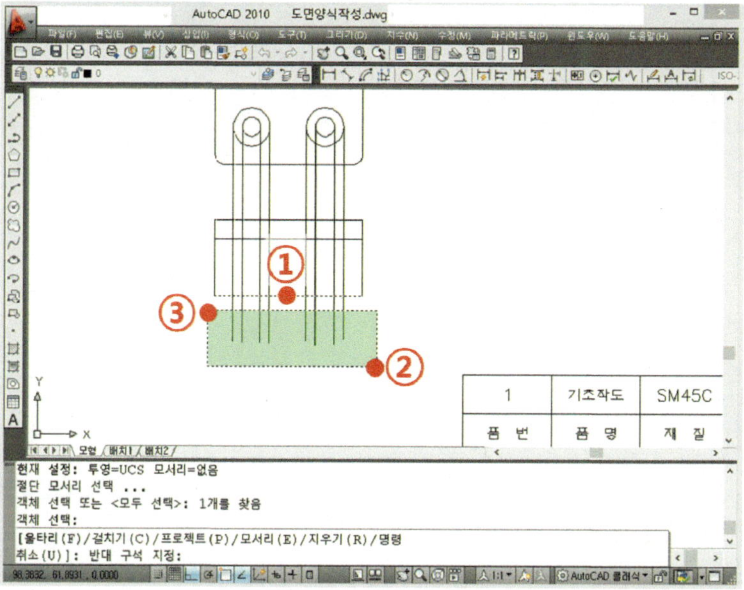

명령: tr TRIM Enter↵
현재 설정: 투영=UCS 모서리=없음
절단 모서리 선택 ...
객체 선택 또는 〈모두 선택〉: 1번 선택 Enter↵ 1개를 찾음
객체 선택:
자를 객체 선택 또는 Shift 키를 누른 채 선택하여 연장 또는
[울타리(F)/걸치기(C)/프로젝트(P)/모서리(E)/지우기(R)/명령 취소(U)]: 2번 선택
반대 구석 지정: 3번 선택
자를 객체 선택 또는 Shift 키를 누른 채 선택하여 연장 또는
[울타리(F)/걸치기(C)/프로젝트(P)/모서리(E)/지우기(R)/명령 취소(U)]: Enter↵

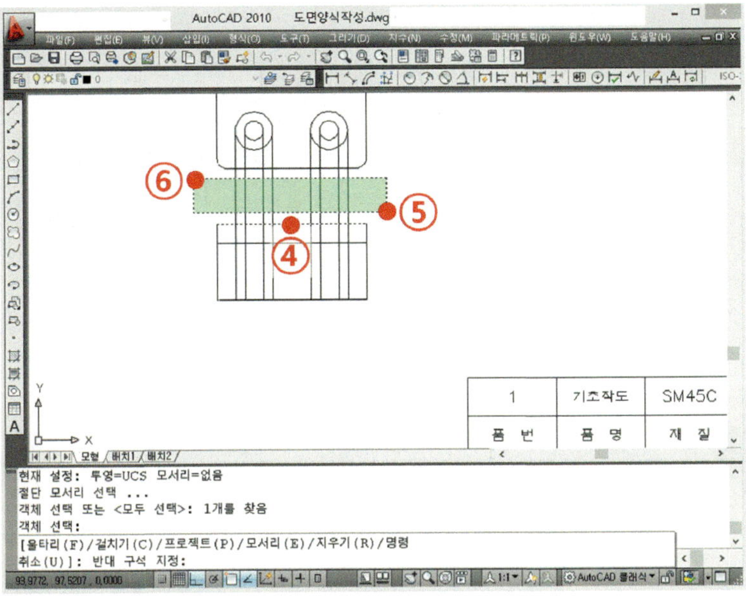

명령: tr TRIM Enter↵

현재 설정: 투영=UCS 모서리=없음

절단 모서리 선택 ...

객체 선택 또는 〈모두 선택〉: 4번 선택 Enter↵ 1개를 찾음

객체 선택:

자를 객체 선택 또는 Shift 키를 누른 채 선택하여 연장 또는

[울타리(F)/걸치기(C)/프로젝트(P)/모서리(E)/지우기(R)/명령 취소(U)]: 5번 선택

반대 구석 지정: 6번 선택

자를 객체 선택 또는 Shift 키를 누른 채 선택하여 연장 또는

[울타리(F)/걸치기(C)/프로젝트(P)/모서리(E)/지우기(R)/명령 취소(U)]: Enter↵

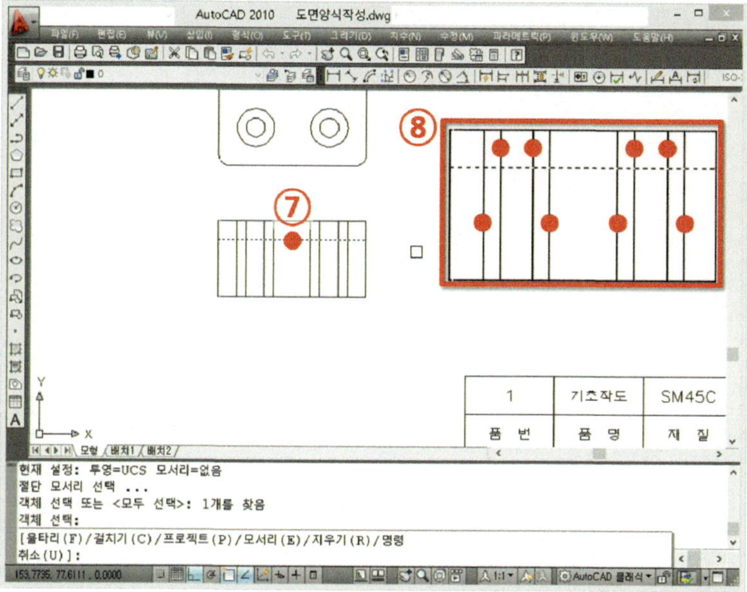

명령: tr TRIM Enter↵

현재 설정: 투영=UCS 모서리=없음

절단 모서리 선택 ...

객체 선택 또는 〈모두 선택〉: 7번 선택 Enter↵ 1개를 찾음

객체 선택:

자를 객체 선택 또는 Shift 키를 누른 채 선택하여 연장 또는

[울타리(F)/걸치기(C)/프로젝트(P)/모서리(E)/지우기(R)/명령 취소(U)]: 8번 선택

자를 객체 선택 또는 Shift 키를 누른 채 선택하여 연장 또는

[울타리(F)/걸치기(C)/프로젝트(P)/모서리(E)/지우기(R)/명령 취소(U)]: Enter↵

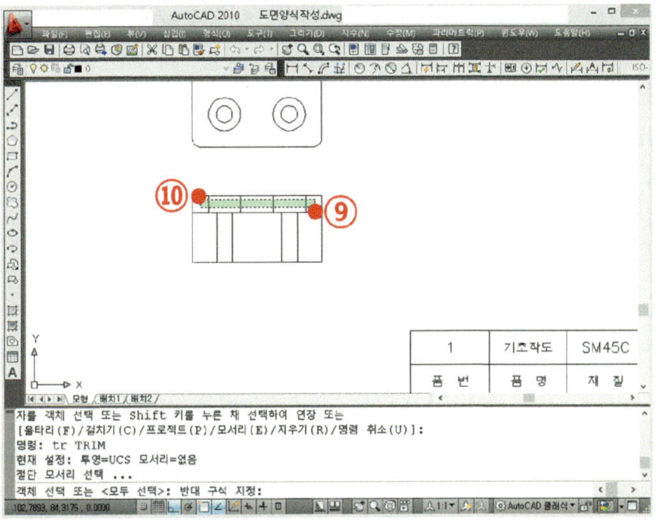

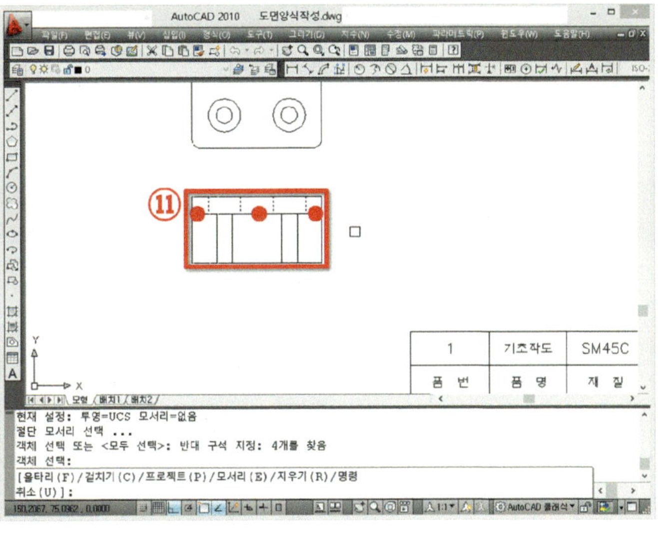

명령: tr TRIM Enter↵
현재 설정: 투영=UCS 모서리=없음
절단 모서리 선택 ...
객체 선택 또는 〈모두 선택〉: 9번 선택
반대 구석 지정: 10번 선택 Enter↵ 4개를 찾음
객체 선택:
자를 객체 선택 또는 Shift 키를 누른 채 선택하여 연장 또는
[울타리(F)/걸치기(C)/프로젝트(P)/모서리(E)/지우기(R)/명령 취소(U)]: 11번 선택
자를 객체 선택 또는 Shift 키를 누른 채 선택하여 연장 또는
[울타리(F)/걸치기(C)/프로젝트(P)/모서리(E)/지우기(R)/명령 취소(U)]: Enter↵

3.1.9 AutoCAD 해치패턴 넣기(도면층 : 가는선)

▌HATCH(H) 명령어를 실행하여 단면 해치패턴 넣기

명령: h HATCH Enter↵

① 유형 및 패턴에서 패턴(P)의 ... 선택
② ANSI 선택
③ ANSI31 선택
④ 확인

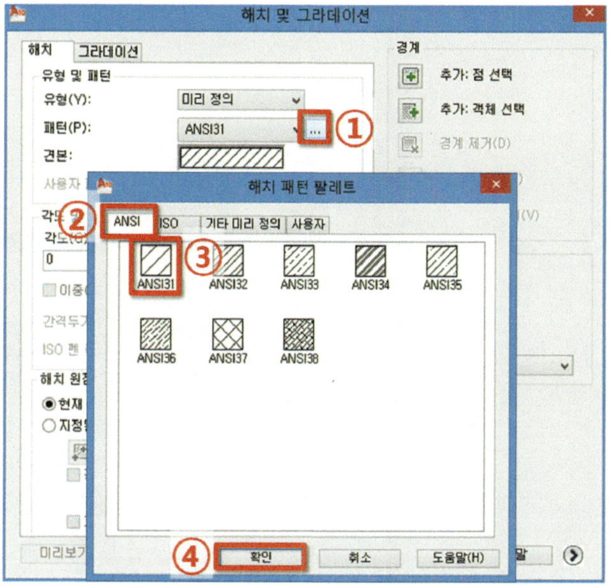

⑤ 경계의 추가: 점선택 선택
⑥ 객체 영역 선택
⑦ 확인

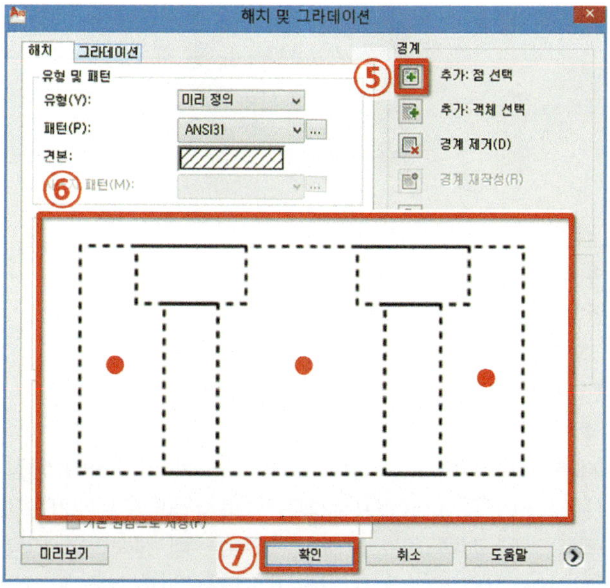

3.1.10 AutoCAD 사각 BASE 중심선 기입(도면층 : 중심선)

▌LINE(L) 명령어와 LENGTHEN(LEN) 명령어를 실행시켜 BASE 중심선 작성

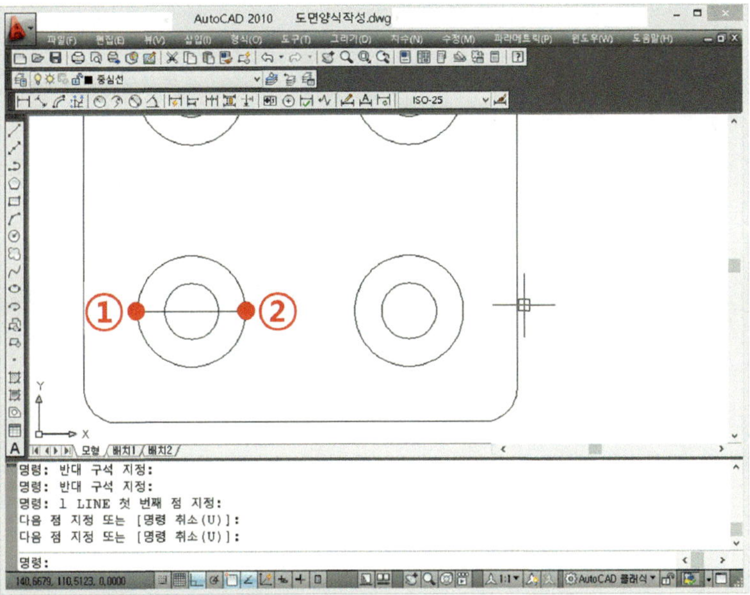

명령: l LINE Enter↵
첫 번째 점 지정: 1번 선택 (객체스냅 사분점일 때 선택)
다음 점 지정 또는 [명령 취소(U)]: 2번 선택 (객체스냅 사분점일 때 선택)
다음 점 지정 또는 [명령 취소(U)]: Enter↵

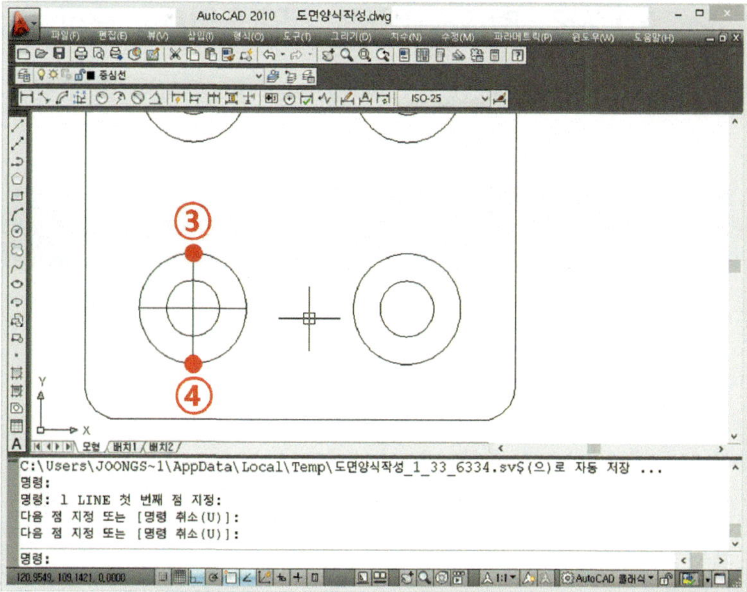

명령: l LINE Enter↵

첫 번째 점 지정: 1번 선택 (객체스냅 사분점일 때 선택)

다음 점 지정 또는 [명령 취소(U)]: 2번 선택 (객체스냅 사분점일 때 선택)

다음 점 지정 또는 [명령 취소(U)]: Enter↵

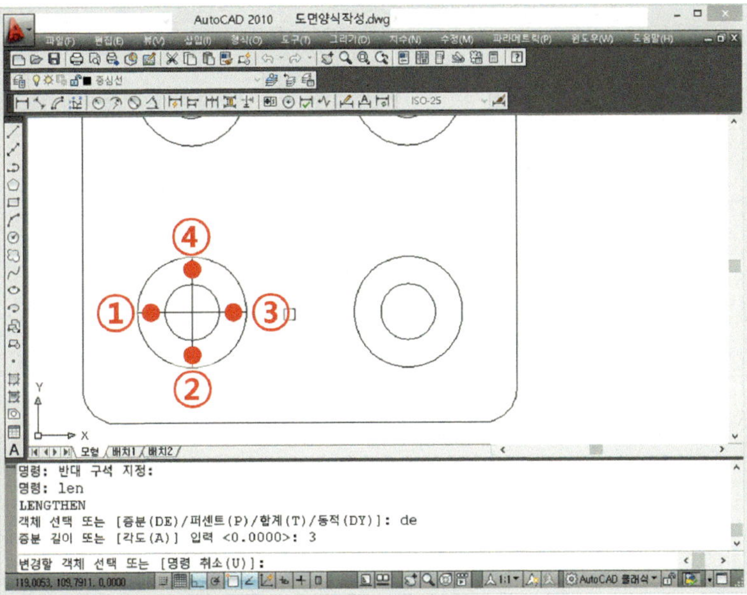

명령: len LENGTHEN Enter↵

객체 선택 또는 [증분(DE)/퍼센트(P)/합계(T)/동적(DY)]: de Enter↵

증분 길이 또는 [각도(A)] 입력 〈0.0000〉: 3 Enter↵

변경할 객체 선택 또는 [명령 취소(U)]: 1번 선택

변경할 객체 선택 또는 [명령 취소(U)]: 2번 선택

변경할 객체 선택 또는 [명령 취소(U)]: 3번 선택

변경할 객체 선택 또는 [명령 취소(U)]: 4번 선택

변경할 객체 선택 또는 [명령 취소(U)]: Enter↵

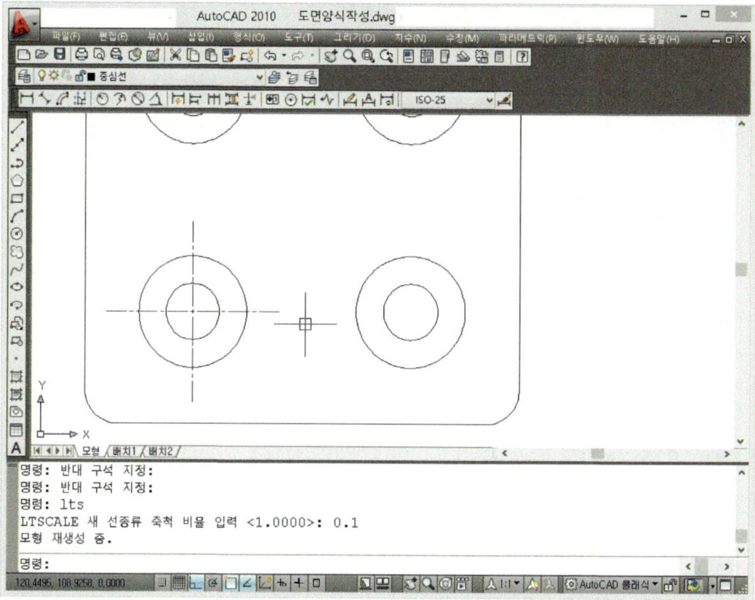

명령: lts LTSCALE Enter↵

새 선종류 축척 비율 입력 〈1.0000〉: 0.1 Enter↵

▌ARRAY(AR) 명령어를 실행하여 중심선 배치

명령: ar ARRAY Enter↵

① 직사각형 배열(R) 선택
② 행의 수(W) 2 입력
③ 열의 수(O) 2 입력
④ 행 간격띄우기(F) 20입력
⑤ 열 간격띄우기(M) 20입력
⑥ 객체 선택(S) 선택

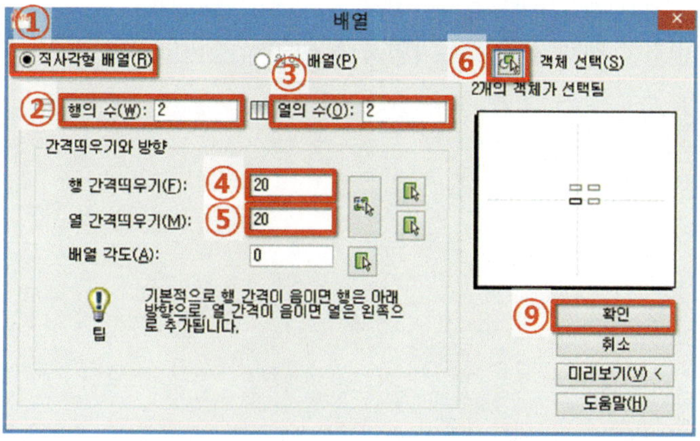

⑦ 7번 선택
⑧ 8번 선택 Enter↵
⑨ 확인

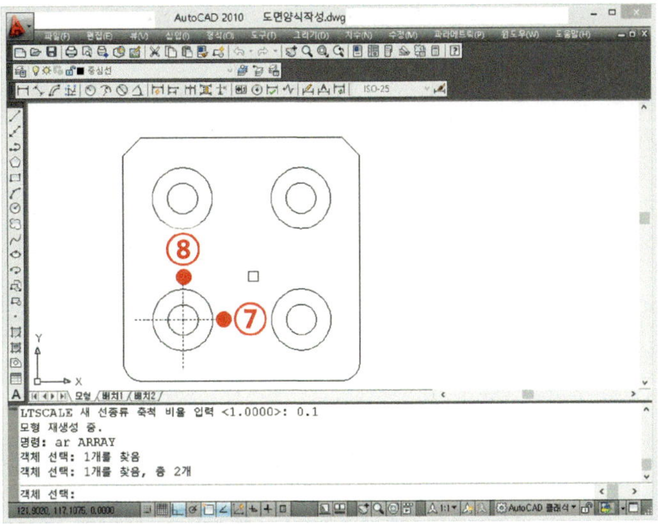

▌LINE(L) 명령어, TRIM(TR)명령어와 LENGTHEN(LEN) 명령어를 실행시켜 BASE 단면도 중심선 작성

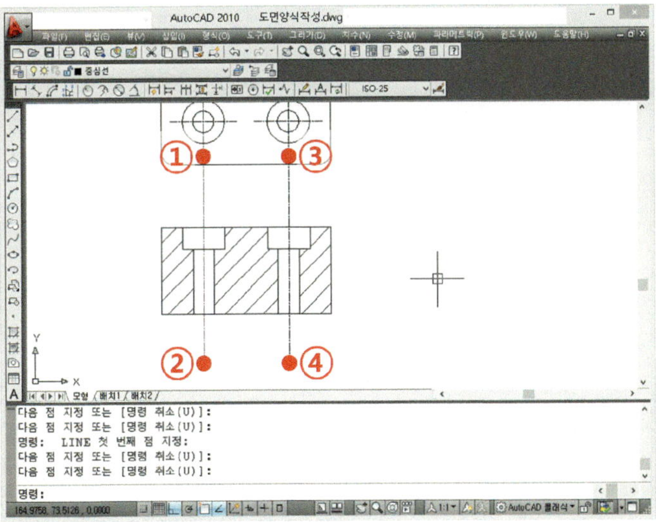

명령: l LINE Enter↵

첫 번째 점 지정: 1번 선택 (객체스냅 끝점일 때 선택)
다음 점 지정 또는 [명령 취소(U)]: 2번 선택
다음 점 지정 또는 [명령 취소(U)]: Enter↵

명령: l LINE Enter↵
첫 번째 점 지정: 3번 선택 (객체스냅 끝점일 때 선택)
다음 점 지정 또는 [명령 취소(U)]: 4번 선택
다음 점 지정 또는 [명령 취소(U)]: Enter↵

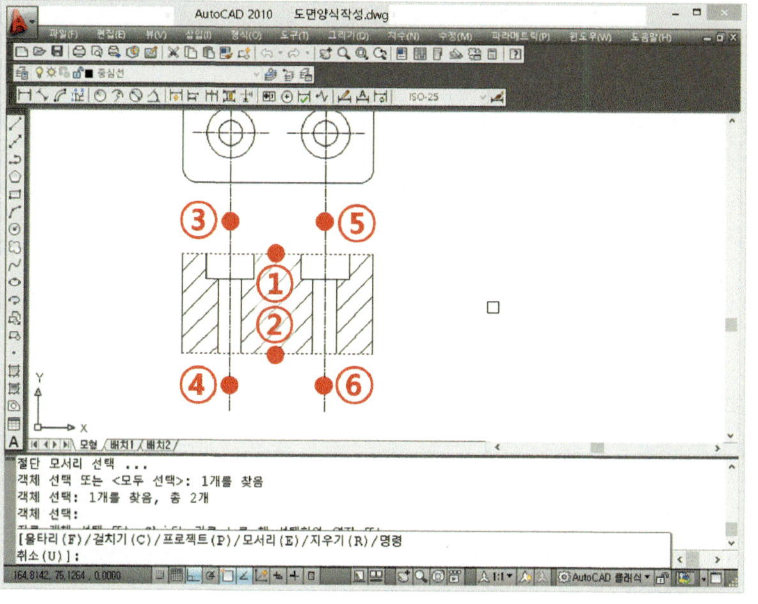

명령: tr TRIM Enter↵
현재 설정: 투영=UCS 모서리=없음
절단 모서리 선택 ...
객체 선택 또는 〈모두 선택〉: 1번 선택 1개를 찾음
객체 선택: 2번 선택 1개를 찾음, 총 2개
객체 선택:
자를 객체 선택 또는 Shift 키를 누른 채 선택하여 연장 또는
[울타리(F)/걸치기(C)/프로젝트(P)/모서리(E)/지우기(R)/명령 취소(U)]: 3번 선택
자를 객체 선택 또는 Shift 키를 누른 채 선택하여 연장 또는
[울타리(F)/걸치기(C)/프로젝트(P)/모서리(E)/지우기(R)/명령 취소(U)]: 4번 선택
자를 객체 선택 또는 Shift 키를 누른 채 선택하여 연장 또는
[울타리(F)/걸치기(C)/프로젝트(P)/모서리(E)/지우기(R)/명령 취소(U)]: 5번 선택
자를 객체 선택 또는 Shift 키를 누른 채 선택하여 연장 또는
[울타리(F)/걸치기(C)/프로젝트(P)/모서리(E)/지우기(R)/명령 취소(U)]: 6번 선택
자를 객체 선택 또는 Shift 키를 누른 채 선택하여 연장 또는
[울타리(F)/걸치기(C)/프로젝트(P)/모서리(E)/지우기(R)/명령 취소(U)]: Enter↵

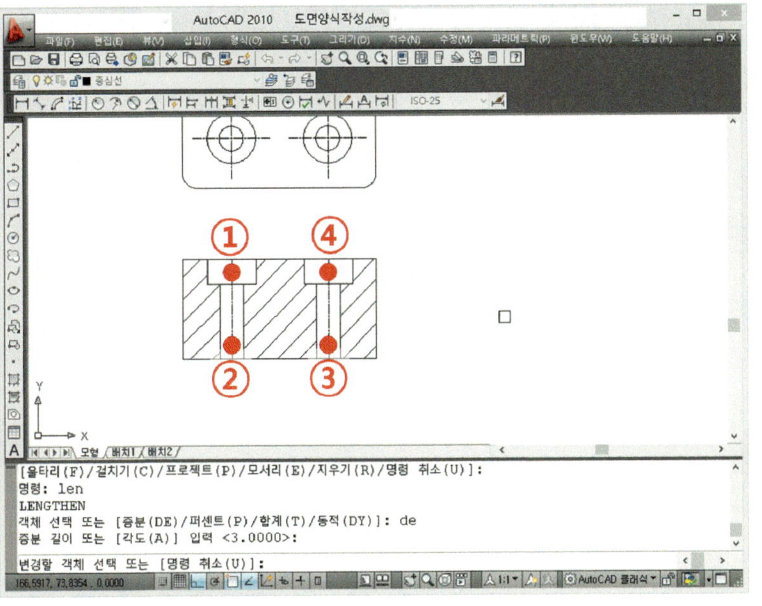

명령: len LENGTHEN Enter↵
객체 선택 또는 [증분(DE)/퍼센트(P)/합계(T)/동적(DY)]: de Enter↵
증분 길이 또는 [각도(A)] 입력 〈3.0000〉: Enter↵
변경할 객체 선택 또는 [명령 취소(U)]: 1번 선택
변경할 객체 선택 또는 [명령 취소(U)]: 2번 선택
변경할 객체 선택 또는 [명령 취소(U)]: 3번 선택
변경할 객체 선택 또는 [명령 취소(U)]: 4번 선택
변경할 객체 선택 또는 [명령 취소(U)]: Enter↵

3.1.11 AutoCAD 사각 BASE 치수 기입(도면층 : 치수선)

(6.4 치수 설정 및 기입 예제 참조)

▌치수 BOX 아이콘을 이용한 치수기입

▌사각 BASE 수평 치수 기입

① 치수BOX에서 선형아이콘 선택
② 2번 선택 (객체스냅 끝점일 때 선택)
③ 3번 선택 (객체스냅 끝점일 때 선택)
④ 4번 선택

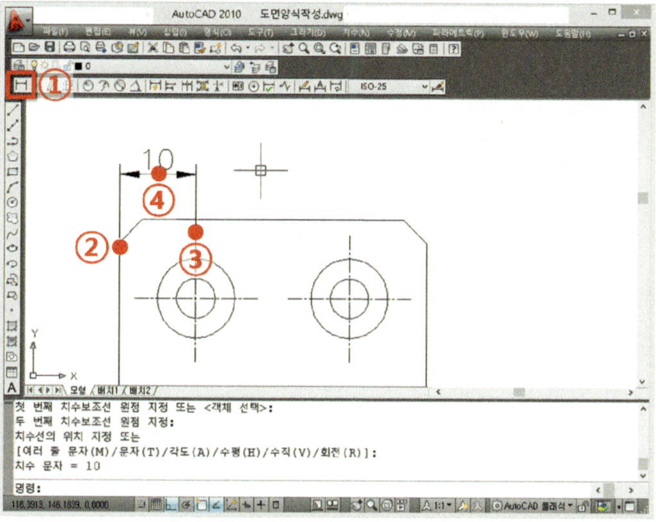

⑤ 치수BOX에서 연속아이콘 선택
⑥ 6번 선택 (객체스냅 끝점일 때 선택)
⑦ 7번 선택 (객체스냅 끝점일 때 선택)
⑧ 마우스 3번 버튼 2번 클릭 (또는 Enter↵ 2번)

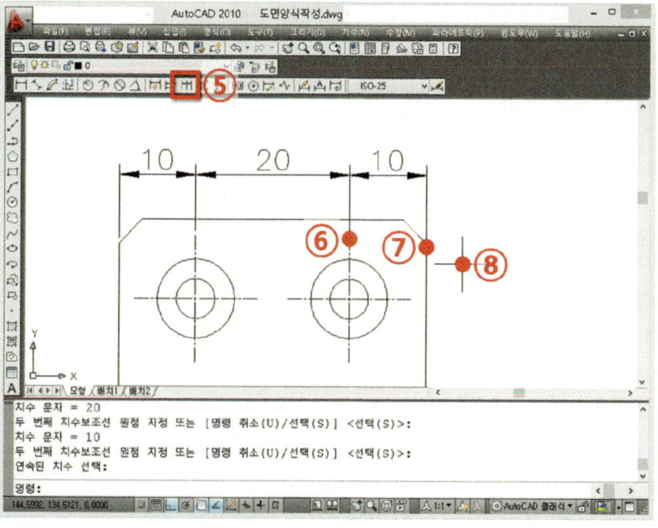

▌사각 BASE 수직 치수 기입

① 치수BOX에서 선형아이콘 선택
② 2번 선택 (객체스냅 끝점일 때 선택)
③ 3번 선택 (객체스냅 끝점일 때 선택)
④ 4번 선택

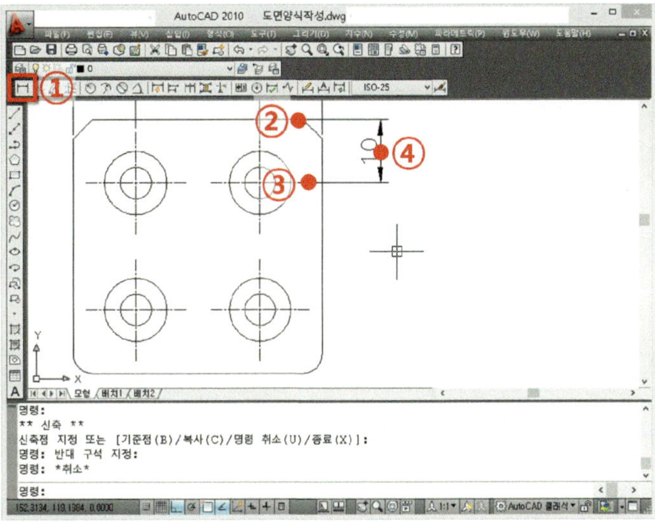

⑤ 치수BOX에서 연속아이콘 선택
⑥ 6번 선택 (객체스냅 끝점일 때 선택)
⑦ 7번 선택 (객체스냅 끝점일 때 선택)
⑧ 마우스 3번 버튼 2번 클릭 (또는 Enter↵ 2번)

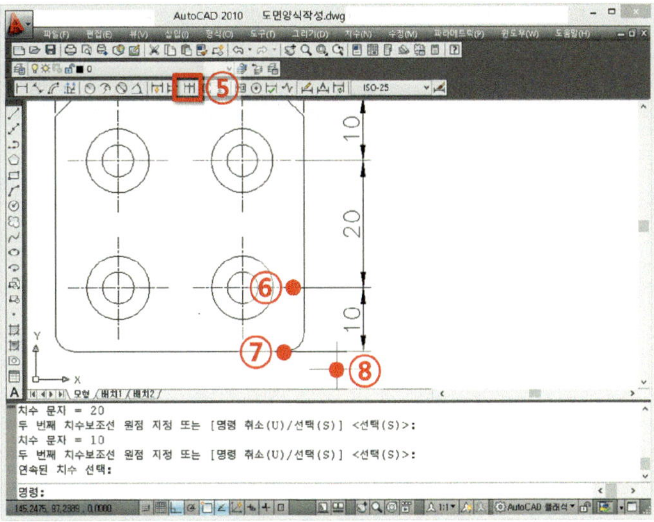

▌사각 BASE 모따기 치수 기입

① 치수BOX에서 선형아이콘 선택
② 2번 선택 (객체스냅 끝점일 때 선택)
③ 3번 선택 (객체스냅 끝점일 때 선택)
④ 4번 선택

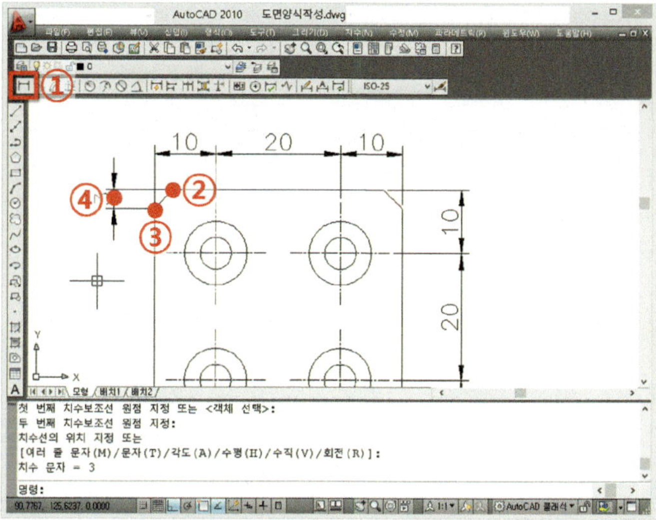

⑤ EDIT(ED) 명령어 실행
⑥ 6번 선택 (치수선택)

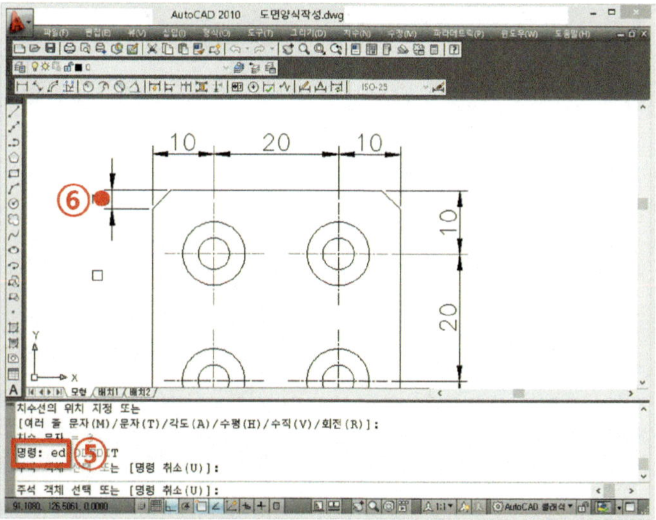

⑦ 치수 뒤에 "x45%%d" 입력
⑧ 확인

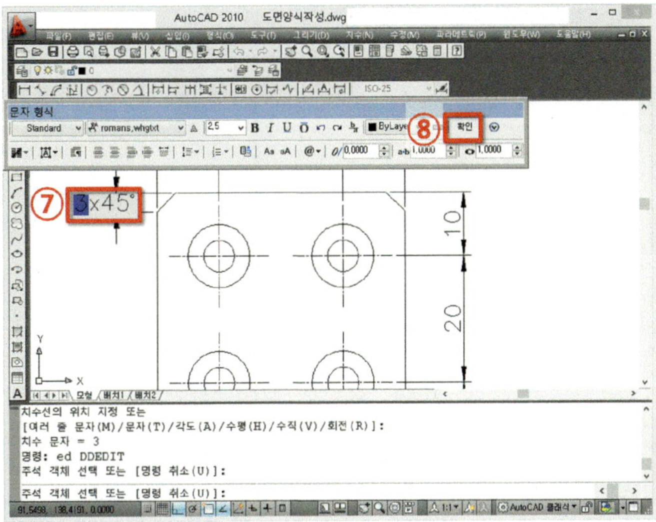

① 치수BOX에서 선형아이콘 선택
② 2번 선택 (객체스냅 끝점일 때 선택)
③ 3번 선택 (객체스냅 끝점일 때 선택)
④ 4번 선택

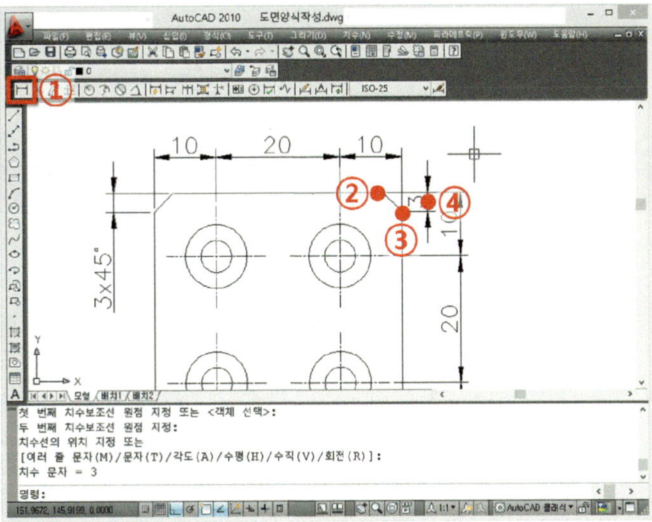

⑤ EDIT(ED) 명령어 실행
⑥ 6번 선택 (치수선택)

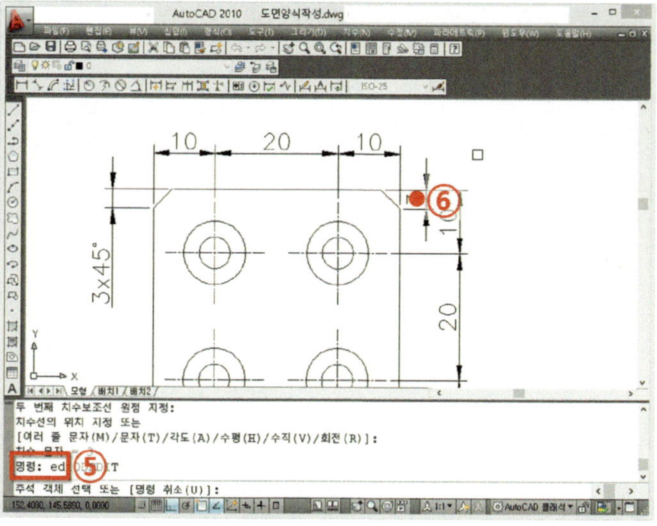

⑦ 치수 뒤에 "x45%%d" 입력
⑧ 확인

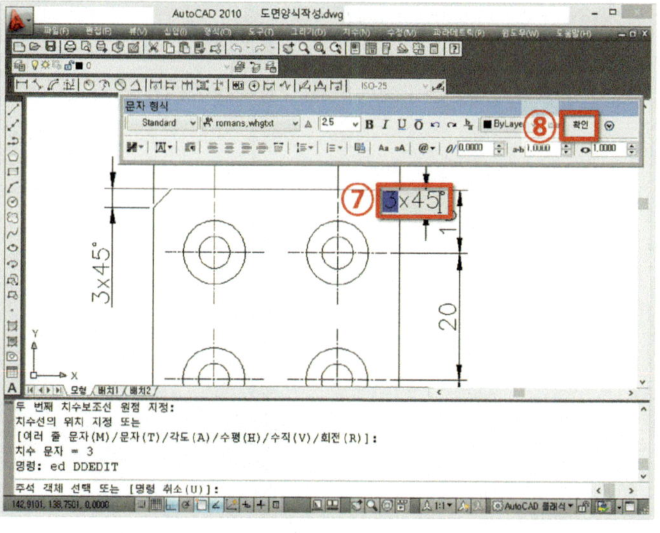

▌사각 BASE 모깎기 치수 기입

① 치수 BOX에서 반지름아이콘 선택
② 2번 모깎이 부분 선택
③ 3번 선택

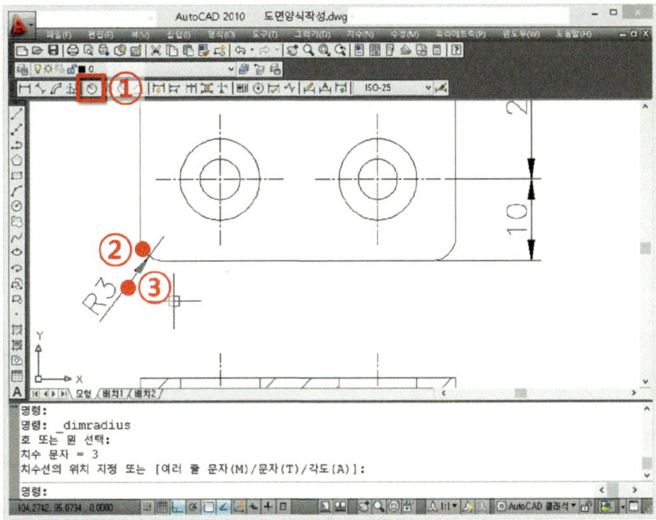

① 치수 BOX에서 반지름아이콘 선택
② 2번 모깎이 부분 선택
③ 3번 선택

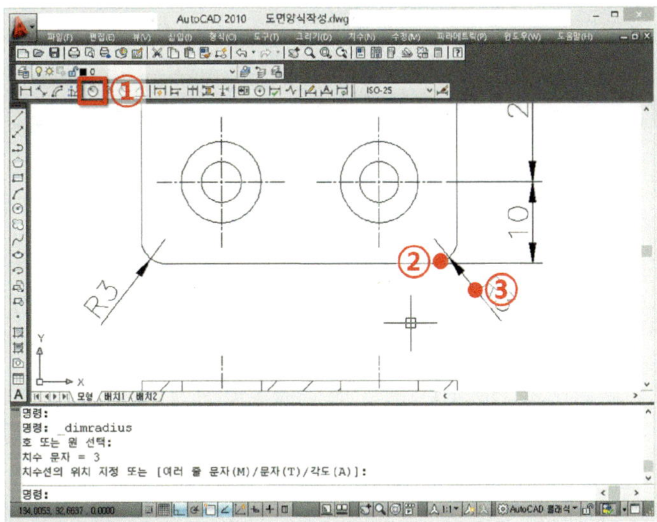

▍HOLE 치수 기입

① 치수 BOX에서 지름아이콘 선택
② 2번 5∅ HOLE 부분 선택
③ 3번 선택

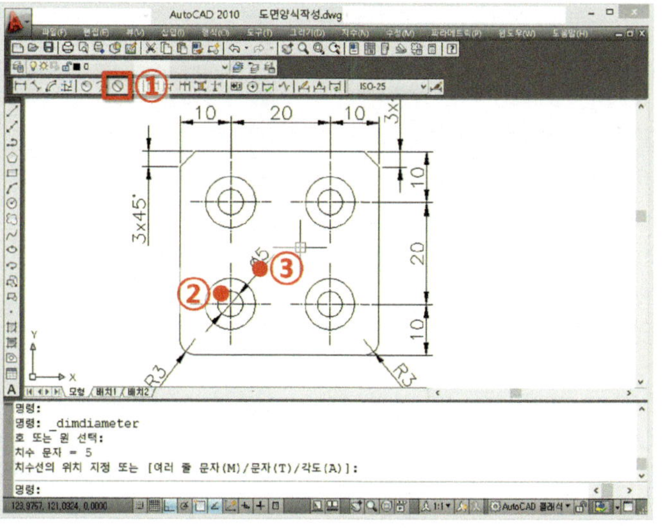

① 치수 BOX에서 지름아이콘 선택
② 2번 10∅ HOLE 부분 선택
③ 3번 선택

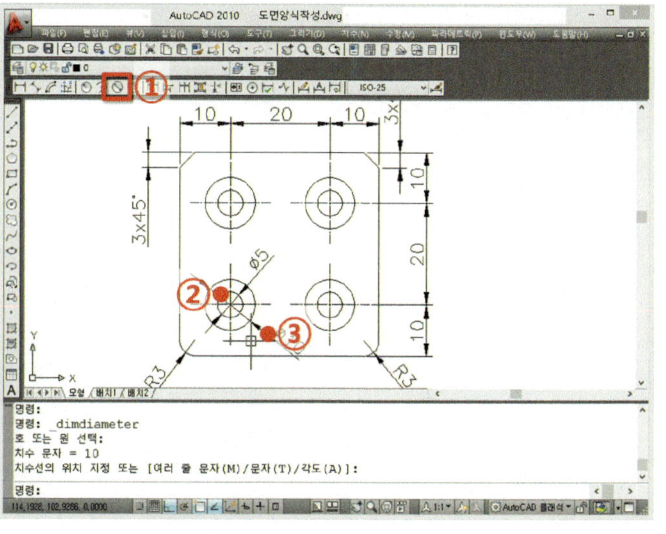

3.1.12 AutoCAD 사각 BASE 단면도 치수 기입(도면층 : 치수선)

▌사각 BASE 높이 치수 기입

① 치수 BOX에서 선형아이콘 선택
② 2번 선택 (객체스냅 끝점일 때 선택)
③ 3번 선택 (객체스냅 끝점일 때 선택)
④ 4번 선택

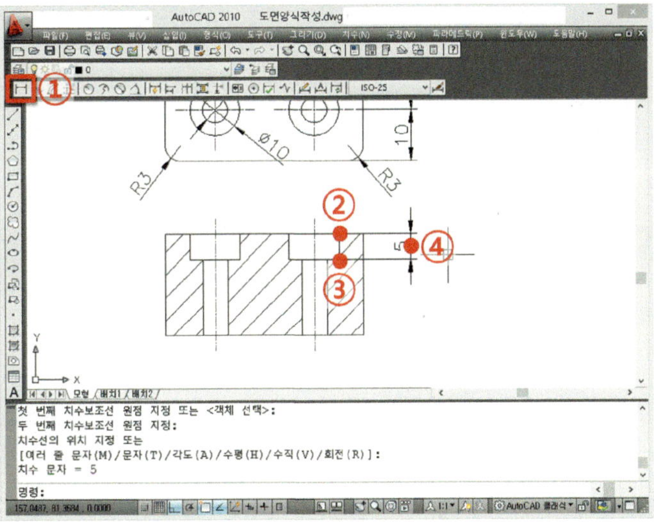

⑤ 치수 BOX에서 연속아이콘 선택
⑥ 6번 선택 (객체스냅 끝점일 때 선택)
⑦ 마우스 3번 버튼 2번 클릭 (또는 Enter↵ 2번)

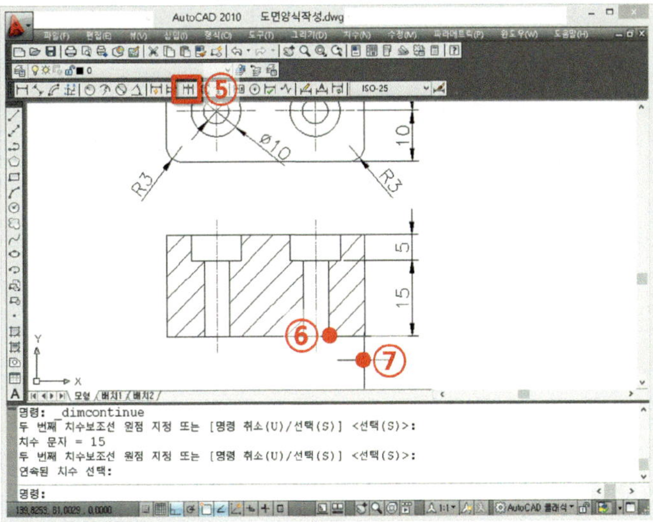

① 치수 BOX에서 선형아이콘 선택
② 2번 선택 (객체스냅 끝점일 때 선택)
③ 3번 선택 (객체스냅 끝점일 때 선택)
④ 4번 선택

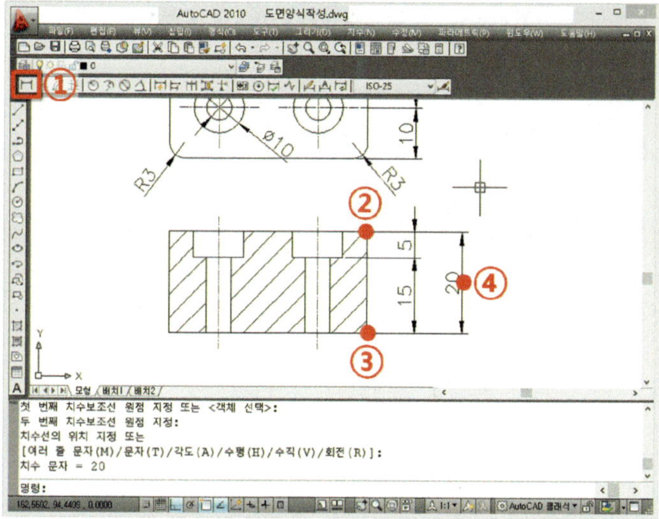

⑤ EDIT(ED) 명령어 실행
⑥ 6번 선택 (치수선택)

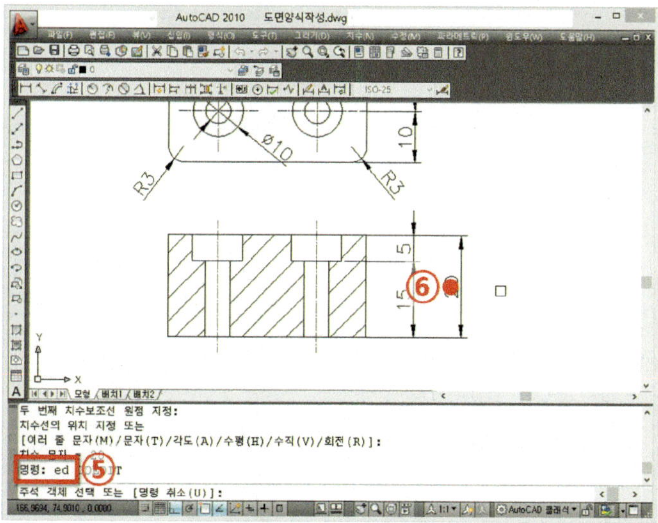

⑦ 치수 왼쪽에 "(" 오른쪽에 ")" 입력

⑧ 확인

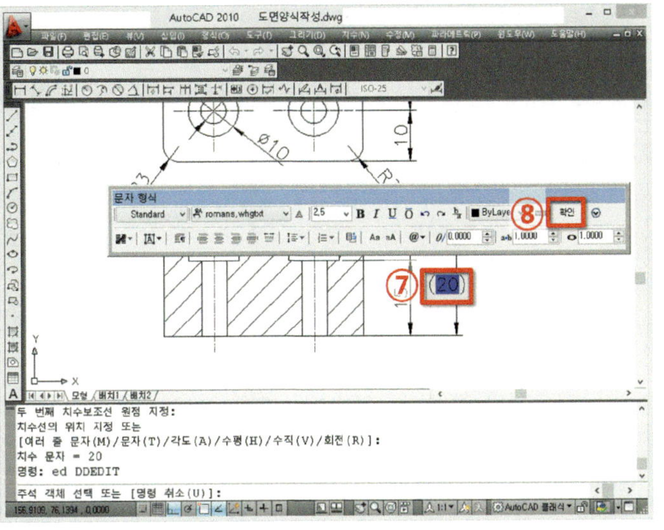

▌사각 BASE 단면도 HOLE 치수 기입

① 치수BOX에서 선형아이콘 선택

② 2번 선택 (객체스냅 끝점일 때 선택)

③ 3번 선택 (객체스냅 끝점일 때 선택)

④ 4번 선택

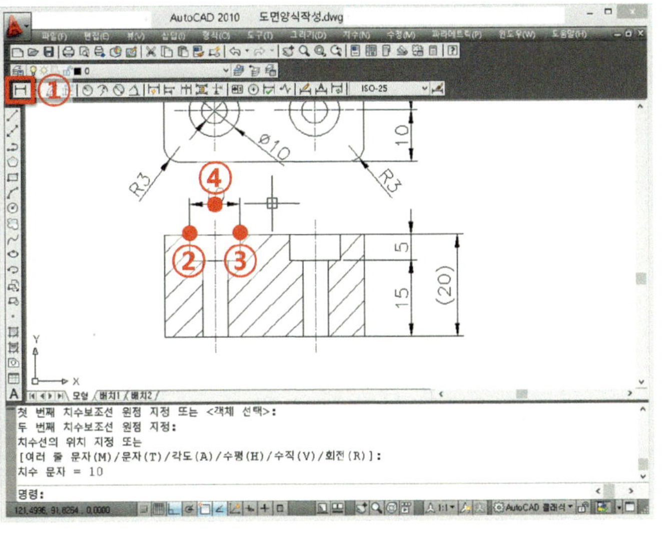

⑤ EDIT(ED) 명령어 실행
⑥ 6번 선택 (치수선택)

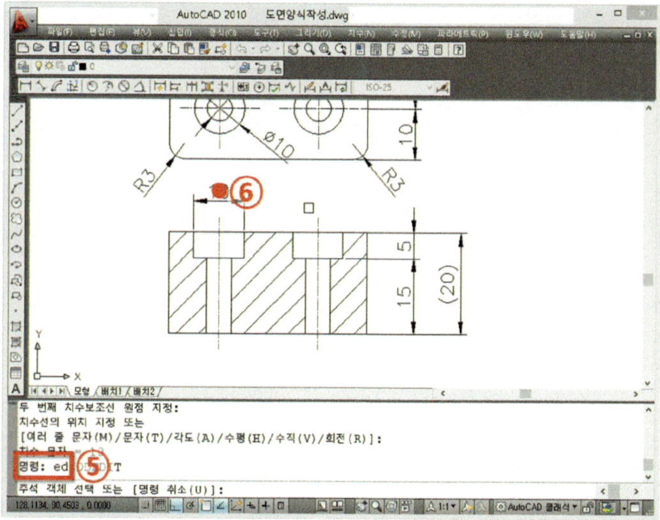

⑦ 치수 왼쪽에 "(%%C" 오른쪽에 ")" 입력
⑧ 확인

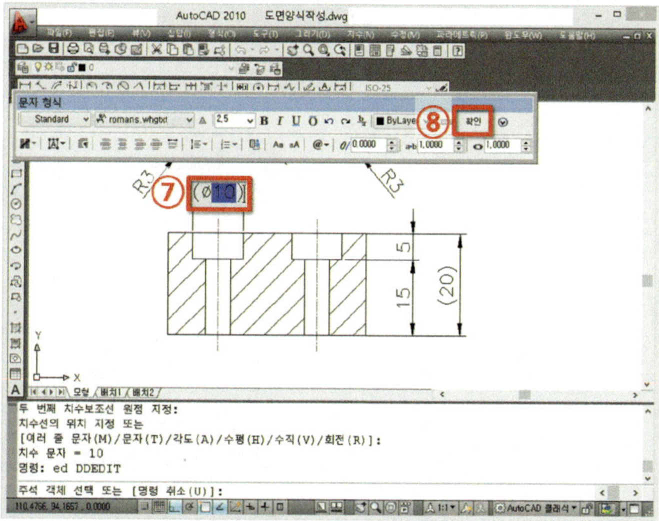

① 치수 BOX에서 선형아이콘 선택
② 2번 선택 (객체스냅 끝점일 때 선택)
③ 3번 선택 (객체스냅 끝점일 때 선택)
④ 4번 선택

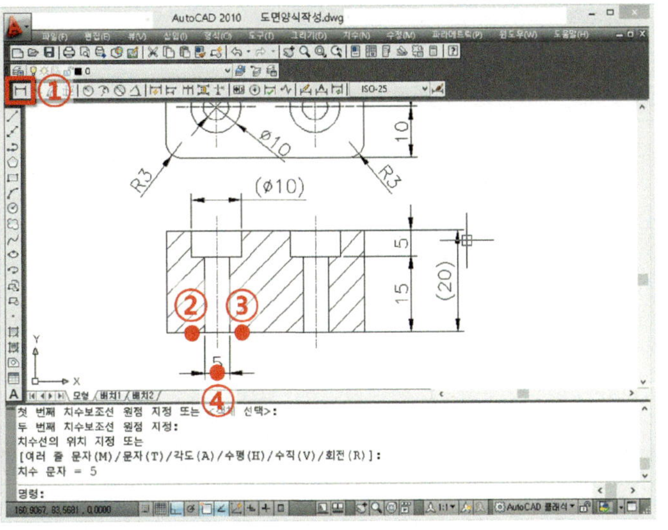

⑤ EDIT(ED) 명령어 실행
⑥ 6번 선택 (치수선택)

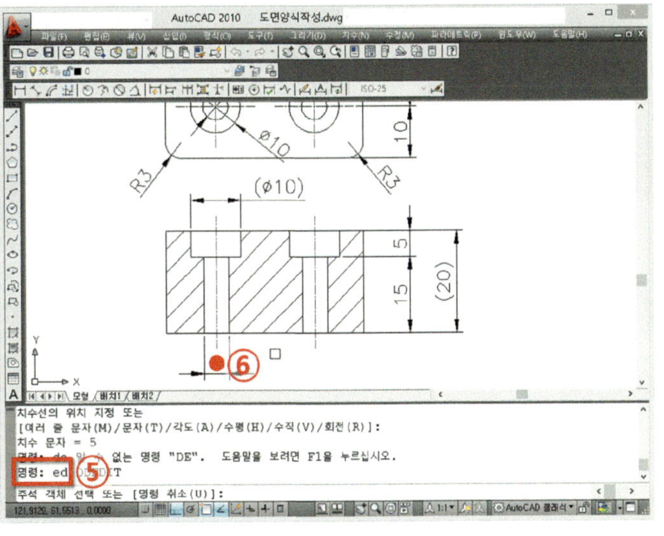

⑦ 치수 왼쪽에 "(%%C" 오른쪽에 ")" 입력
⑧ 확인

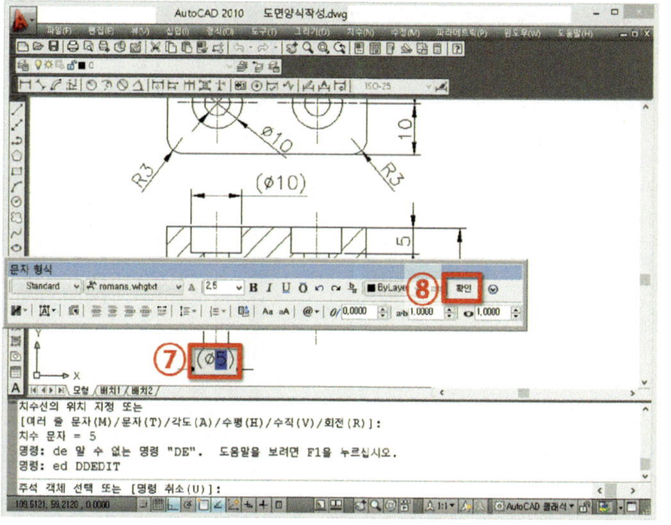

3.1.13 도면 출력

명령: PLOT Enter↵

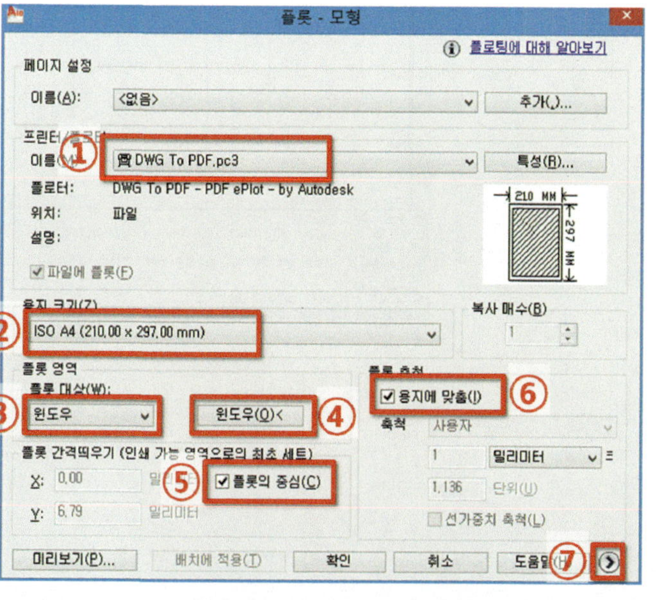

① 프린터/플로터의 이름(M)에서 DWG To PDF.pc3을 선택
② 용지크기(Z)에서 사용할 용지에 맞는 용지를 선택[ISO A4(420.00 x 297.00 mm)]
③ 플롯 영역의 플롯 대상(W)에서 윈도우 선택
④ 윈도우(O) 선택 → 프린트할 영역 마우스 클릭 또는 좌표 값 입력

⑤ 플롯 간격띄우기의 블롯의 중심(C) 선택
⑥ 플롯 축척의 용지에 맞춤(I) 선택
⑦ 많은 옵션 선택

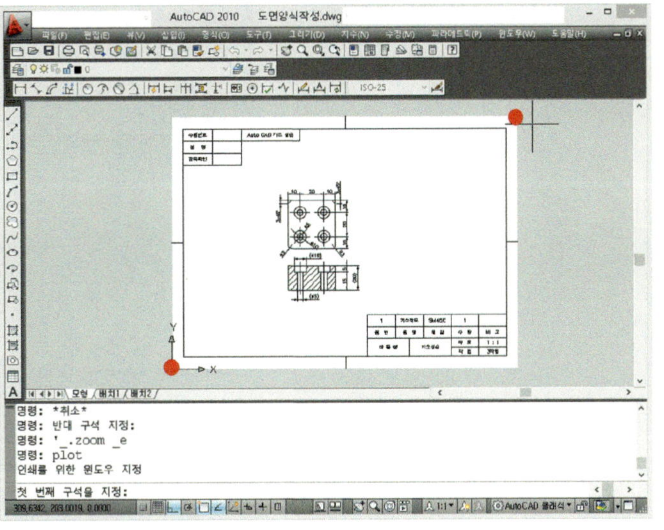

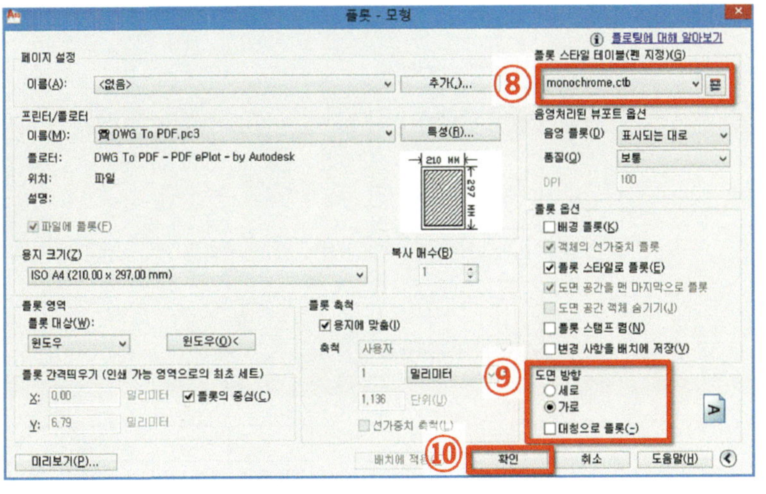

⑧ 플롯 스타일 테이블(펜 지정)(G)에서 monochrome.ctb 선택 → 편집 선택
⑨ 도면 방향에서 설정에 맞는 도면의 방향 선택
⑩ 확인

⑧-1) 플롯 스타일(P)에서 색상 선택

⑧-2) 특성의 선가중치(W)에서 색상에 맞는 선 가중치 선택

⑧-3) 저장 및 닫기

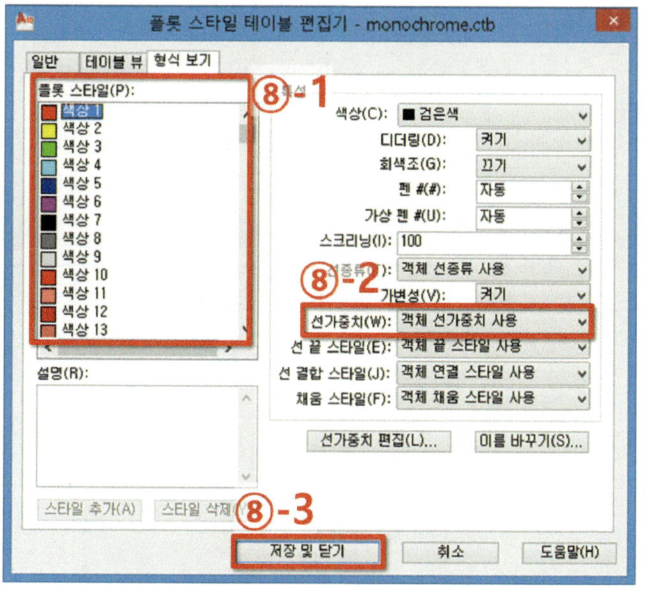

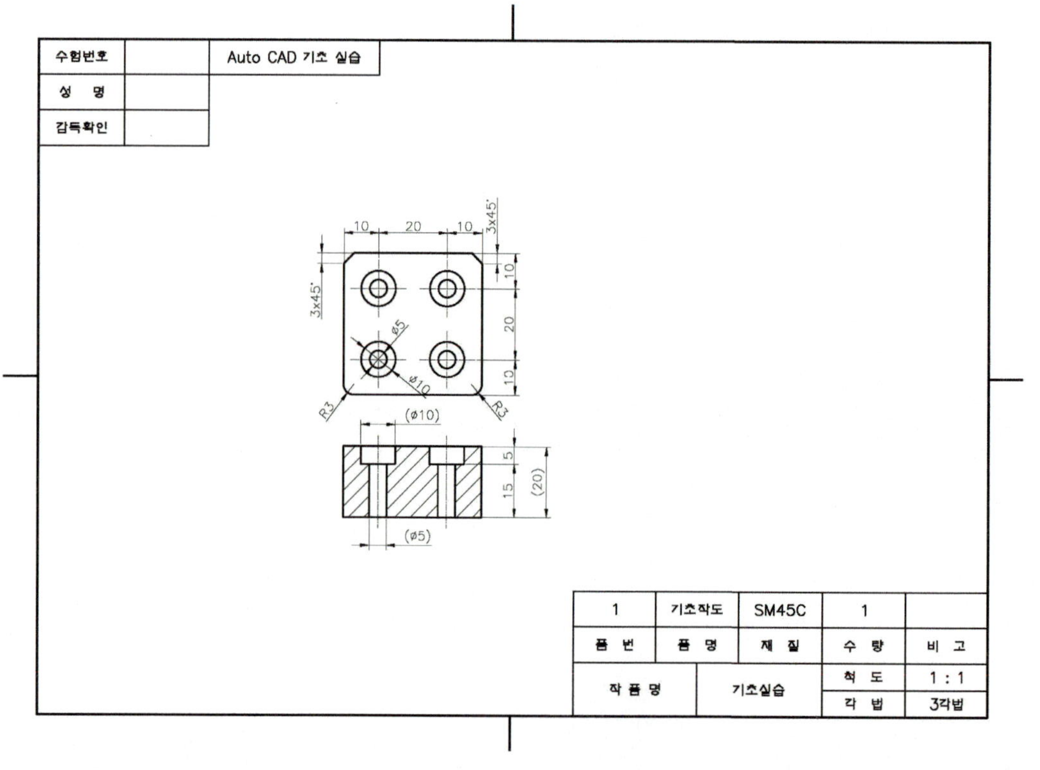

출력된 도면

3.2 AutoCAD 초급 도면

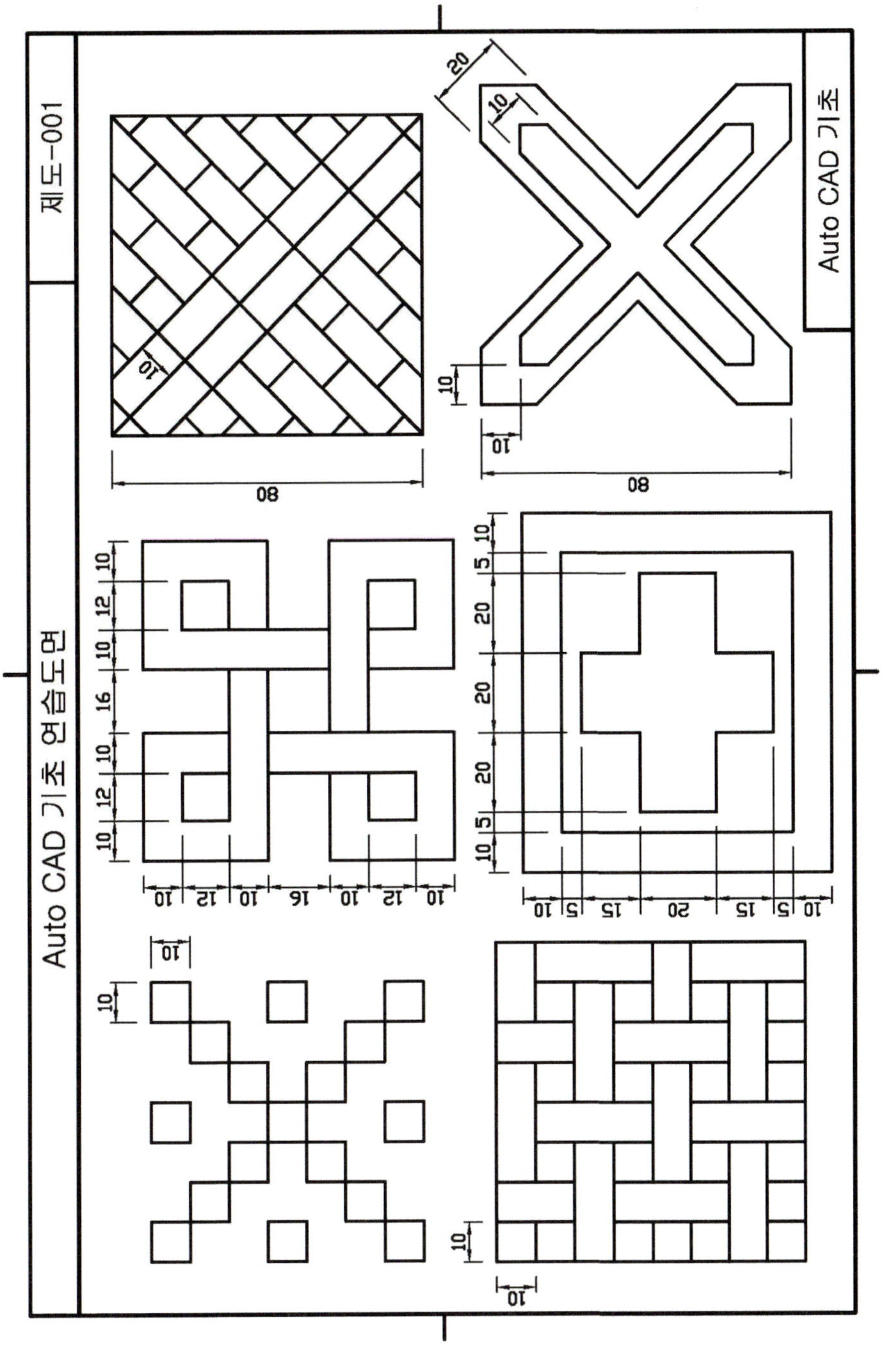

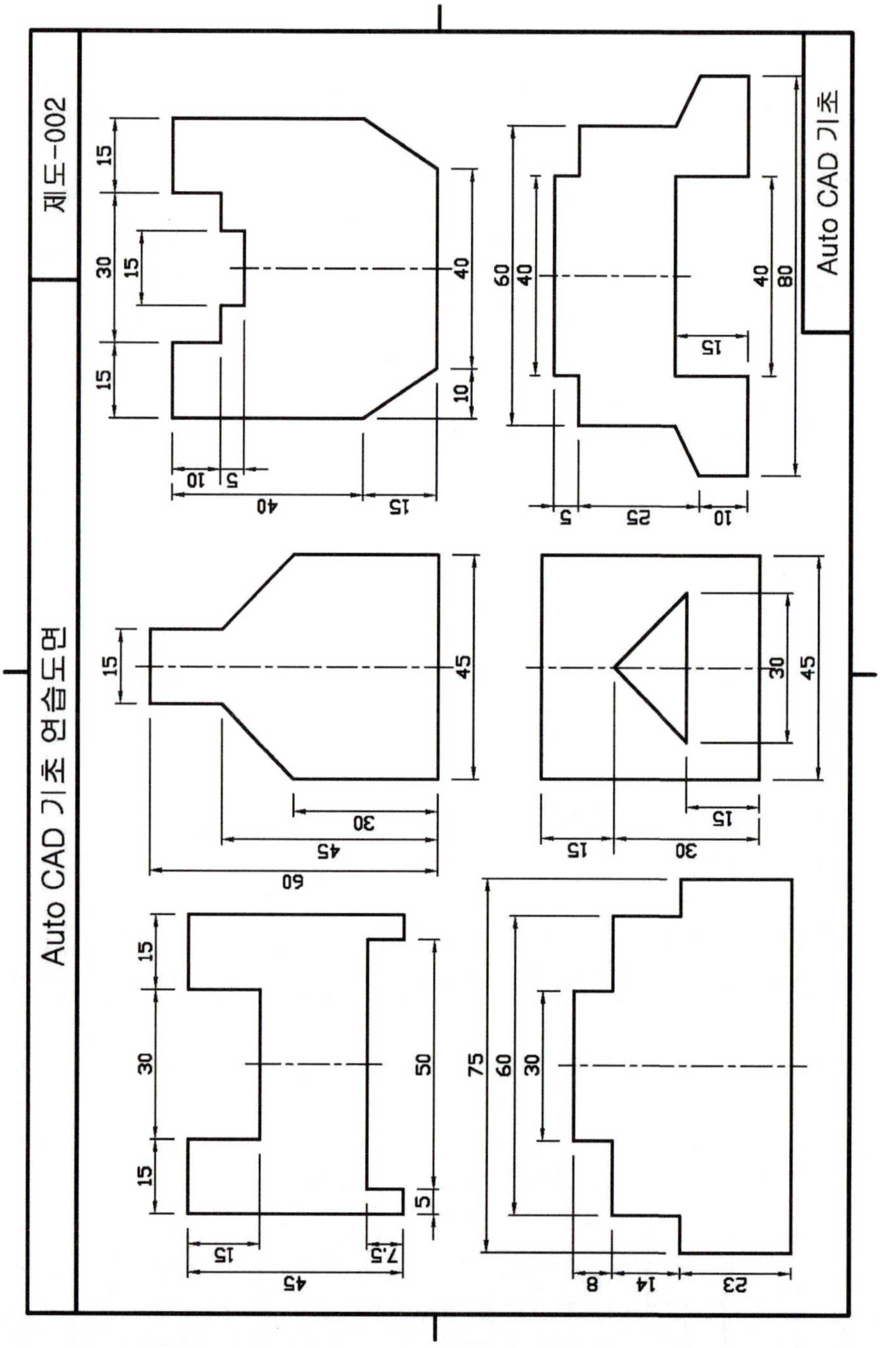
제도-002
Auto CAD 기초 연습도면
Auto CAD 기초

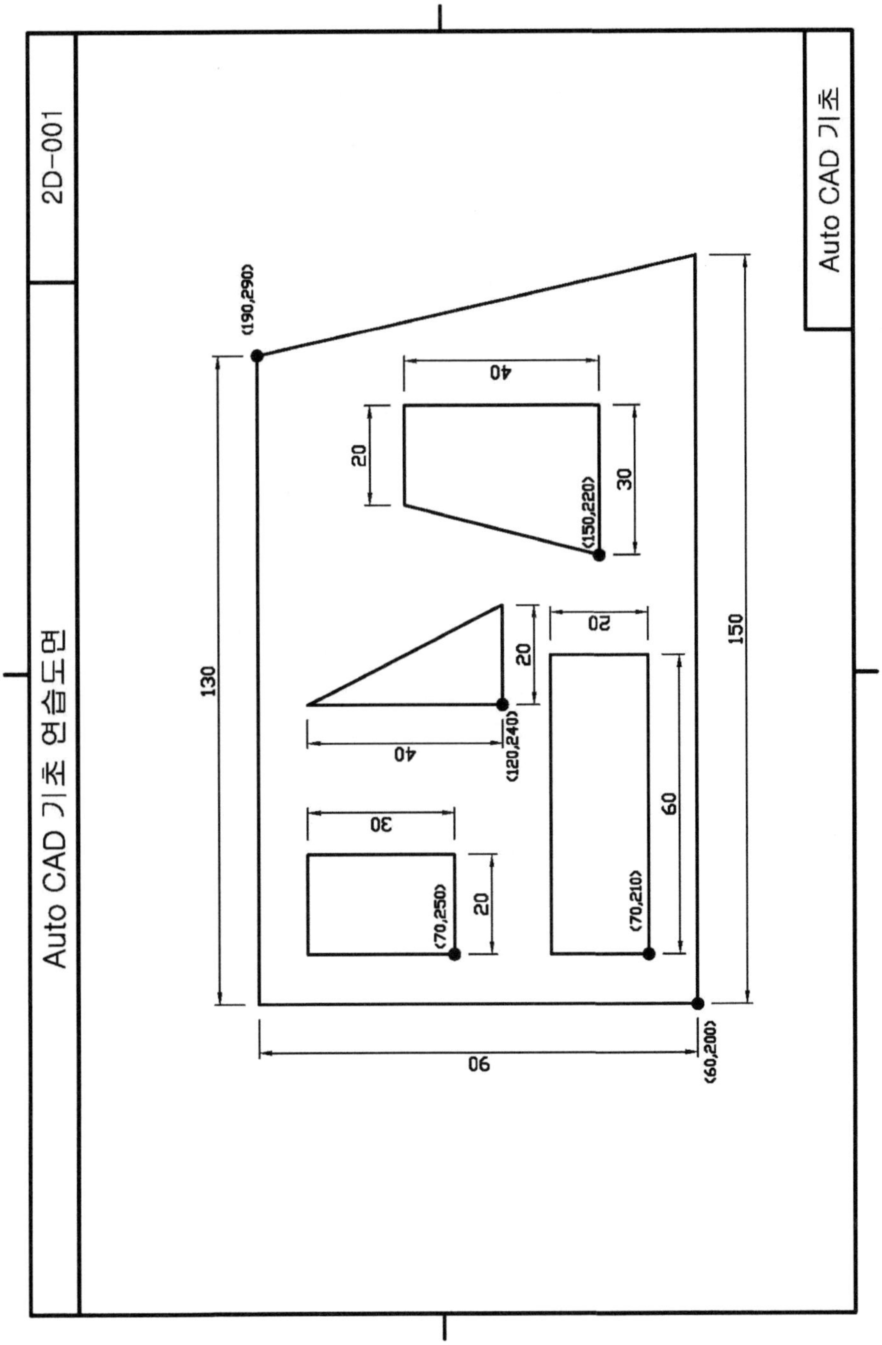
2D-001
Auto CAD 기초 연습도면
Auto CAD 기초
(190,290)
(150,220)
(120,240)
(70,250)
(70,210)
(60,200)
130
150
90
40
20
30
60

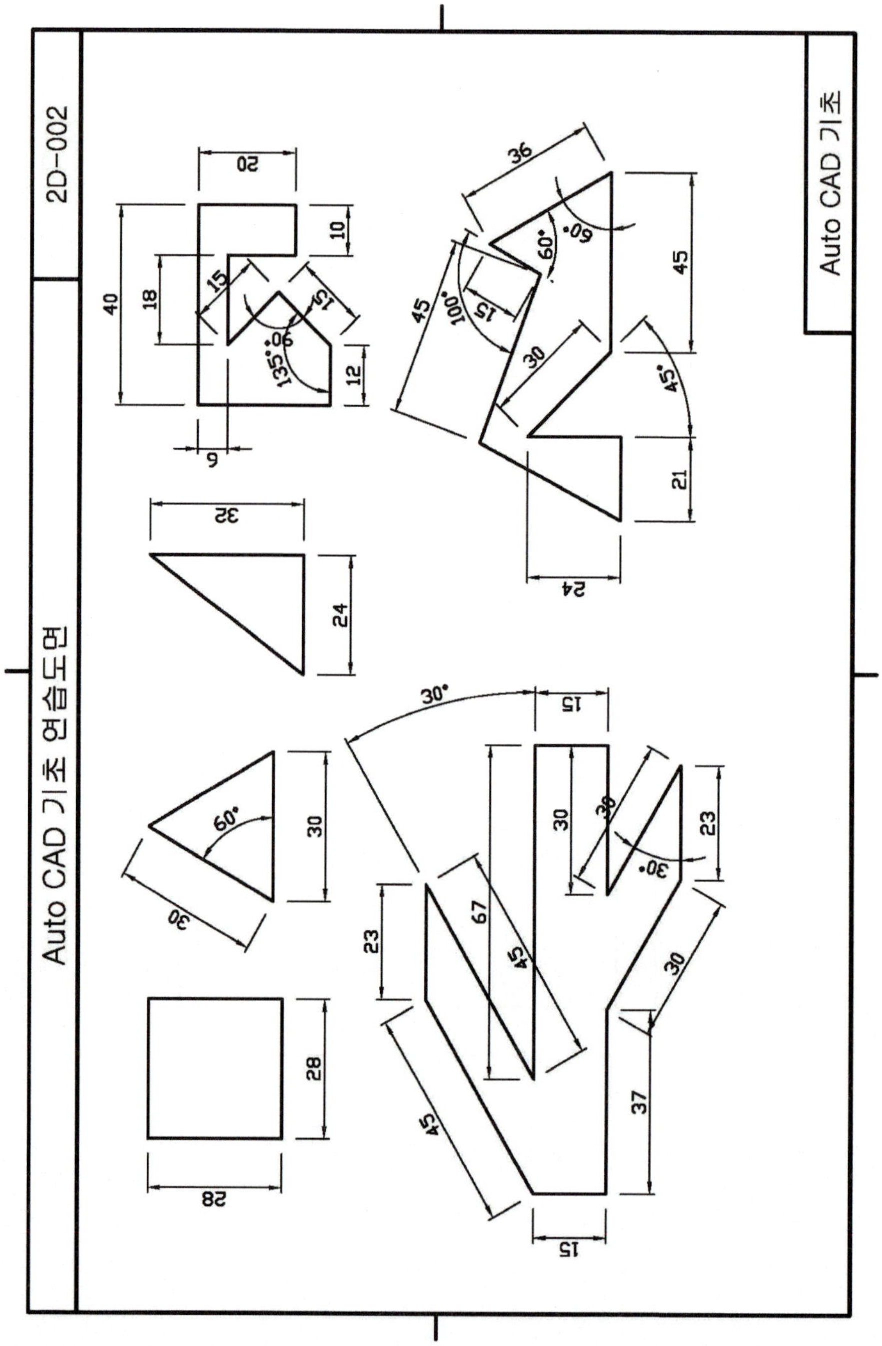
2D-002
Auto CAD 기초 연습도면
Auto CAD 기초

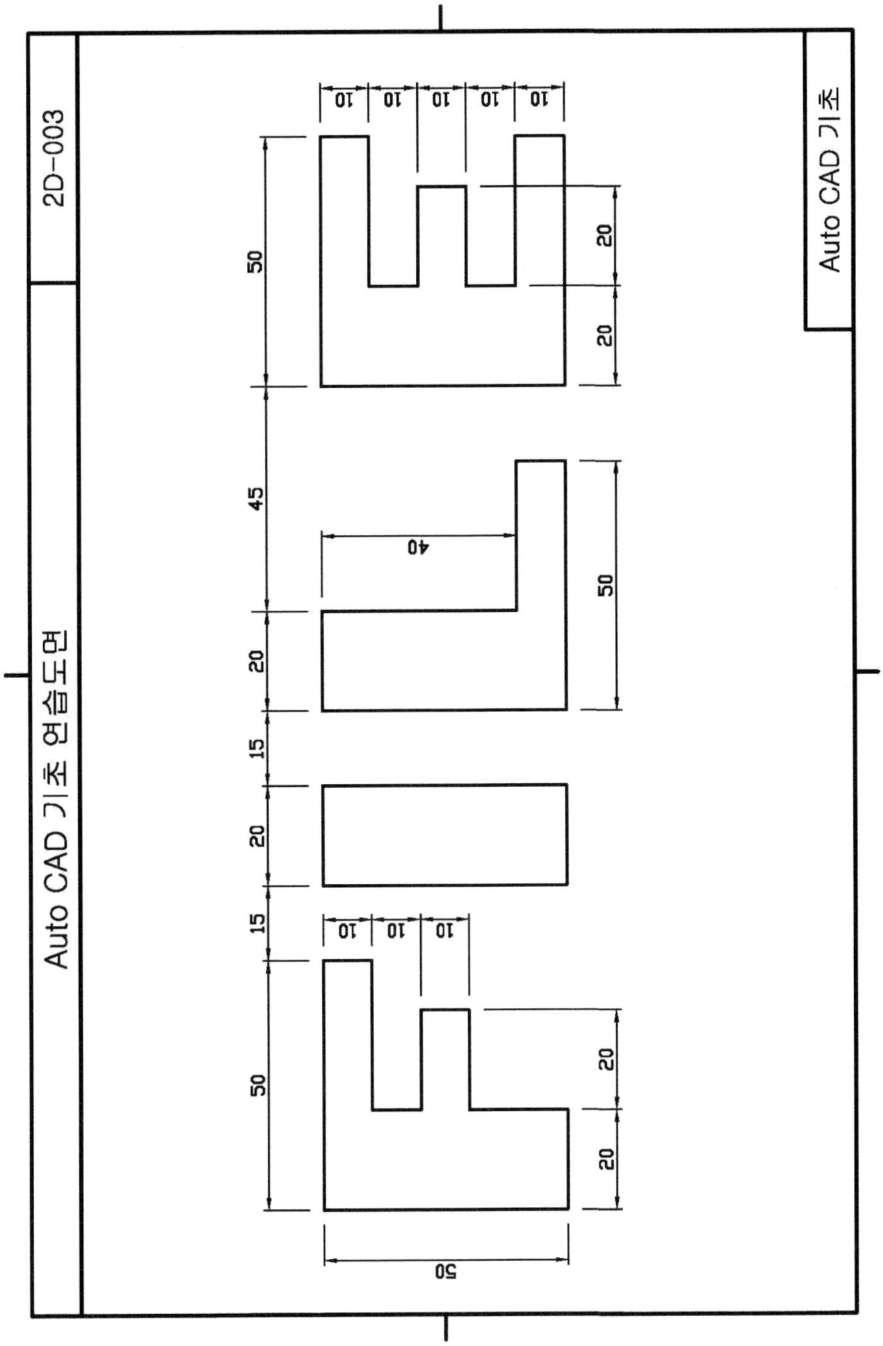
2D-003
Auto CAD 기초 연습도면
Auto CAD 기초

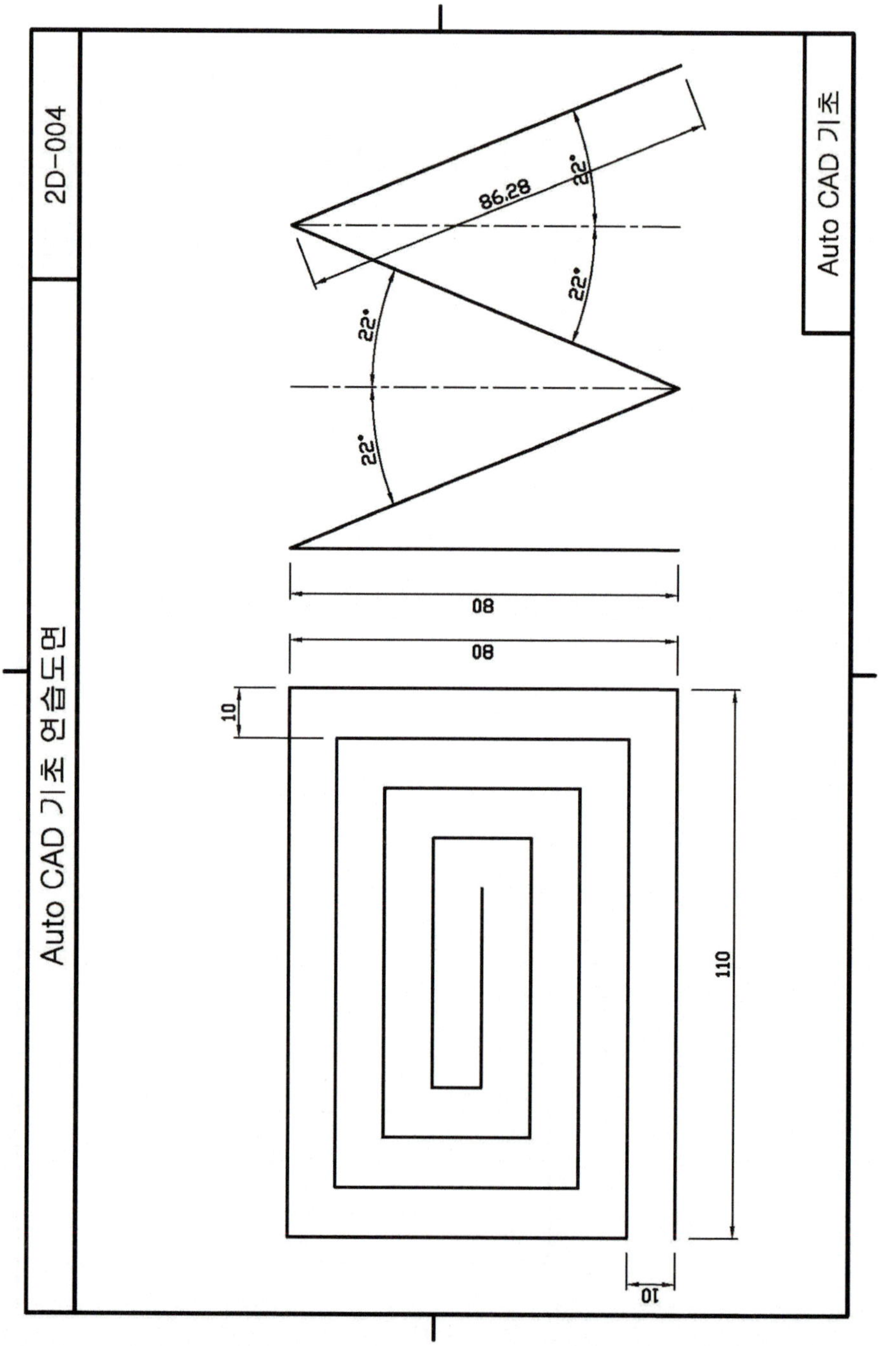
2D-004
Auto CAD 기초 연습도면
Auto CAD 기초
86.28
22°
22°
22°
22°
80
80
10
110
10

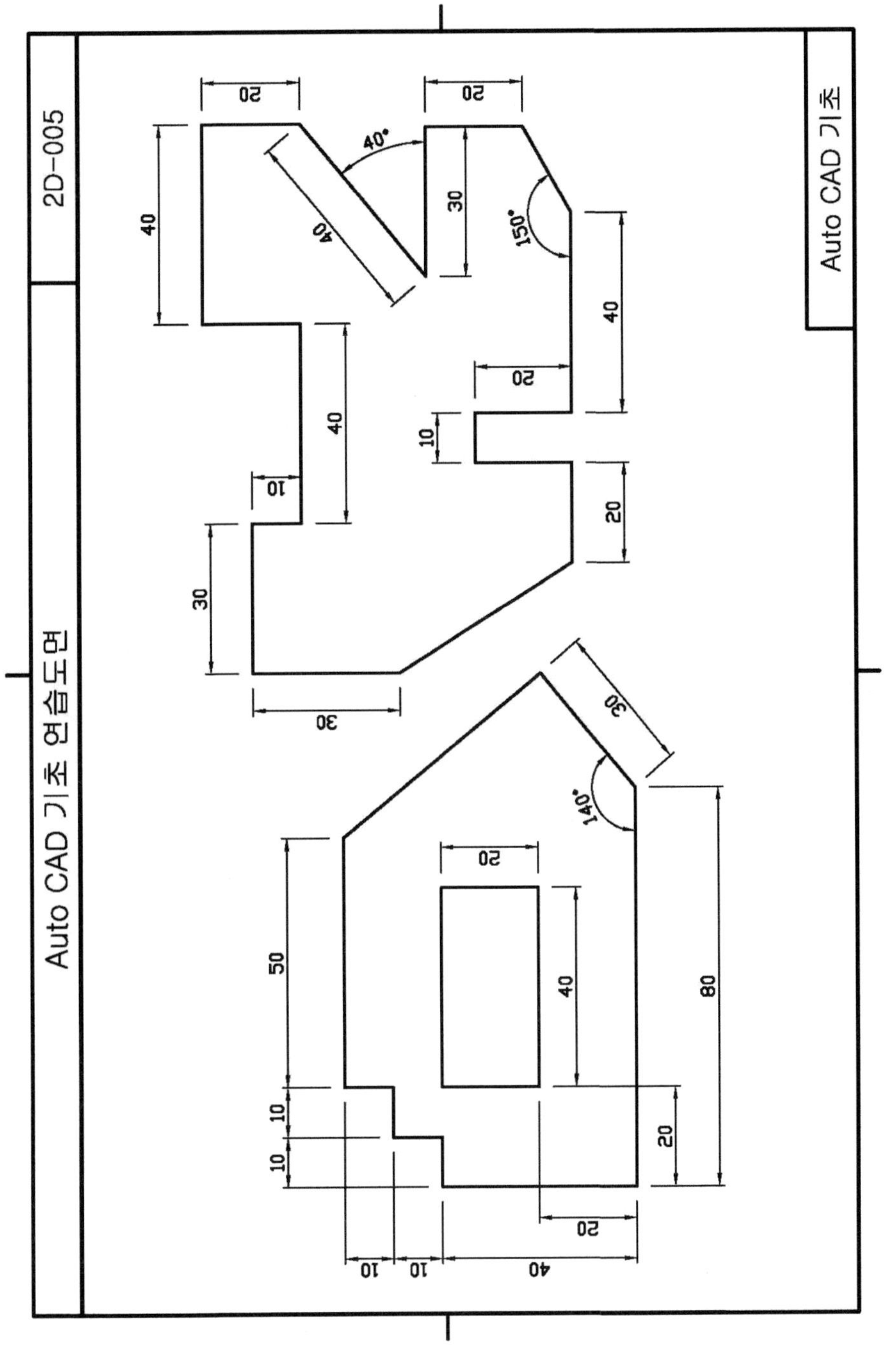
2D-005
Auto CAD 기초 연습도면
Auto CAD 기초
20
20
40°
40
30
150°
40
40
20
10
10
20
30
30
30
140°
50
20
40
80
10
10
20
10
10
40

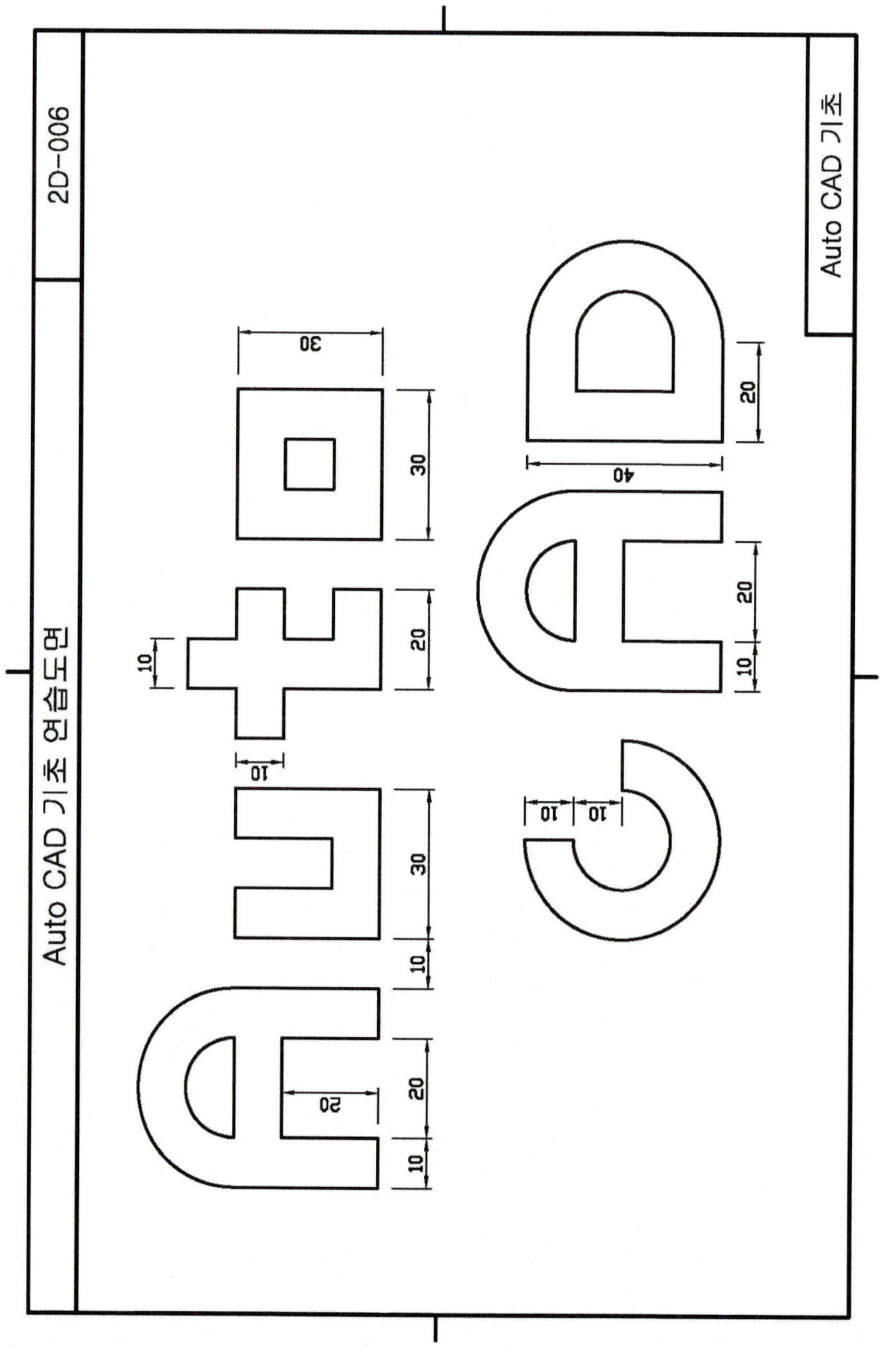
2D-006
Auto CAD 기초 연습도면
Auto CAD 기초

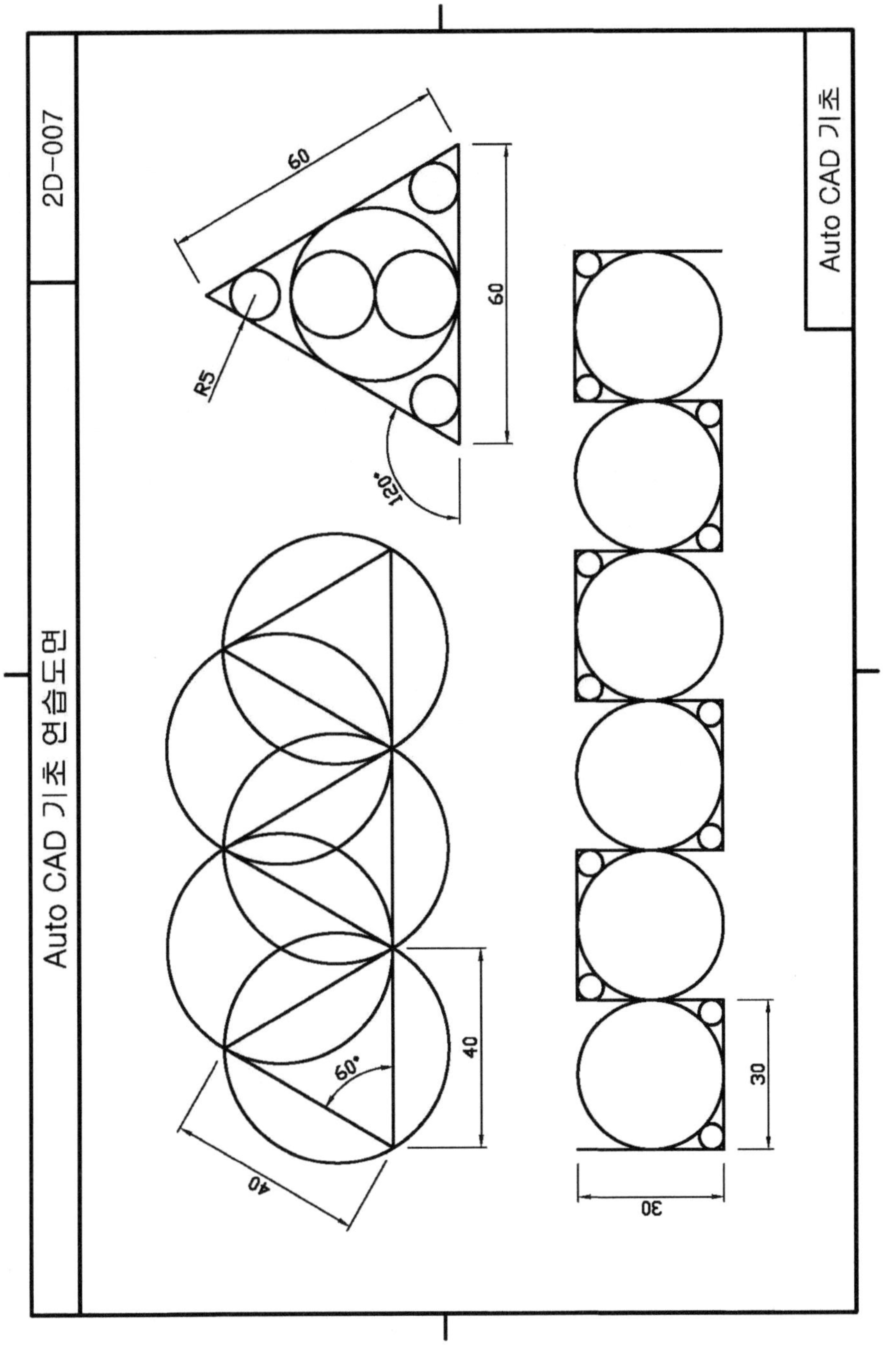
2D-007
Auto CAD 기초 연습도면
Auto CAD 기초
60
60
R5
120°
40
40
60°
30
30

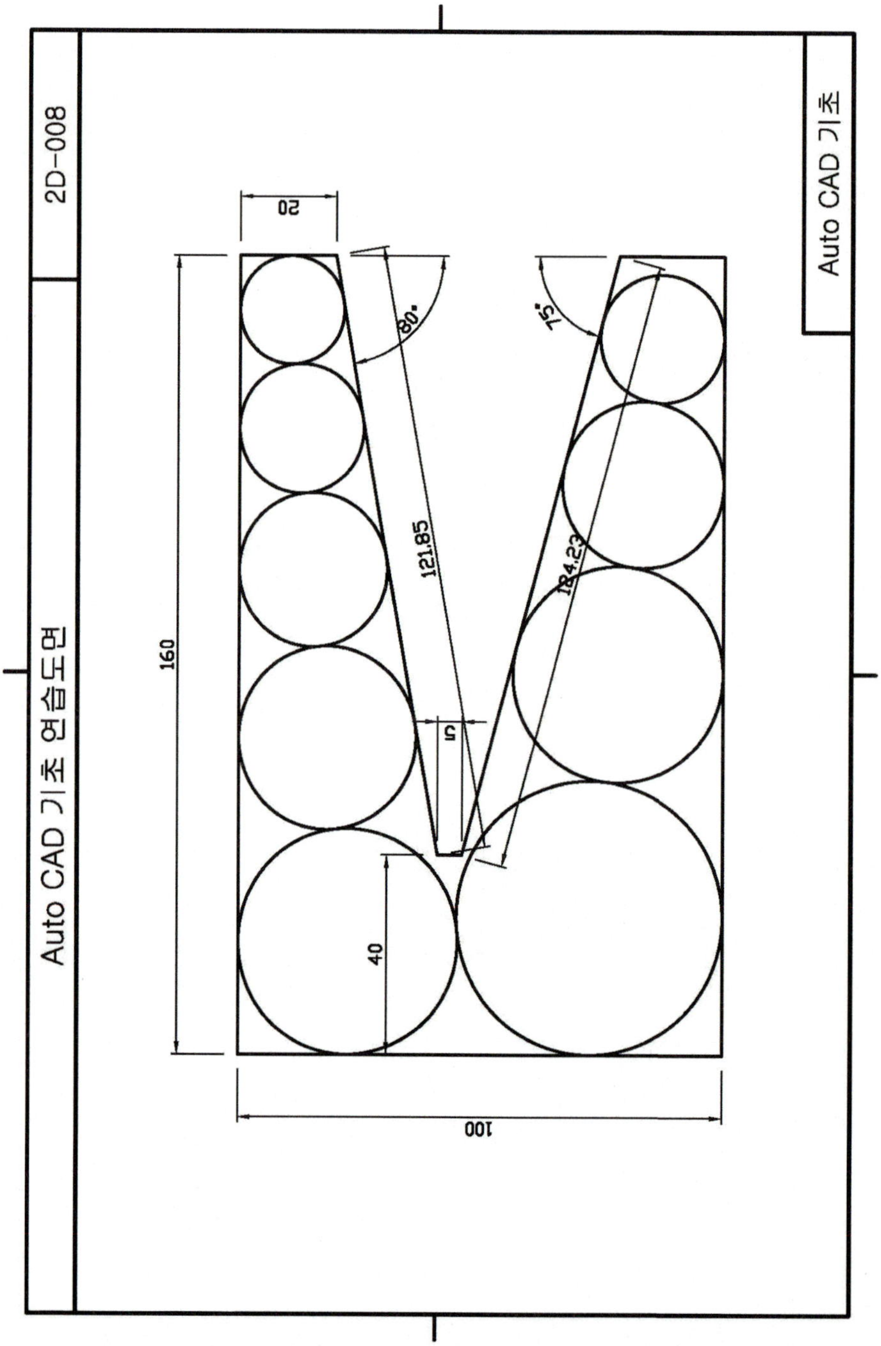
2D-008
Auto CAD 기초 연습도면
Auto CAD 기초
20
160
80°
75°
121.85
184.23
5
40
100

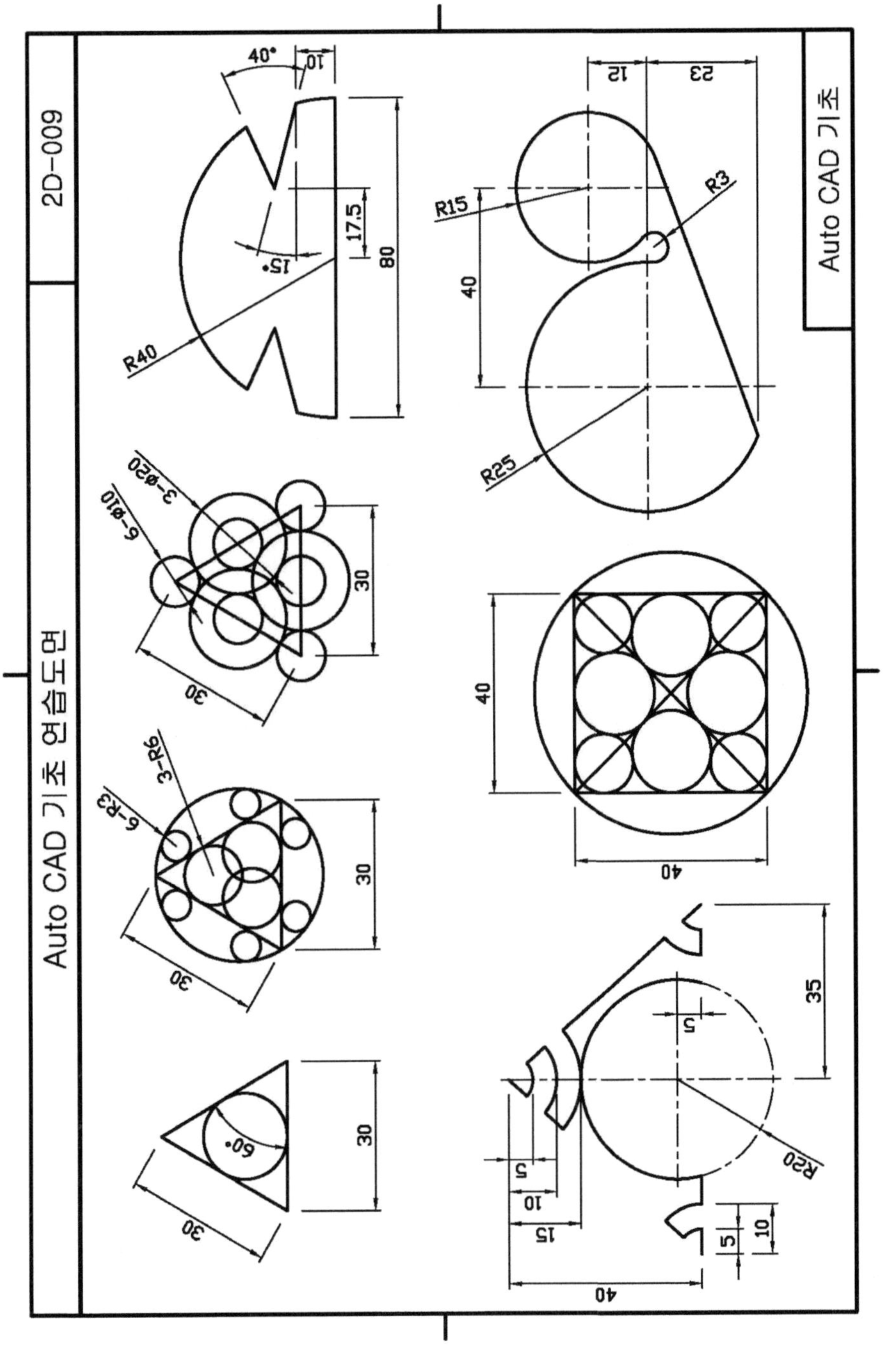
Auto CAD 기초 연습도면
2D-009
Auto CAD 기초

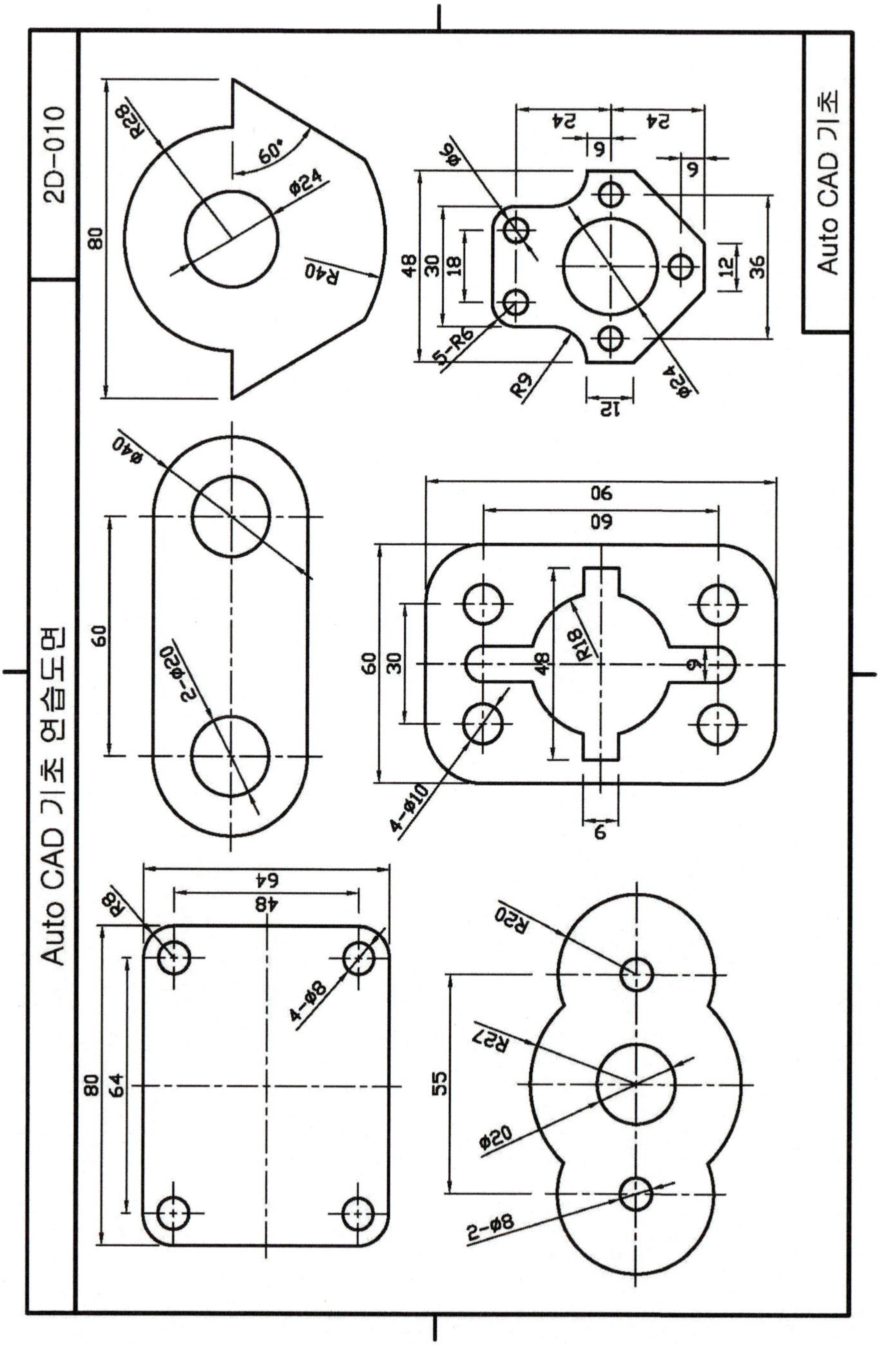
Auto CAD 기초 연습도면
2D-010
Auto CAD 기초

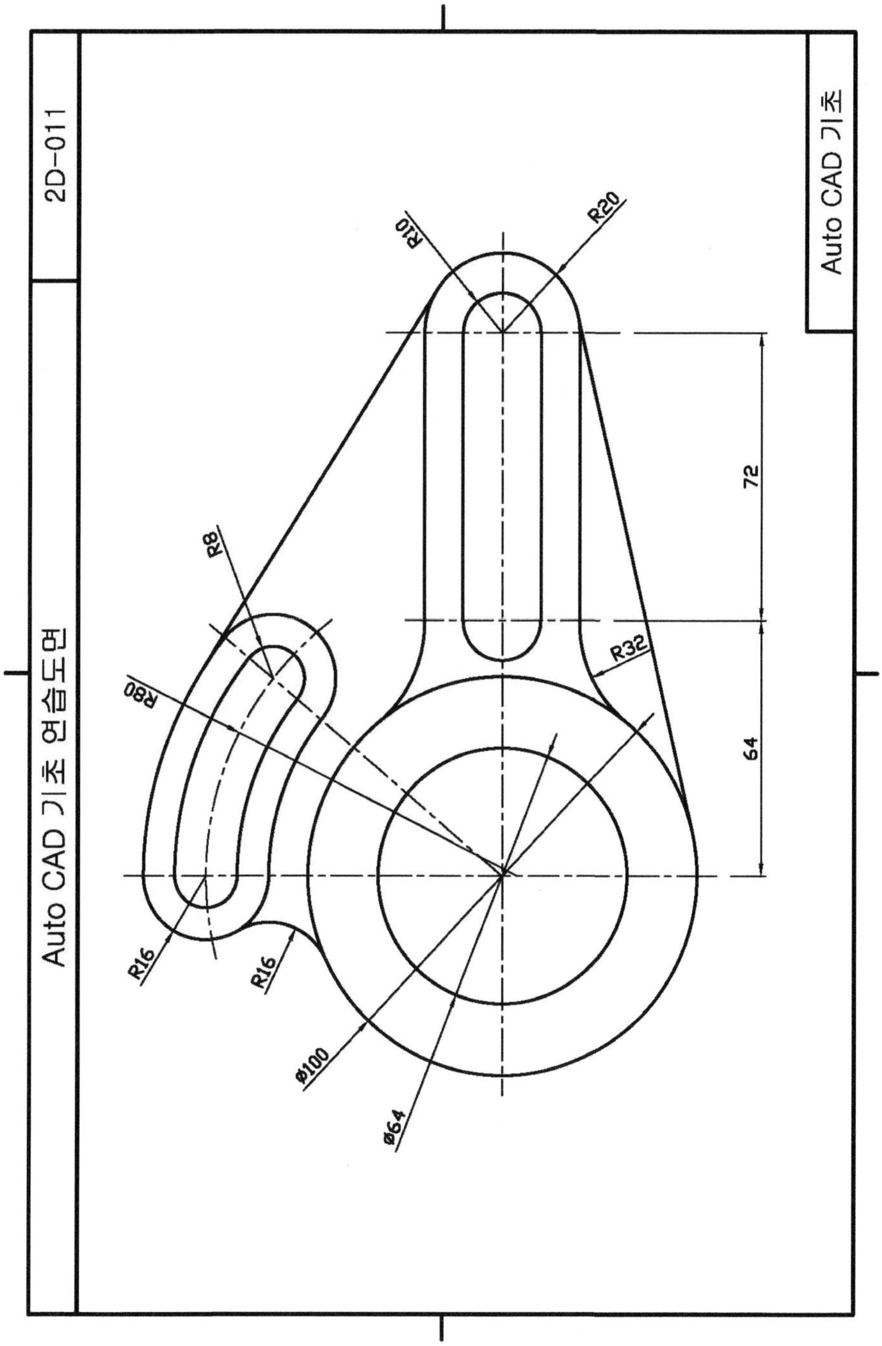
2D-011
Auto CAD 기초 연습도면
Auto CAD 기초
R10
R20
R8
R80
R32
72
64
R16
R16
ø100
ø64

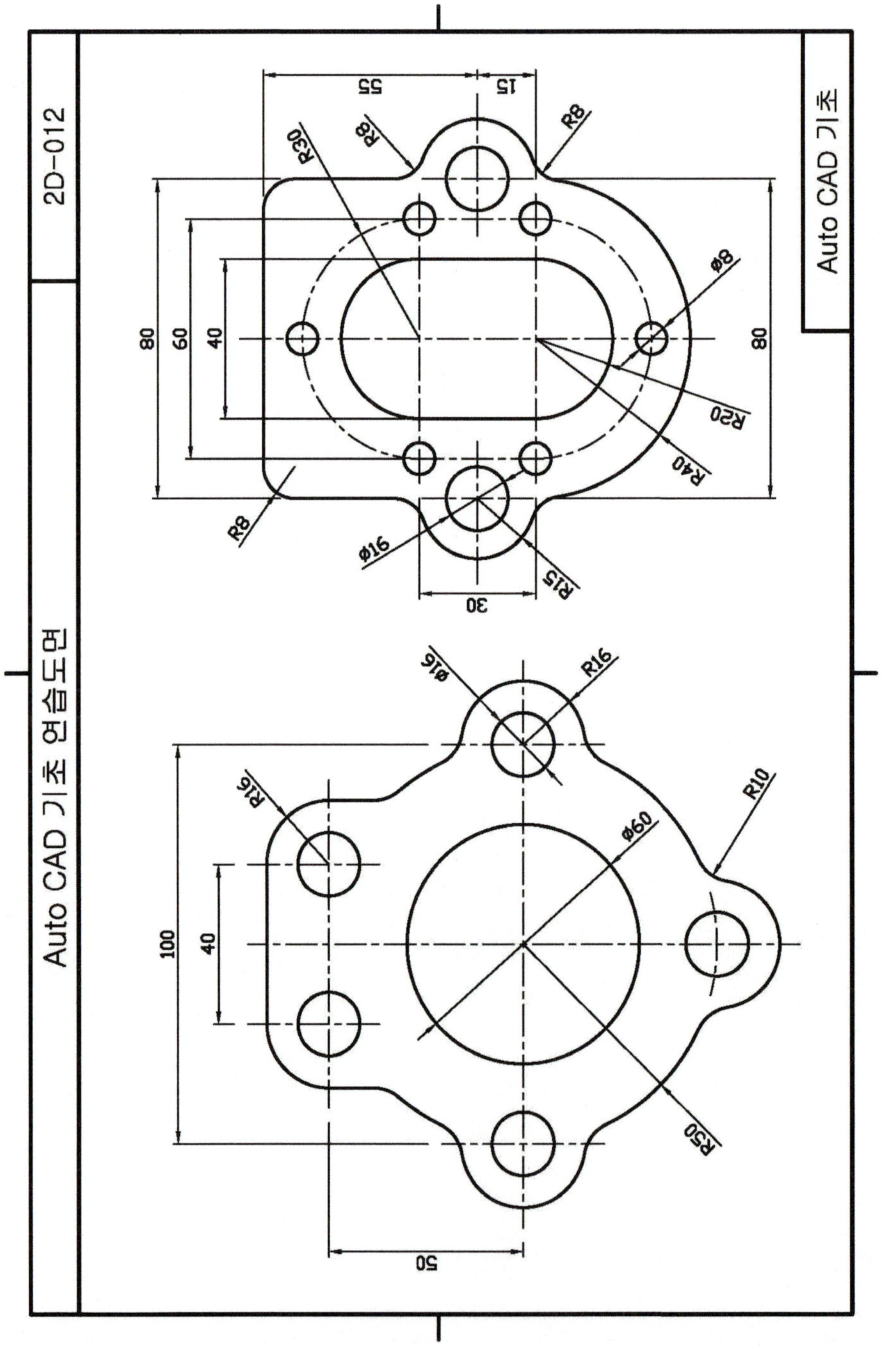
2D-012
Auto CAD 기초 연습도면
Auto CAD 기초

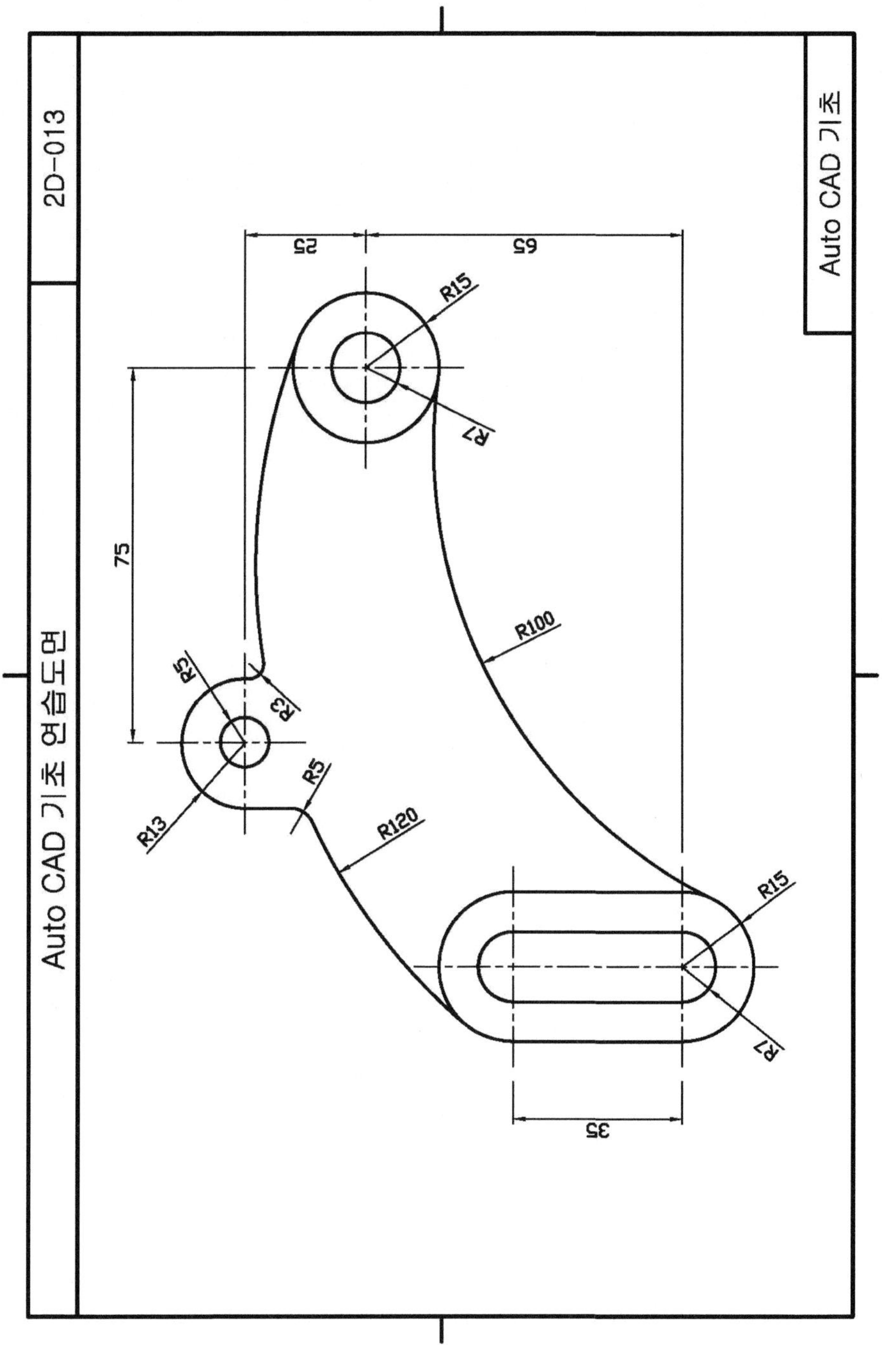
2D-013
Auto CAD 기초 연습도면
Auto CAD 기초
25
65
R15
R7
75
R100
R5
R3
R5
R13
R120
R15
R7
35

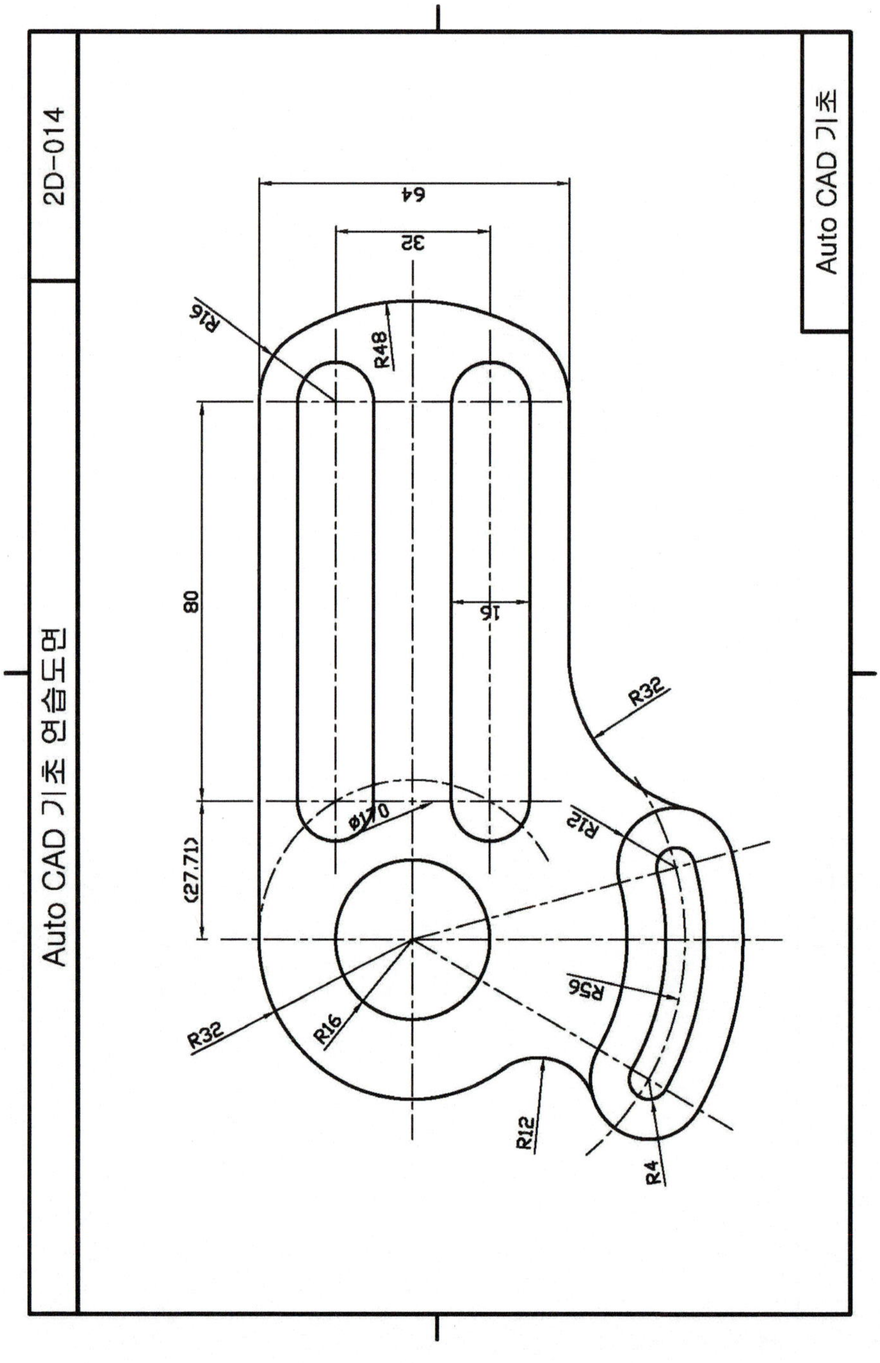
2D-014
Auto CAD 기초 연습도면
Auto CAD 기초
64
32
R16
R48
80
15
R32
R12
ø170
(27.71)
R56
R32
R16
R12
R4

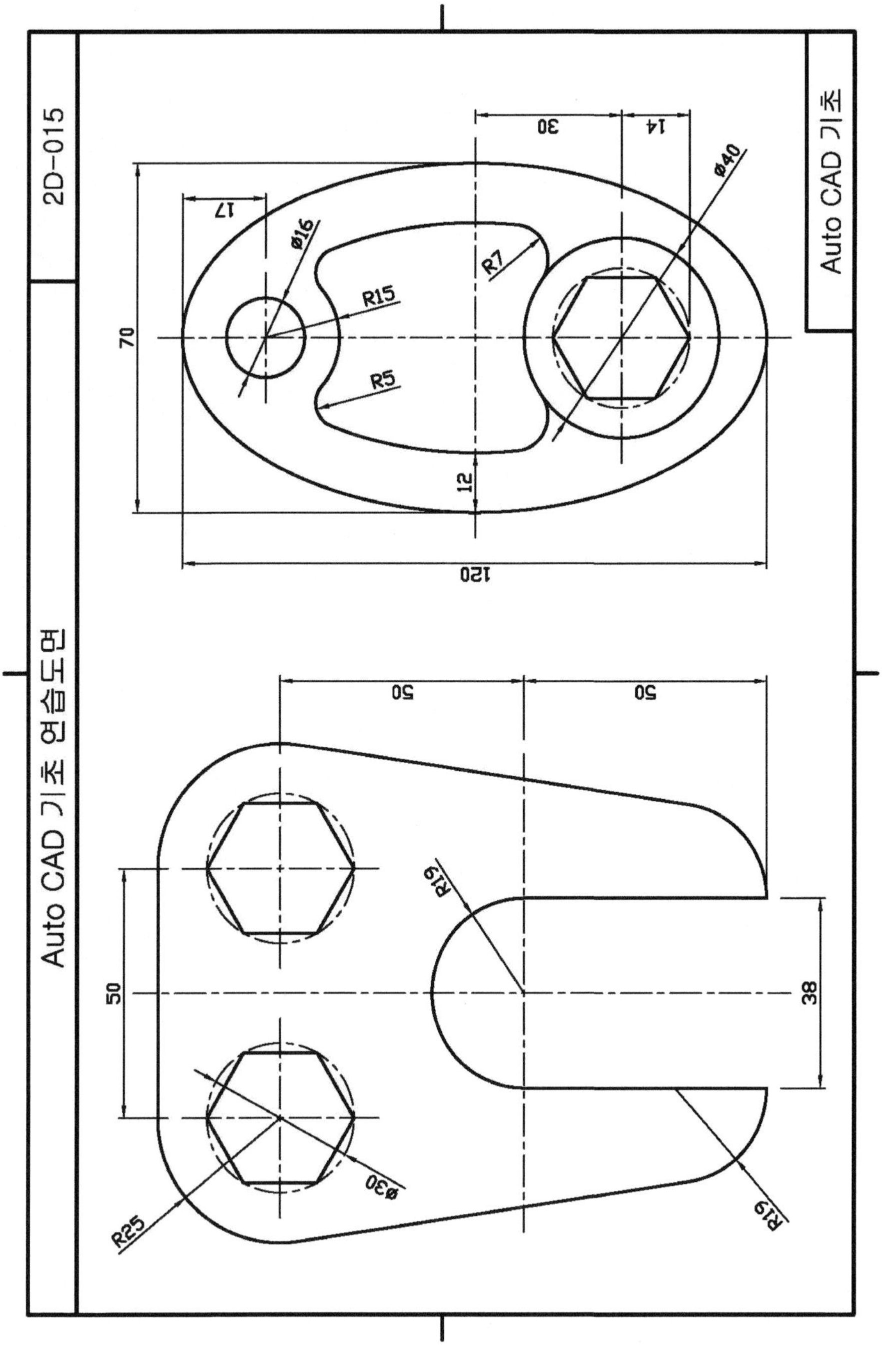
2D-015
Auto CAD 기초 연습도면
Auto CAD 기초
120
70
30
14
17
12
ø16
ø40
R15
R5
R7
50
50
50
38
R19
R19
R25
ø30

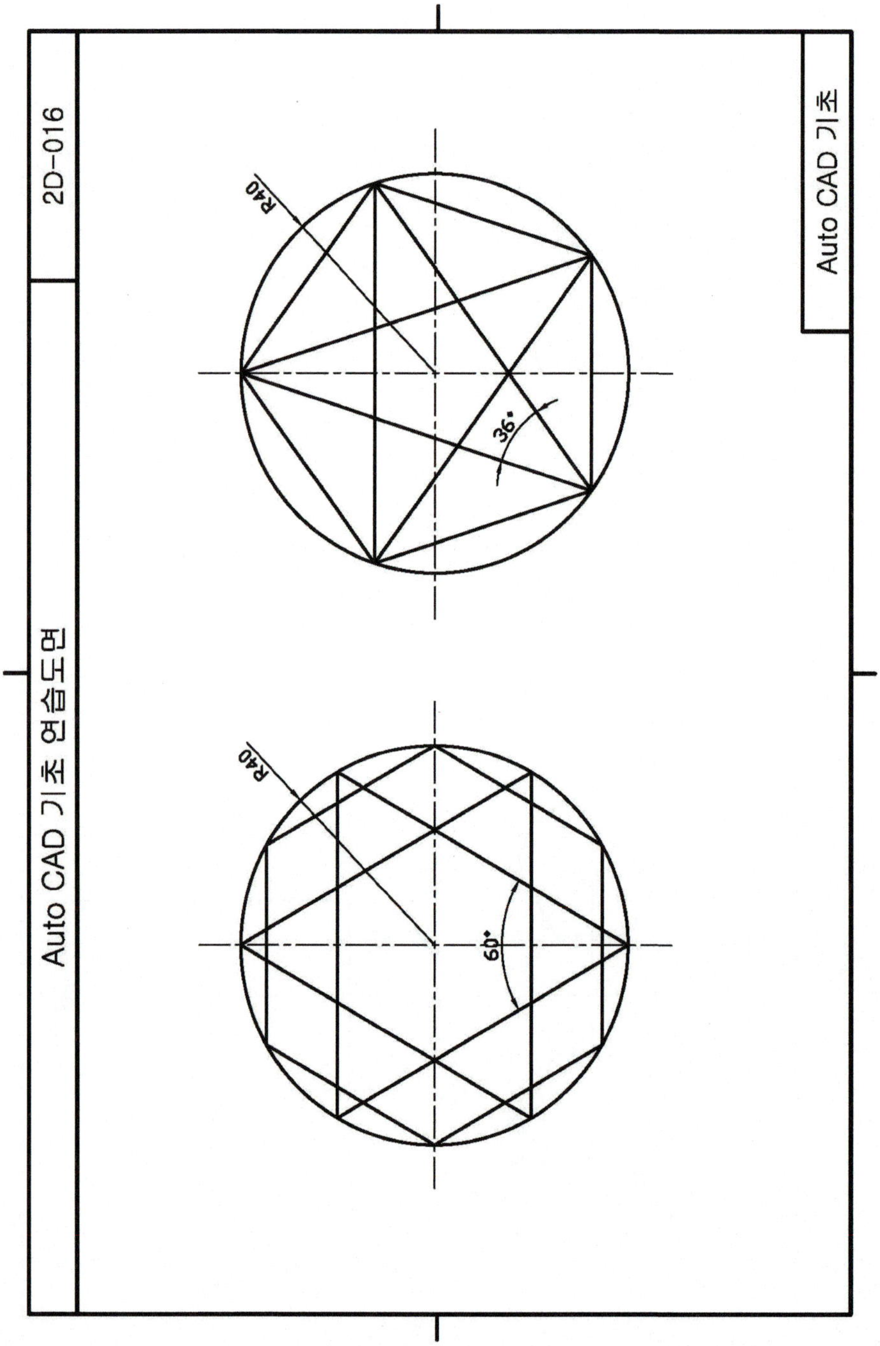
2D-016
Auto CAD 기초 연습도면
Auto CAD 기초
R40
36°
R40
60°

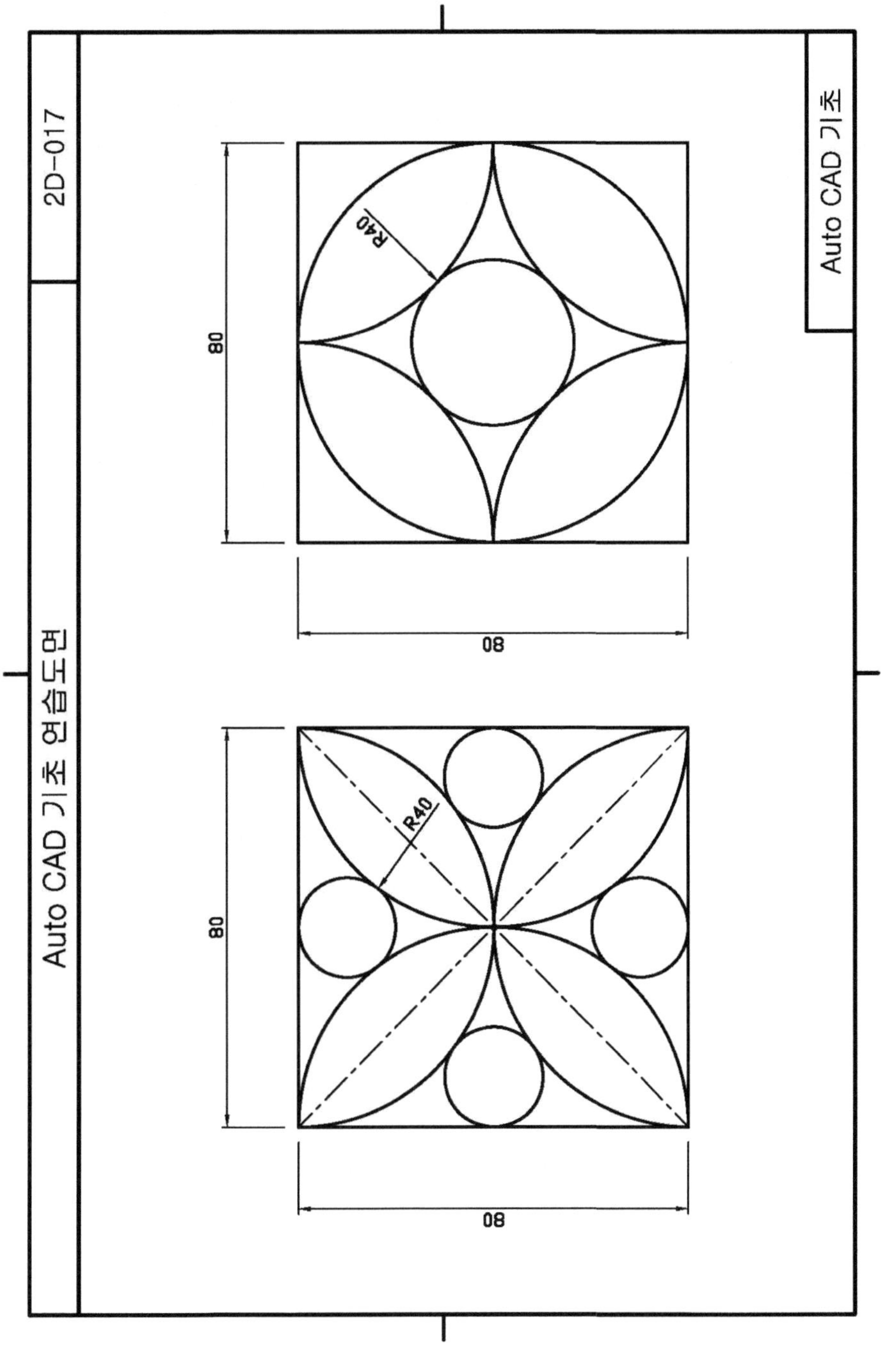
2D-017
Auto CAD 기초 연습도면
Auto CAD 기초
R40
80
80
R40
80
80

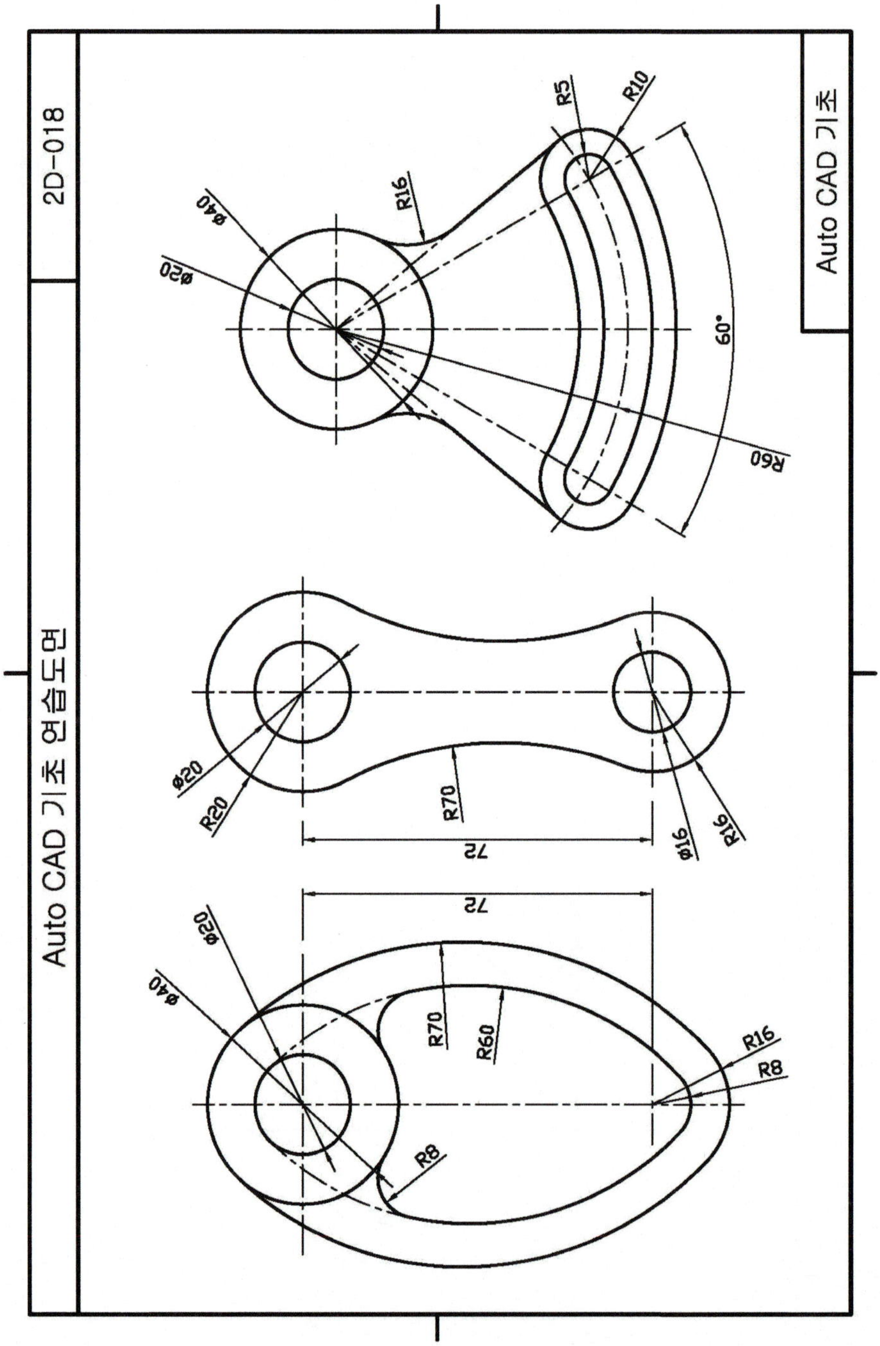
2D-018
Auto CAD 기초 연습도면
Auto CAD 기초
R5
R10
R16
ø40
ø20
60°
R60
ø20
R20
R70
72
ø16
R16
ø40
ø20
72
R70
R60
R16
R8
R8

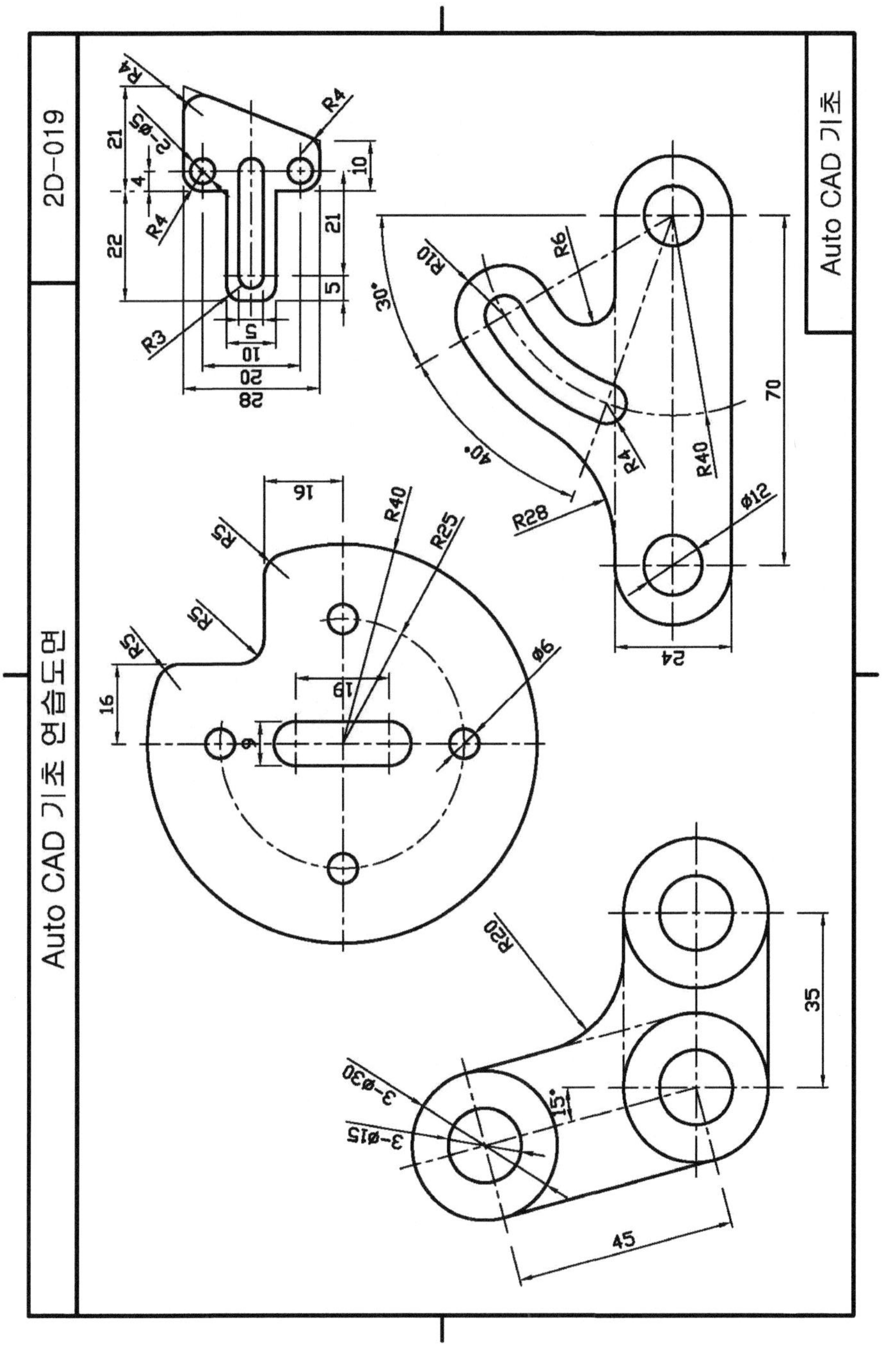
2D-019
Auto CAD 기초 연습도면
Auto CAD 기초

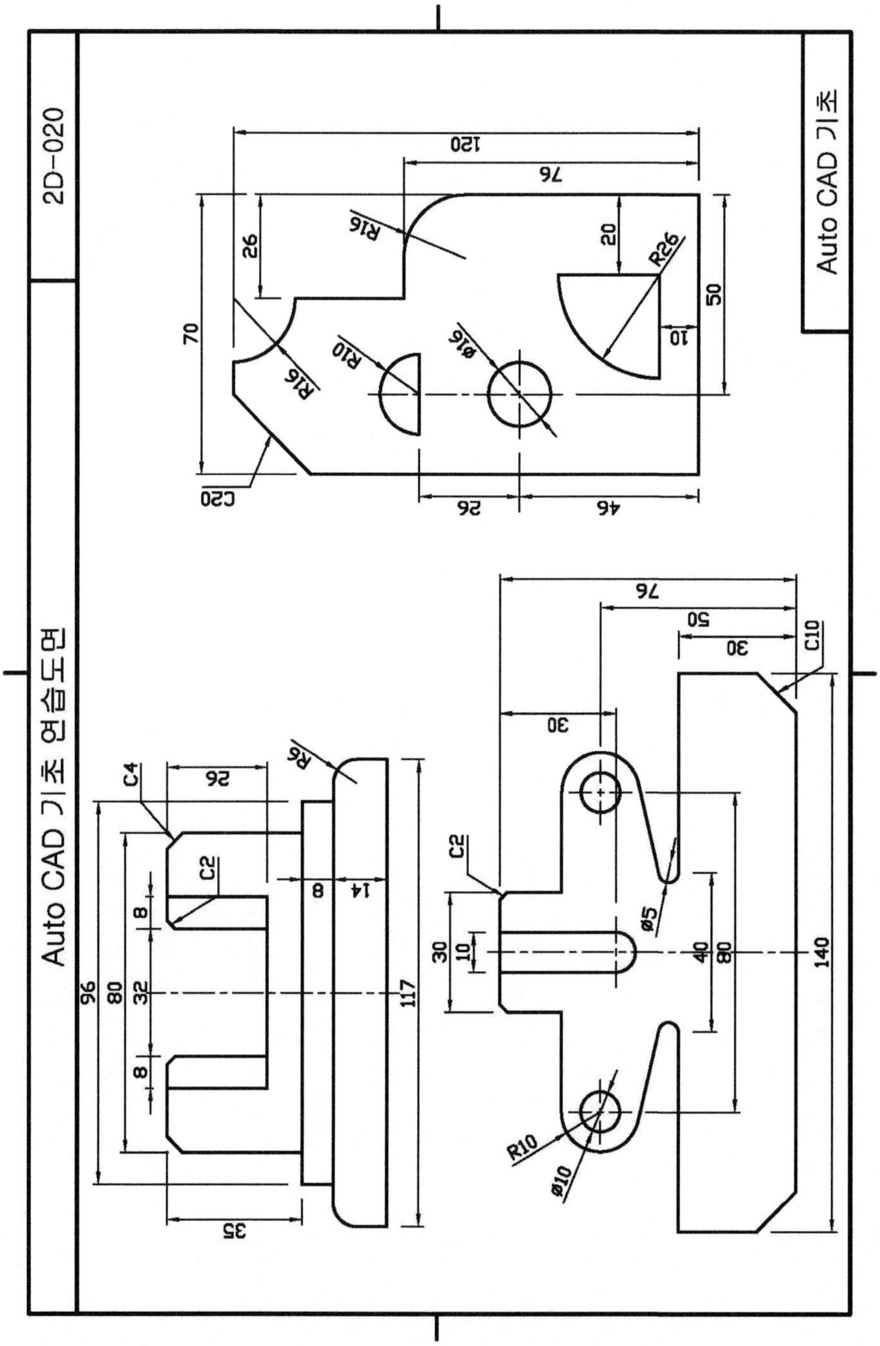
2D-020
Auto CAD 기초 연습도면
Auto CAD 기초

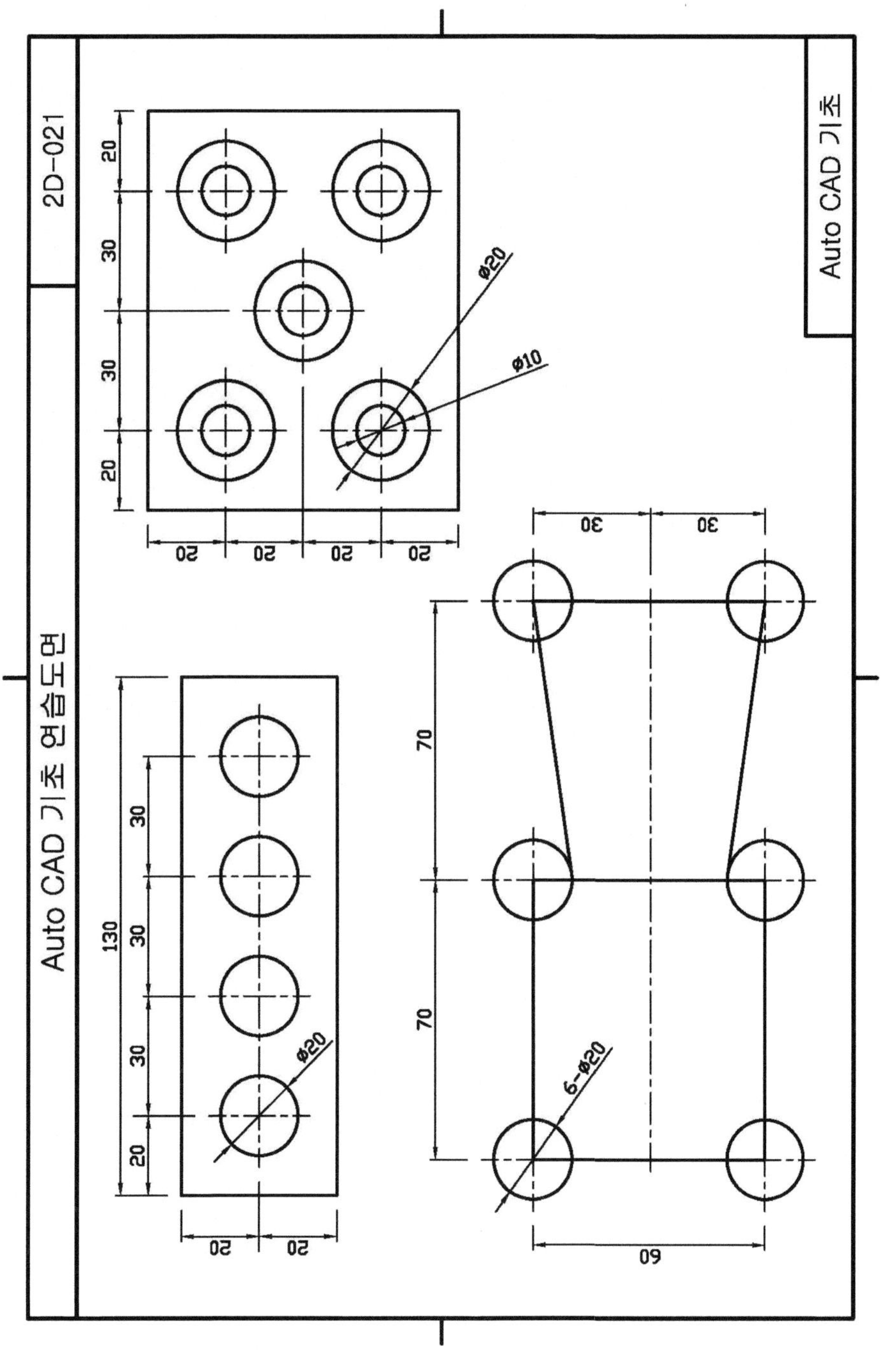
2D-021
Auto CAD 기초 연습도면
Auto CAD 기초
Ø20
Ø10
6-Ø20
130
70
60

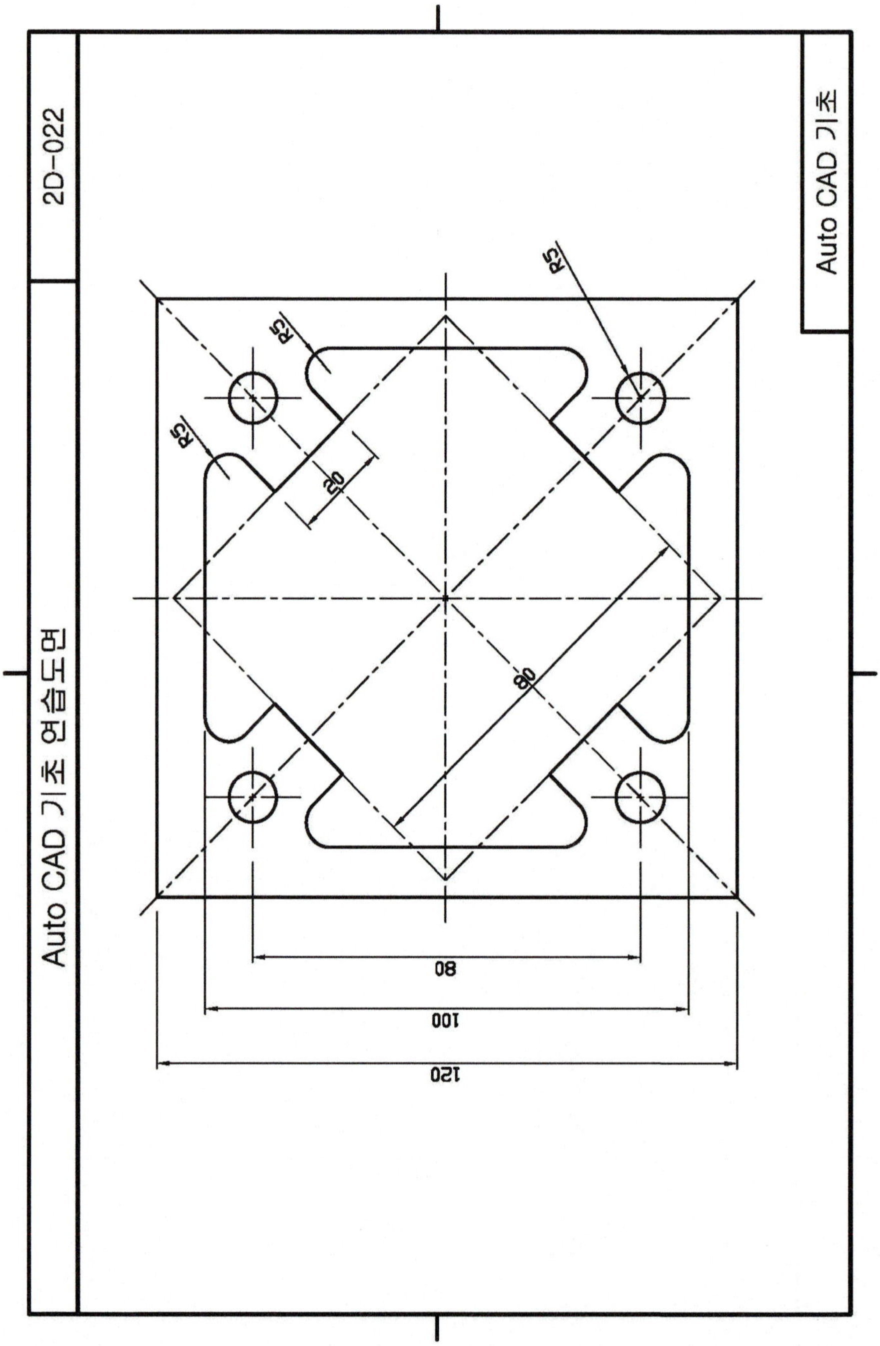
2D-022
Auto CAD 기초 연습도면
Auto CAD 기초
R5
R5
R5
20
80
80
100
120

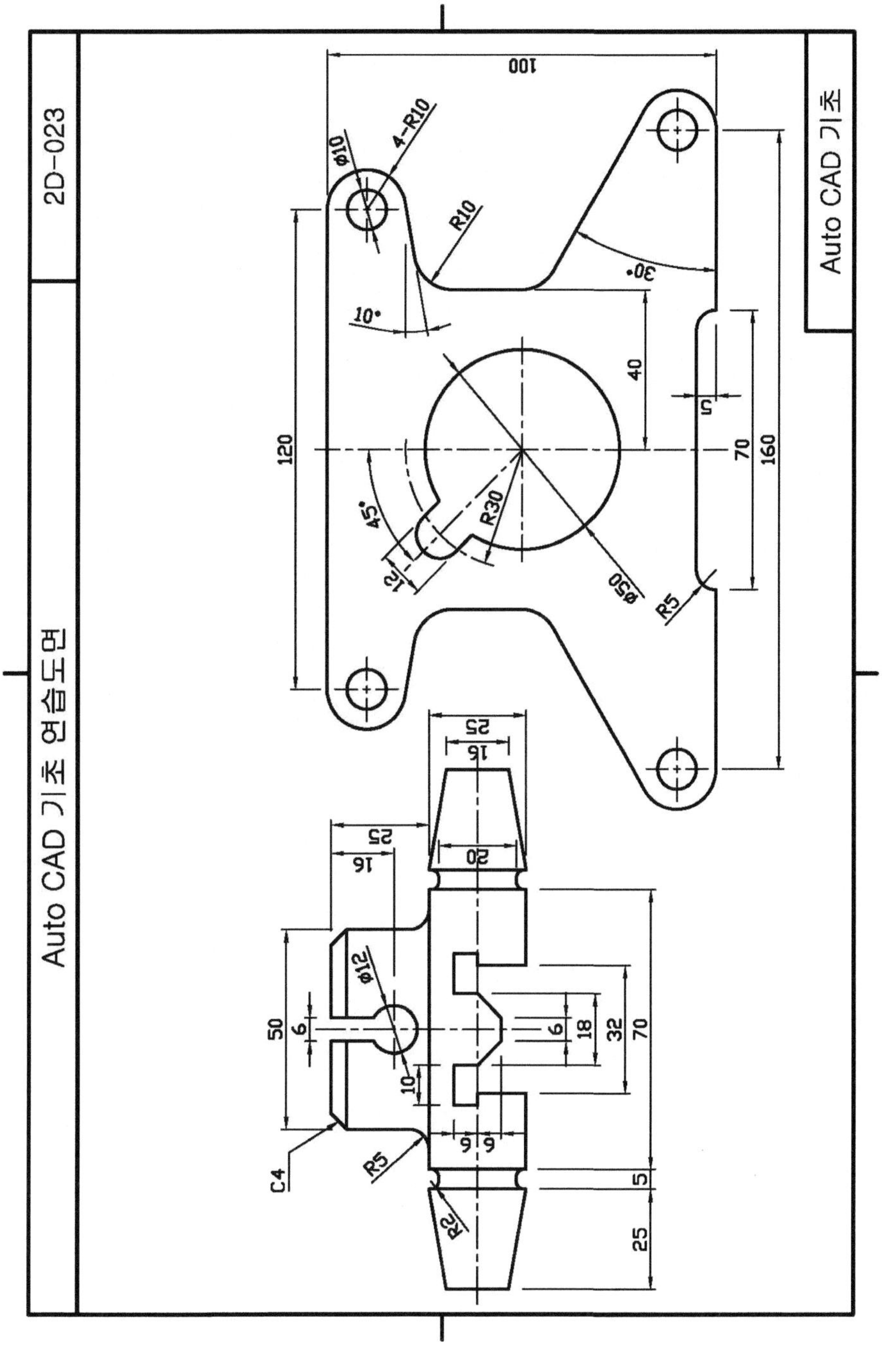
Auto CAD 기초 연습도면
2D-023
Auto CAD 기초

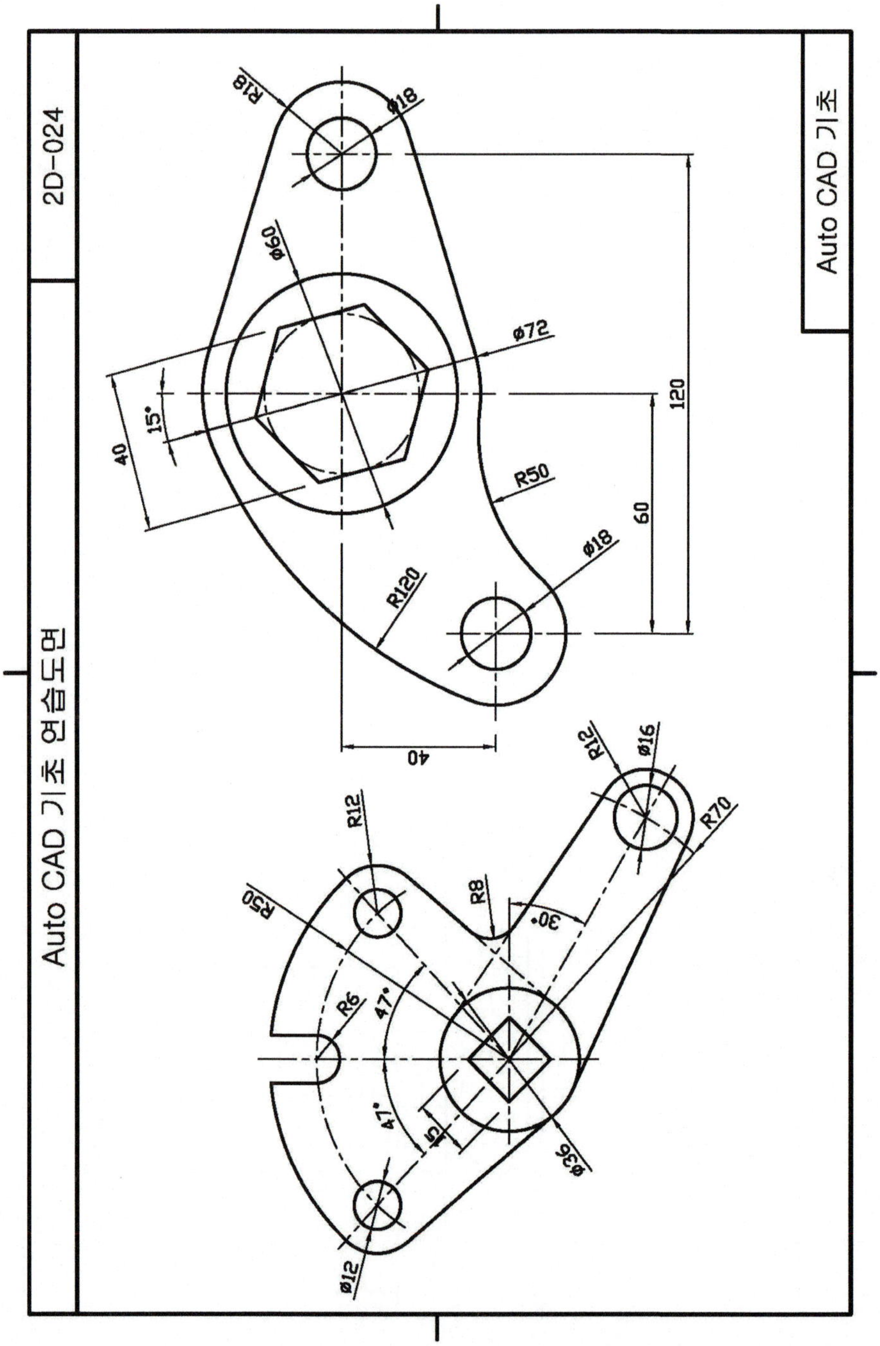
2D-024
Auto CAD 기초 연습도면
Auto CAD 기초
R18
ø18
ø60
ø72
15°
40
120
R50
60
ø18
R120
40
R12
ø16
R70
R12
R50
R8
30°
R6
47°
47°
15
ø36
ø12

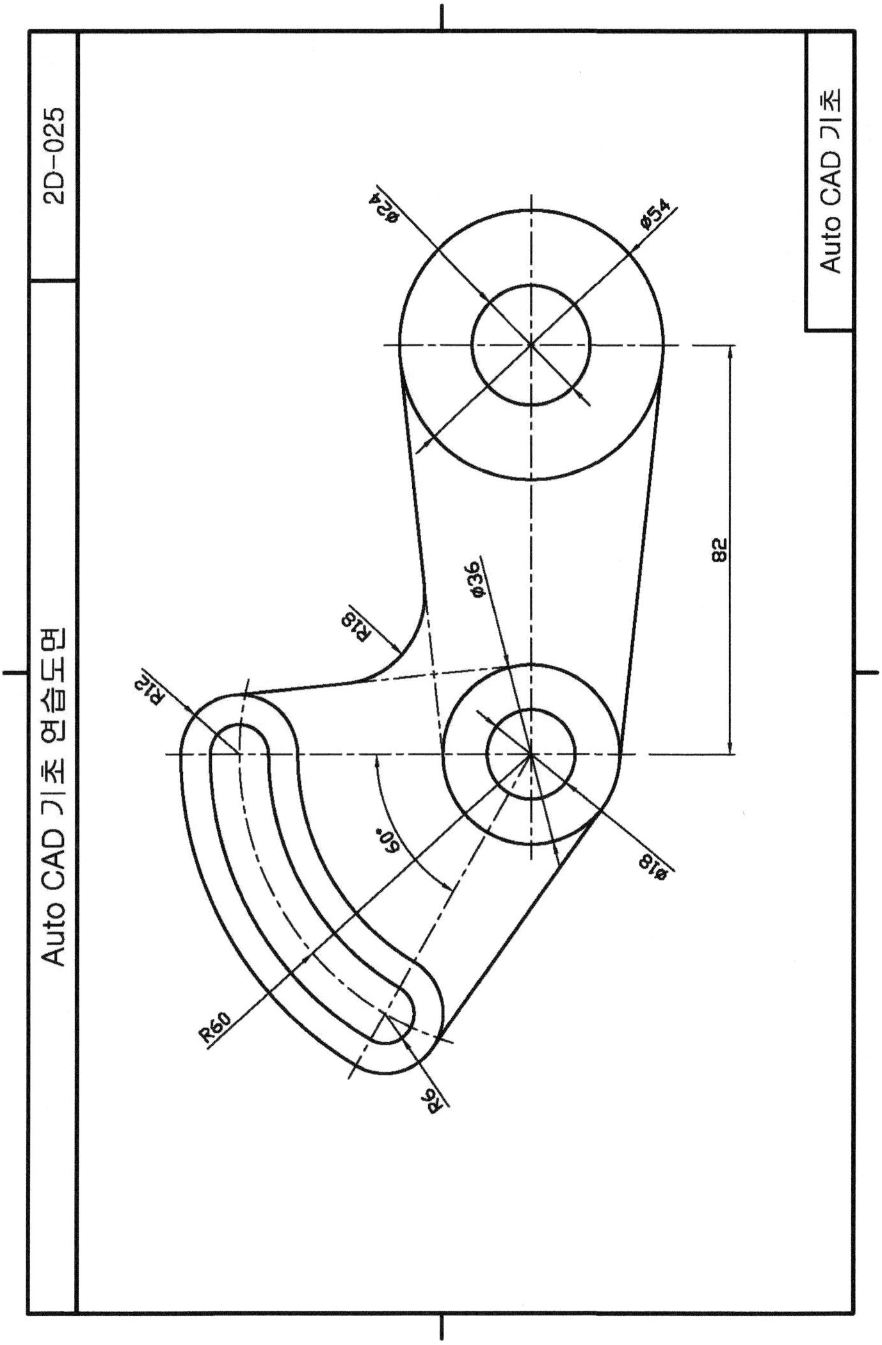
2D-025
Auto CAD 기초 연습도면
Auto CAD 기초
ø24
ø54
82
ø36
R18
R12
60°
ø18
R60
R6

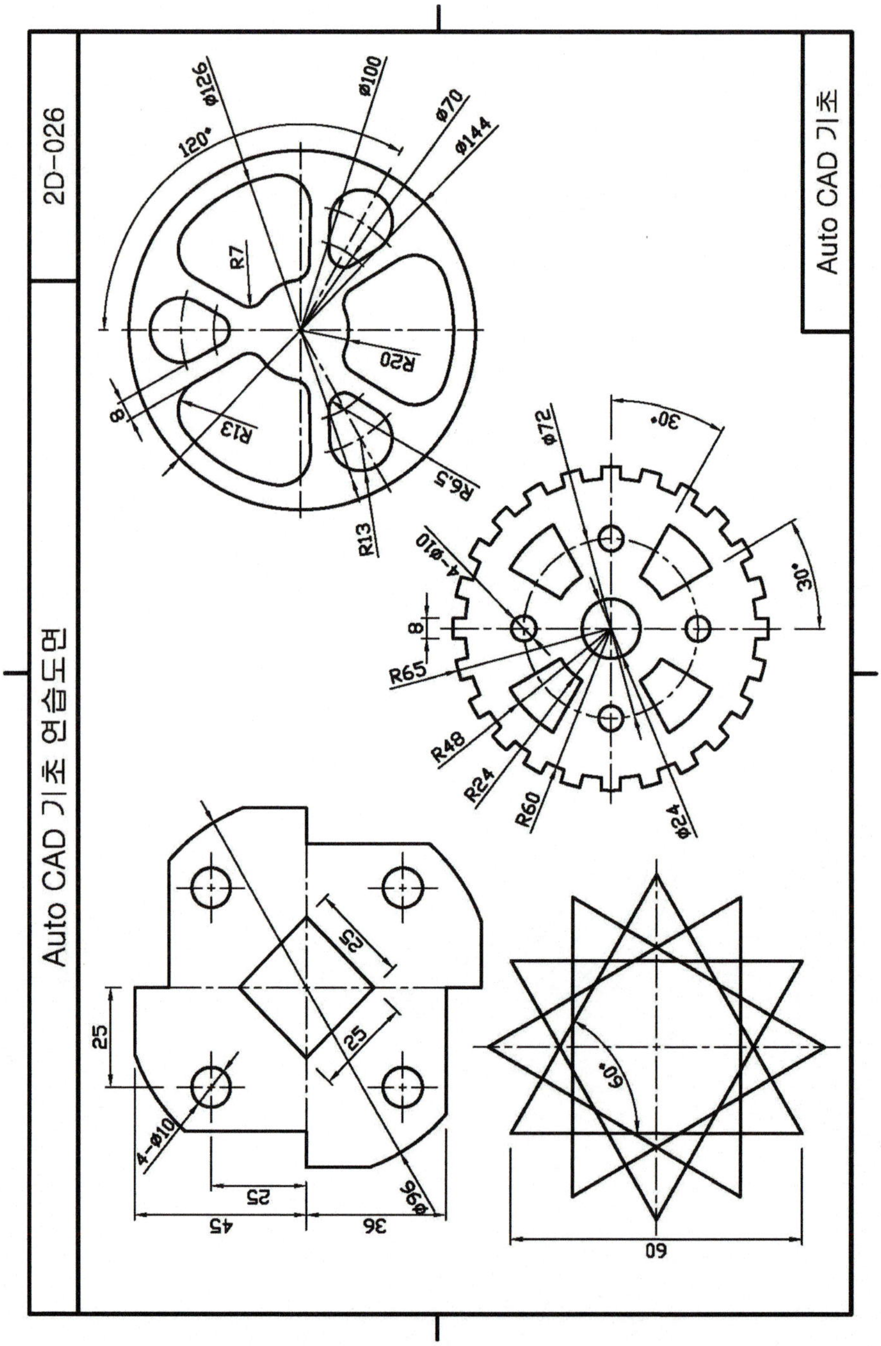
2D-026
Auto CAD 기초 연습도면
Auto CAD 기초
Φ126
Φ100
Φ70
Φ144
120°
R7
R20
R13
R6.5
8
Φ72
30°
4-Φ10
R65
R48
R24
R60
Φ24
25
4-Φ10
Φ96
45
36
60°
60

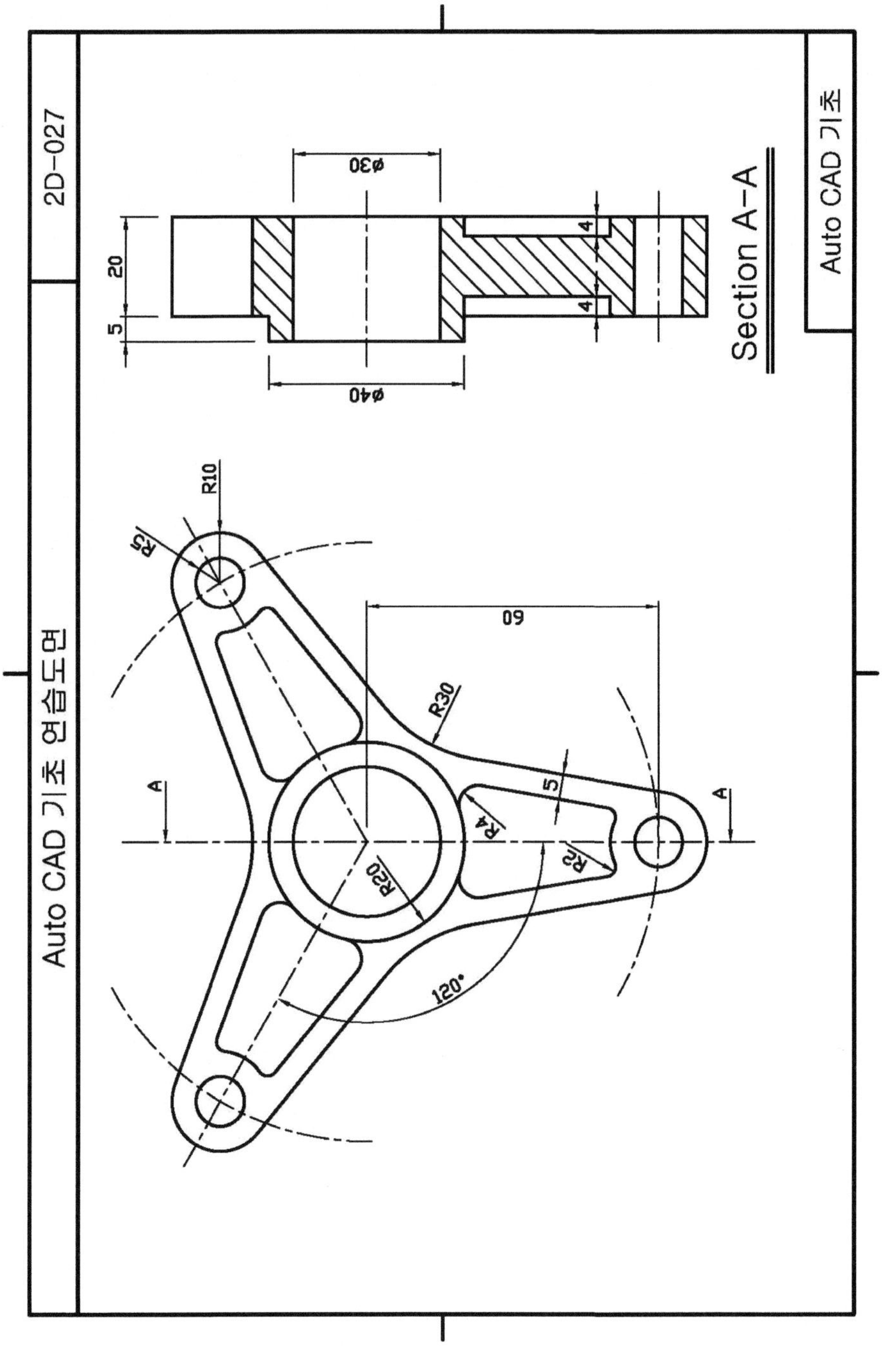
2D-027
Auto CAD 기초 연습도면
Auto CAD 기초
Section A-A
φ30
φ40
20
5
4
4
R10
R5
60
R30
5
R4
R2
R20
120°
A
A

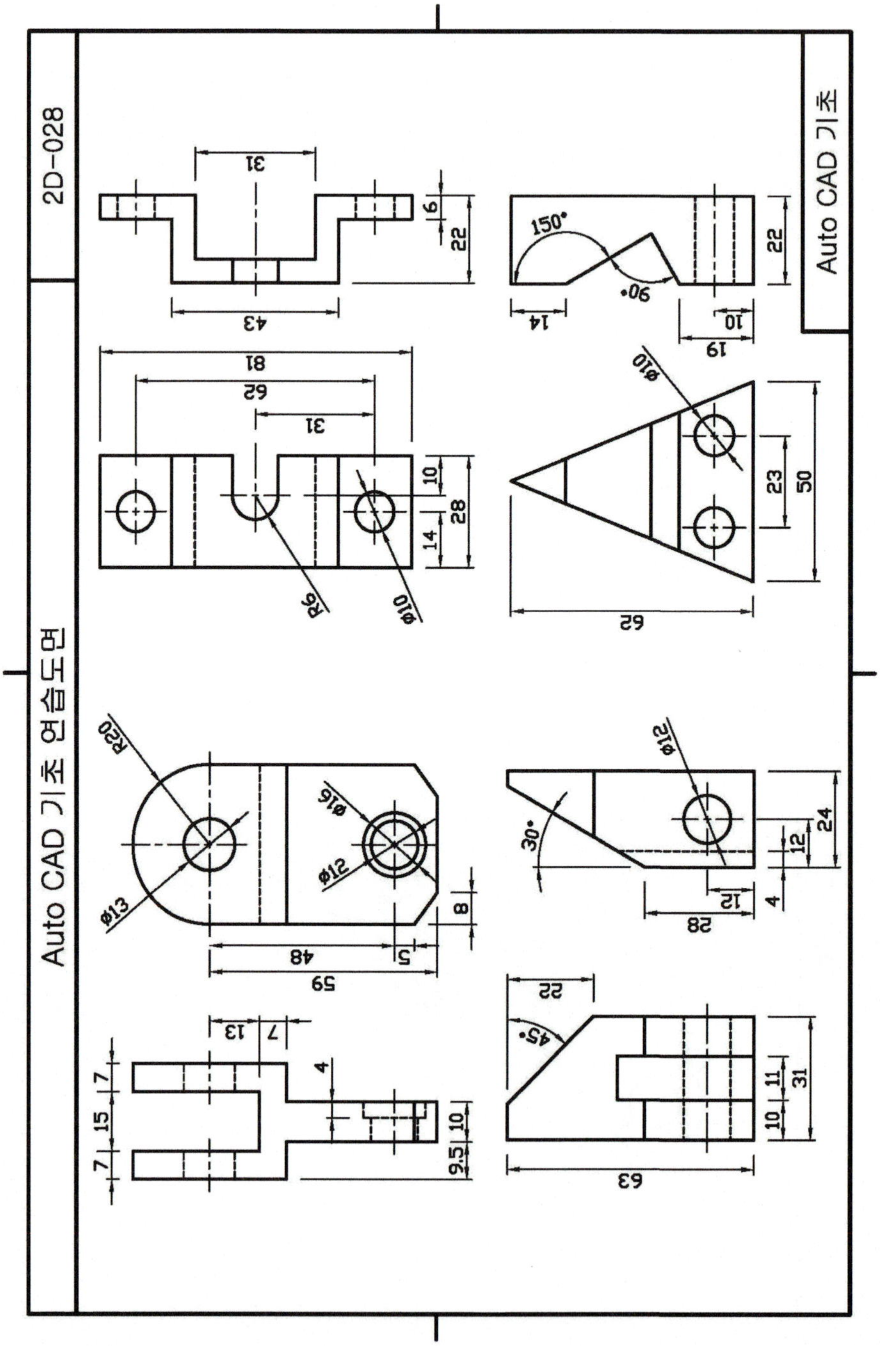
2D-028
Auto CAD 기초 연습도면
Auto CAD 기초

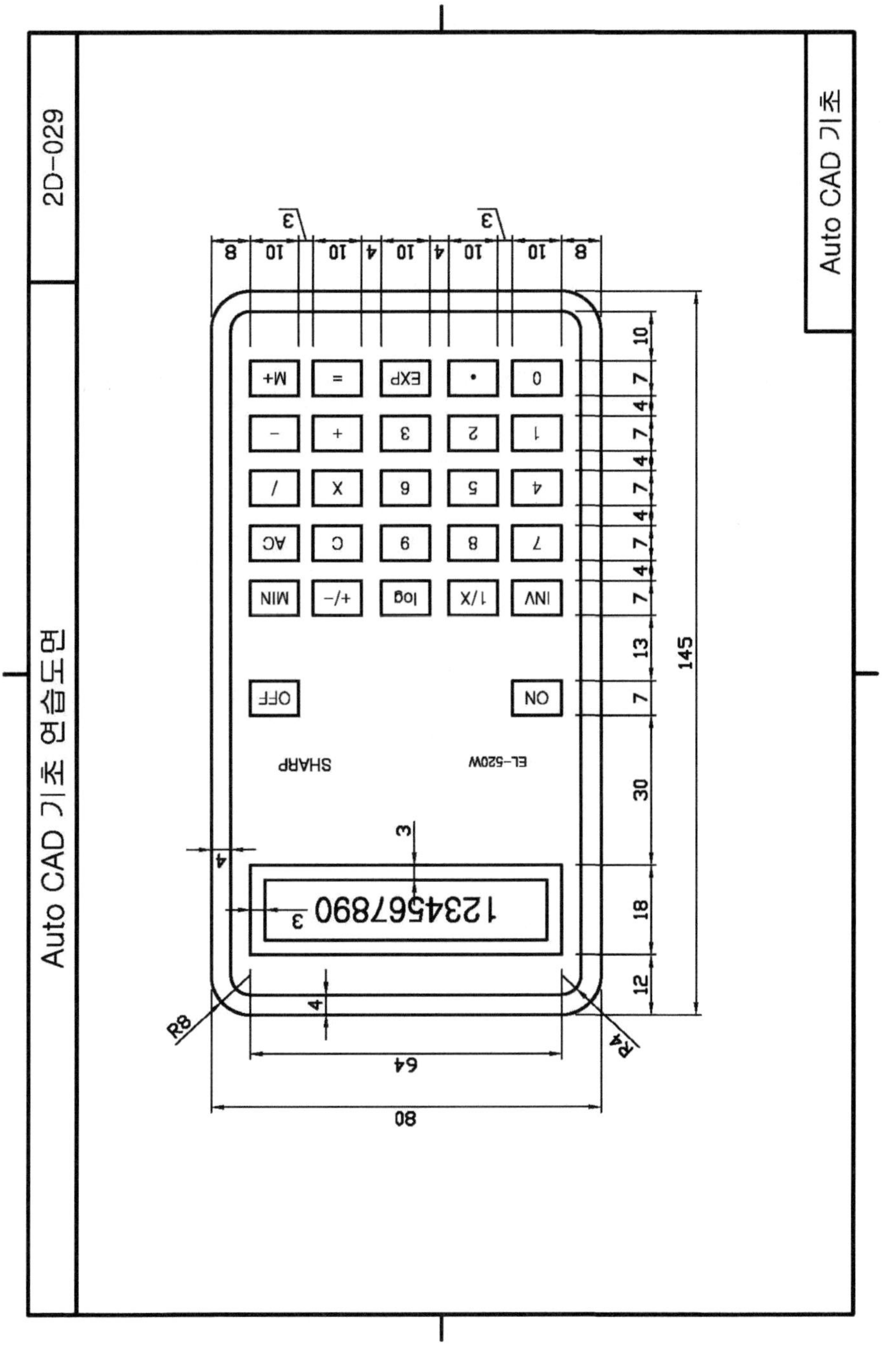
2D-029
Auto CAD 기초 연습도면
Auto CAD 기초
1234567890
SHARP
EL-520W
ON
OFF
INV
1/X
log
+/-
MIN
7
8
9
C
AC
4
5
6
X
/
1
2
3
+
-
0
•
EXP
=
M+
145
80
64
R8
R4

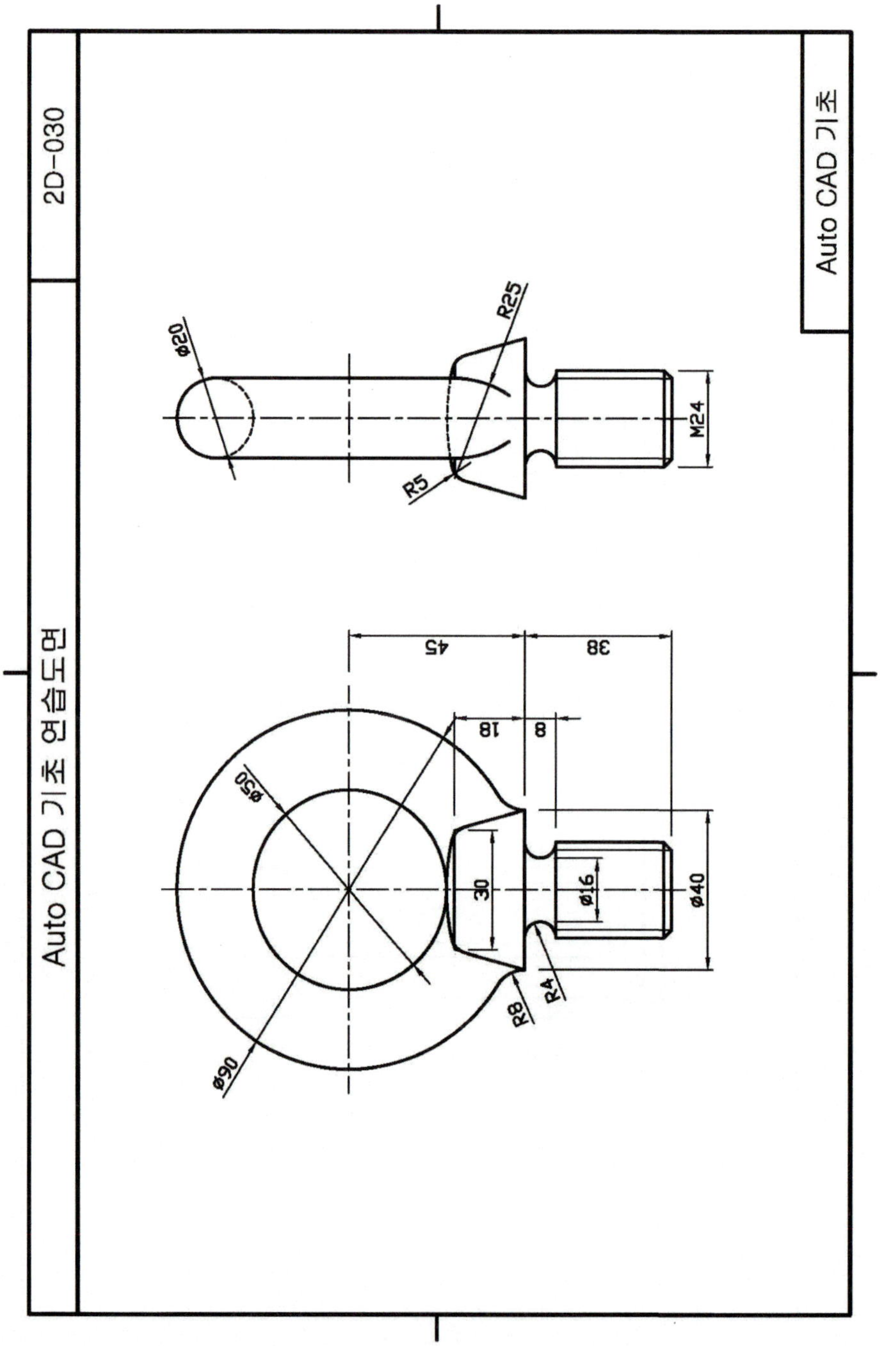
2D-030
Auto CAD 기초 연습도면
Auto CAD 기초
ø20
R25
R5
M24
45
38
18
8
ø50
30
ø16
ø40
R4
R8
ø90

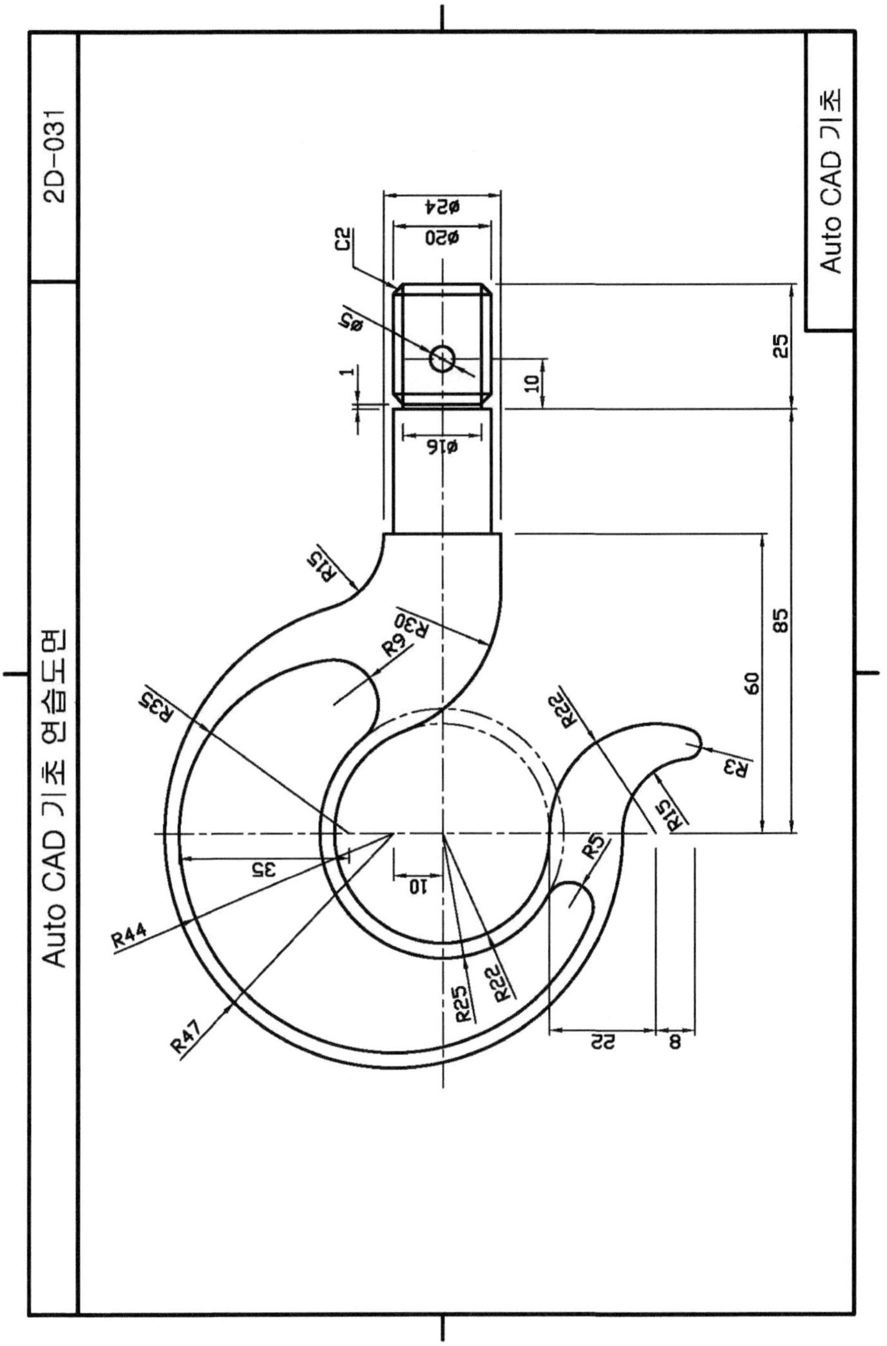
2D-031
Auto CAD 기초 연습도면
Auto CAD 기초
C2
ø24
ø20
ø5
ø16
1
10
25
85
60
R15
R30
R9
R35
R22
R3
R15
R5
R44
R47
R25
R22
35
10
22
8

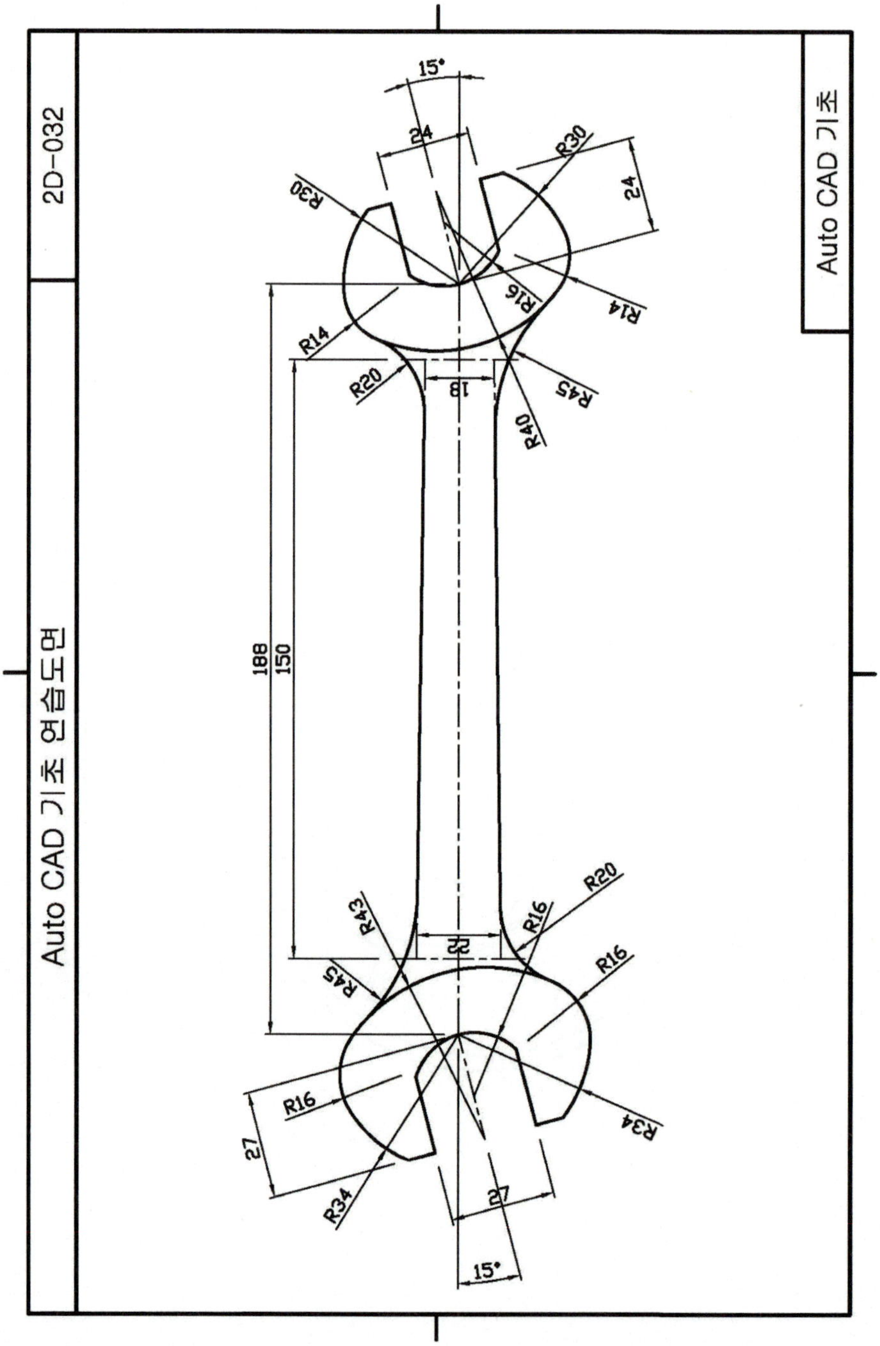
2D-032
Auto CAD 기초 연습도면
Auto CAD 기초
15°
24
R30
R30
24
R16
R14
R14
R20
18
R45
R40
188
150
R43
22
R16
R20
R45
R16
R16
R34
27
R34
27
15°

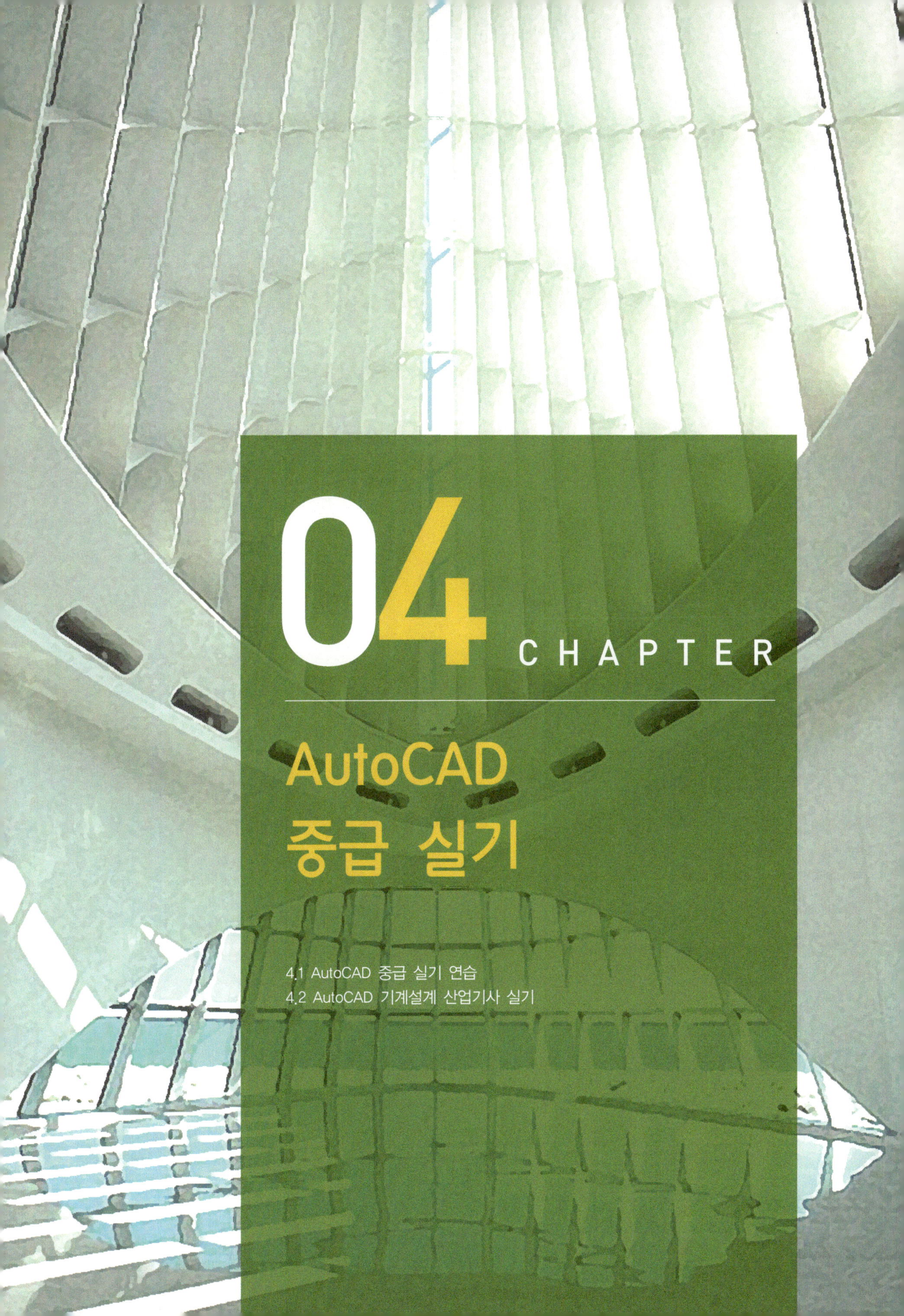

04 CHAPTER

AutoCAD 중급 실기

4.1 AutoCAD 중급 실기 연습
4.2 AutoCAD 기계설계 산업기사 실기

04
AutoCAD 중급 실기

4.1 AutoCAD 중급 실기 연습

4.1.1 연습문제

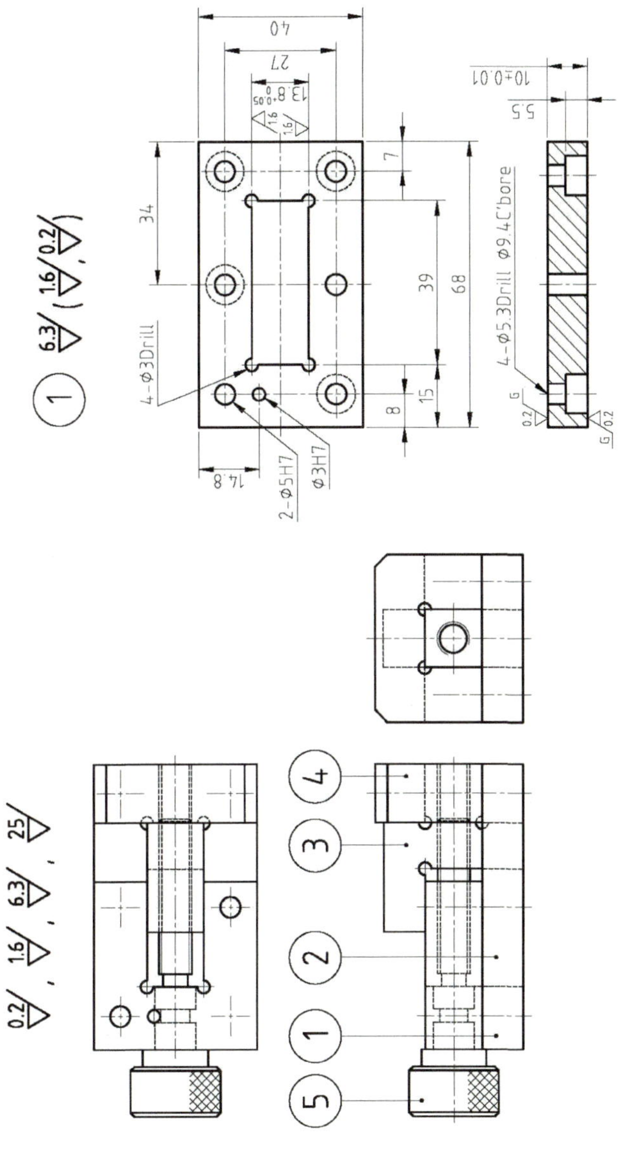

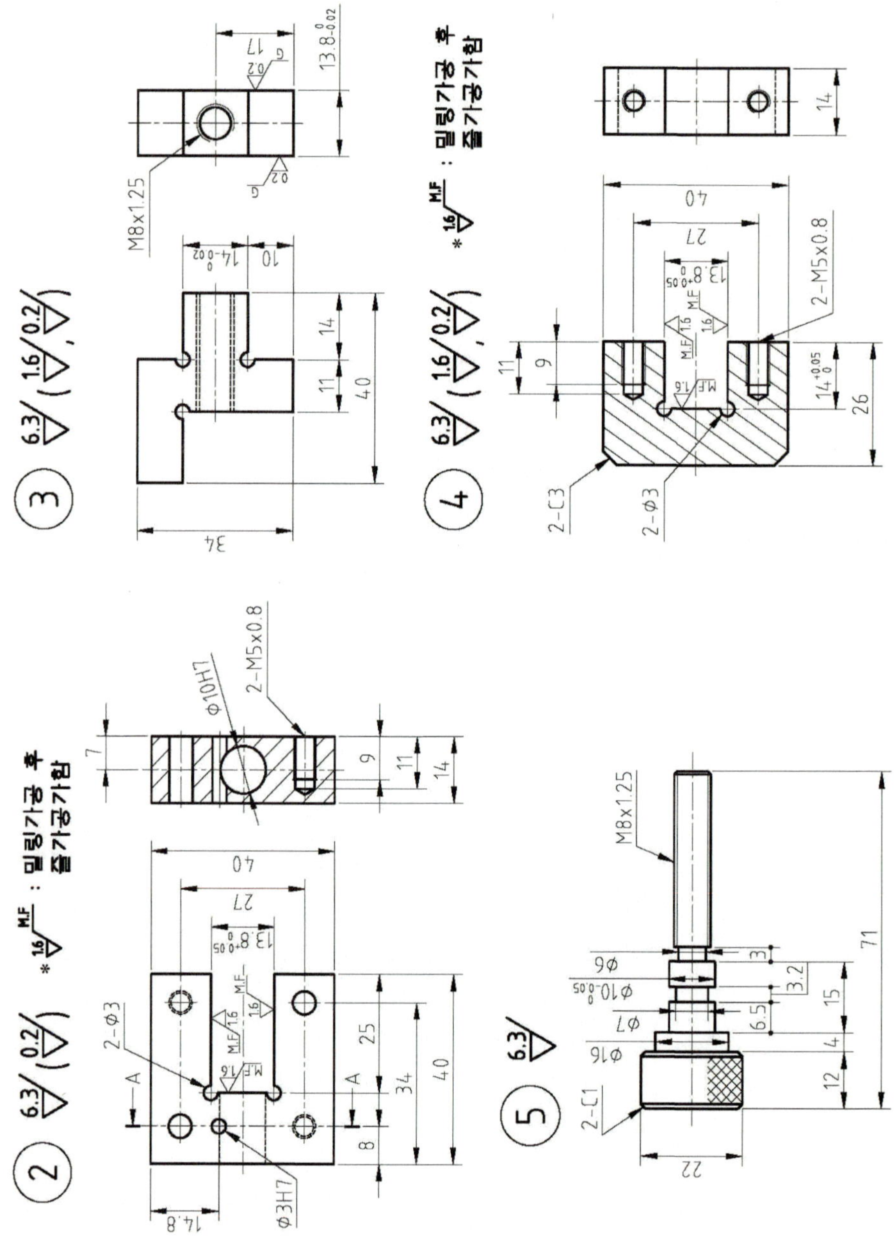

4.1.2 연습문제

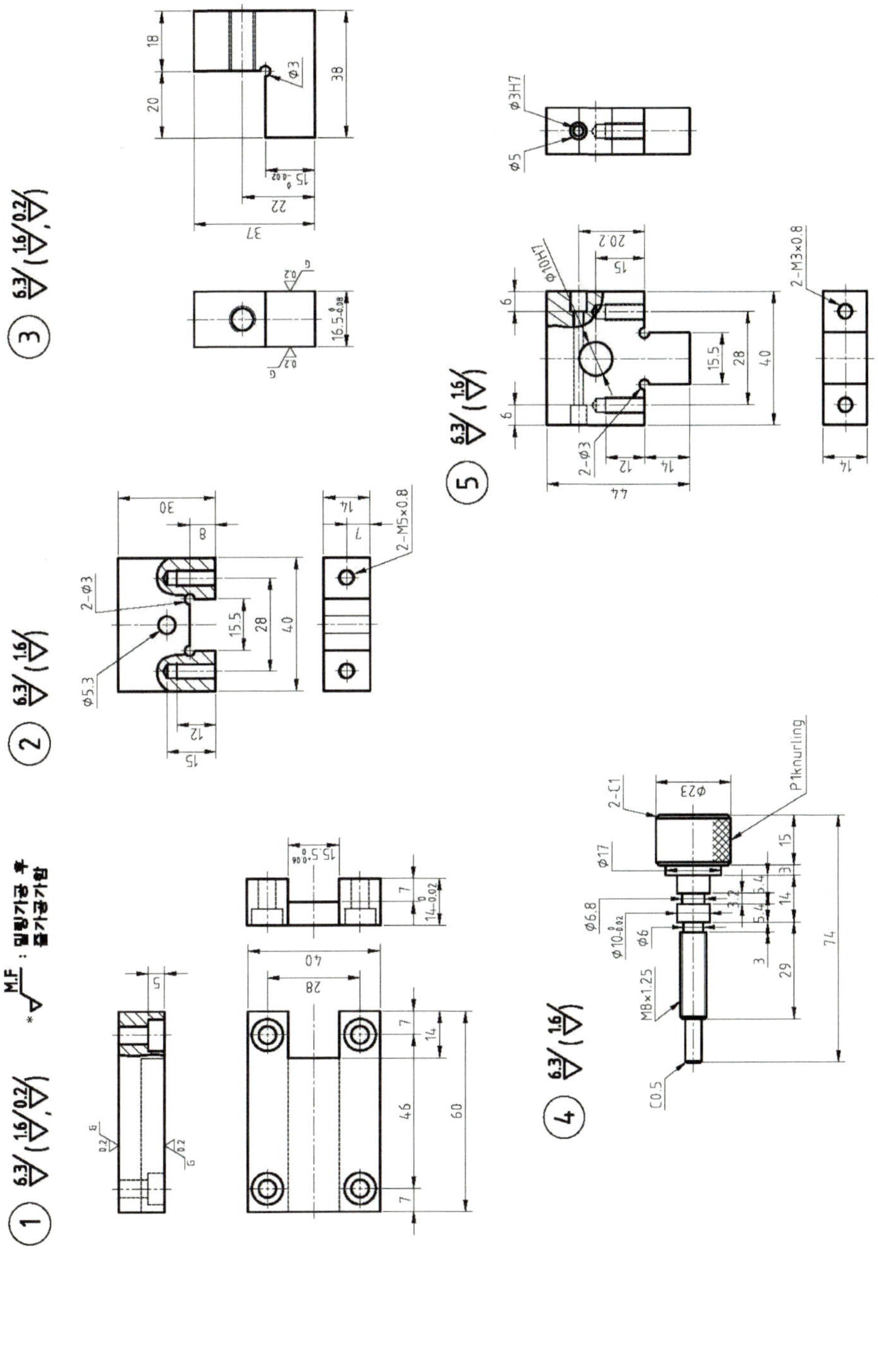

4.1.3 연습문제

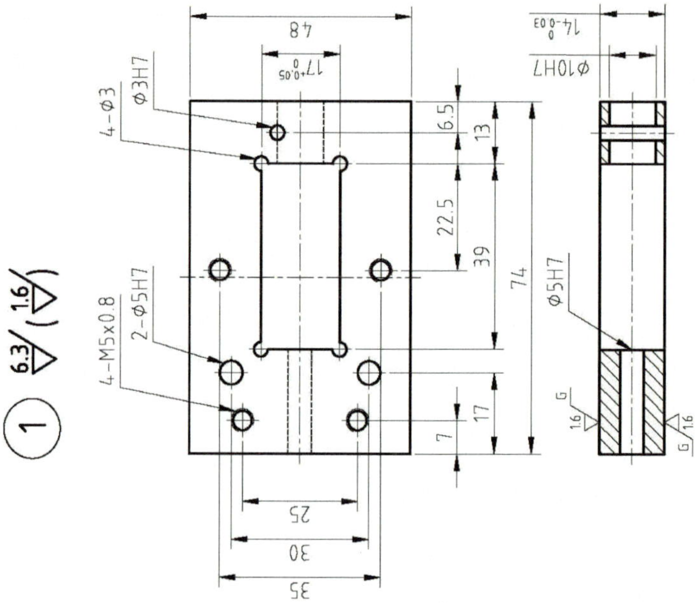
1
6.3
1.6
4-φ3
φ3H7
4-M5x0.8
2-φ5H7
48
17
6.5
13
22.5
39
74
7
17
25
30
35
φ10H7
14
φ5H7
G
1.6

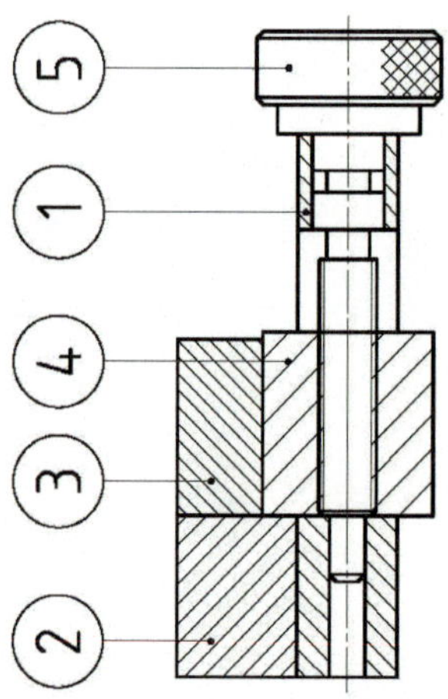
5
1
4
3
2

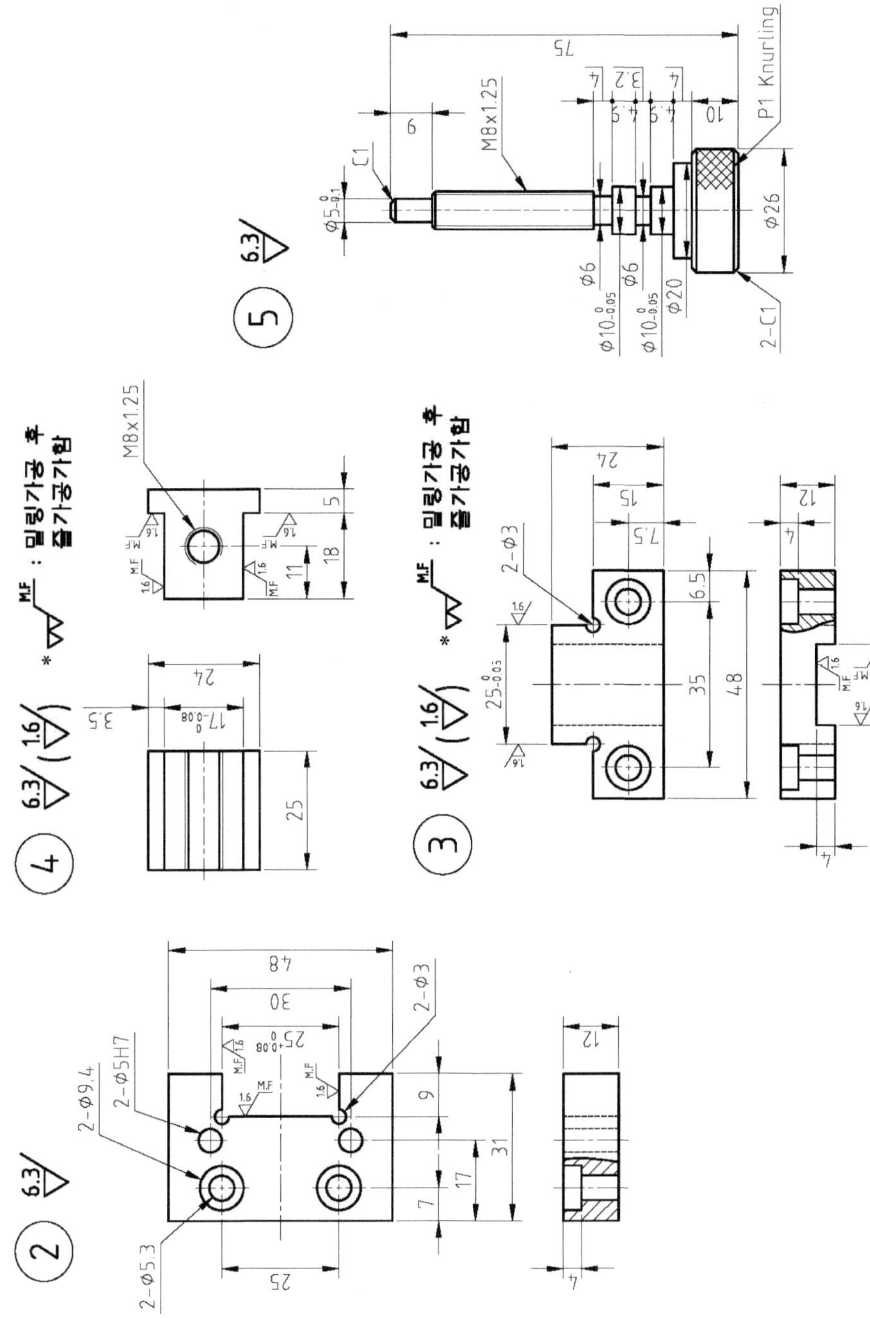
5
6.3
M8x1.25
P1 Knurling
75
2-C1
Φ26
Φ20
C1
4
6.3 (1.6)
M.F : 밀링가공 후 줄가공가함
M8x1.25
24
25
3
6.3 (1.6)
M.F : 밀링가공 후 줄가공가함
2-Φ3
48
35
2
6.3
2-Φ9.4
2-Φ5H7
2-Φ5.3
2-Φ3
30
31
12

4.1.4 연습문제

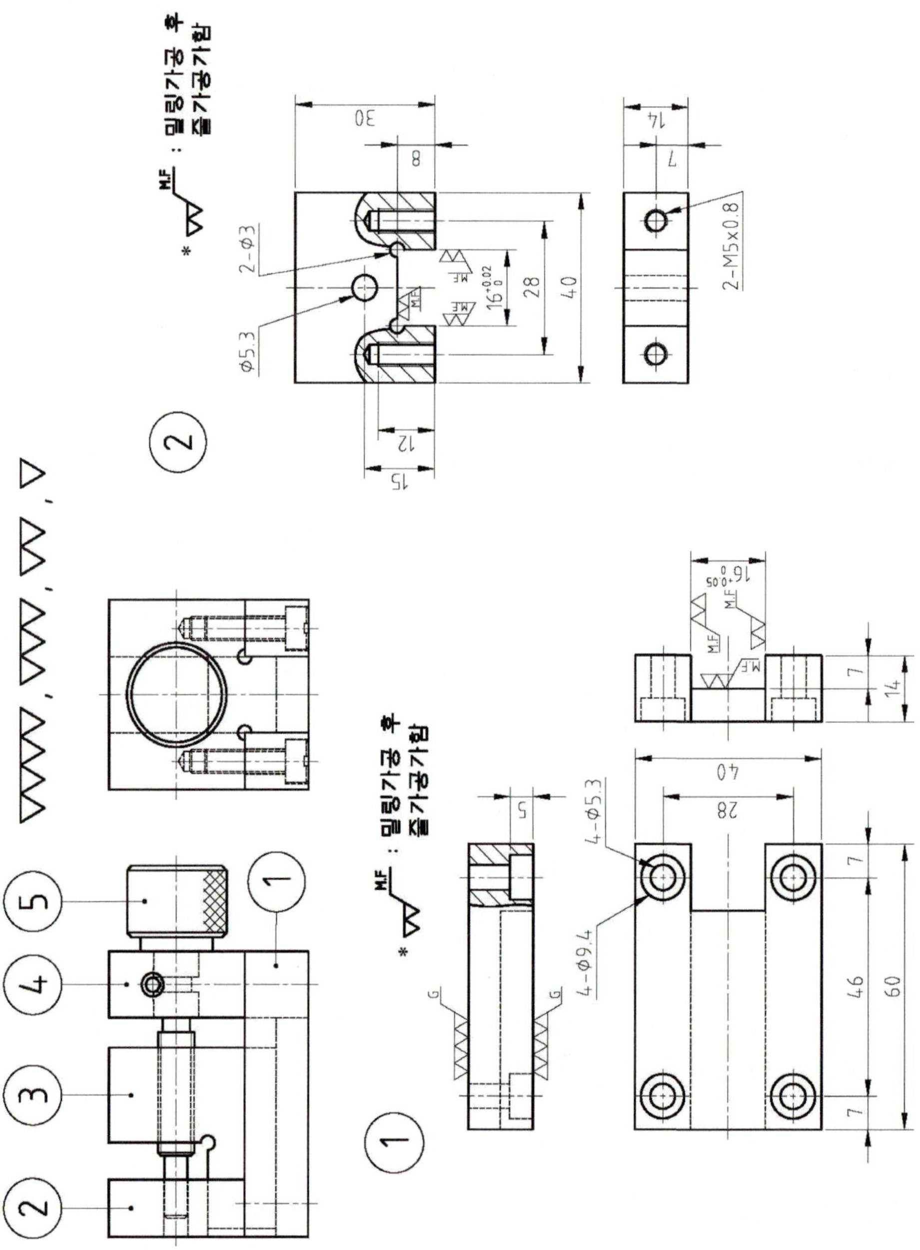

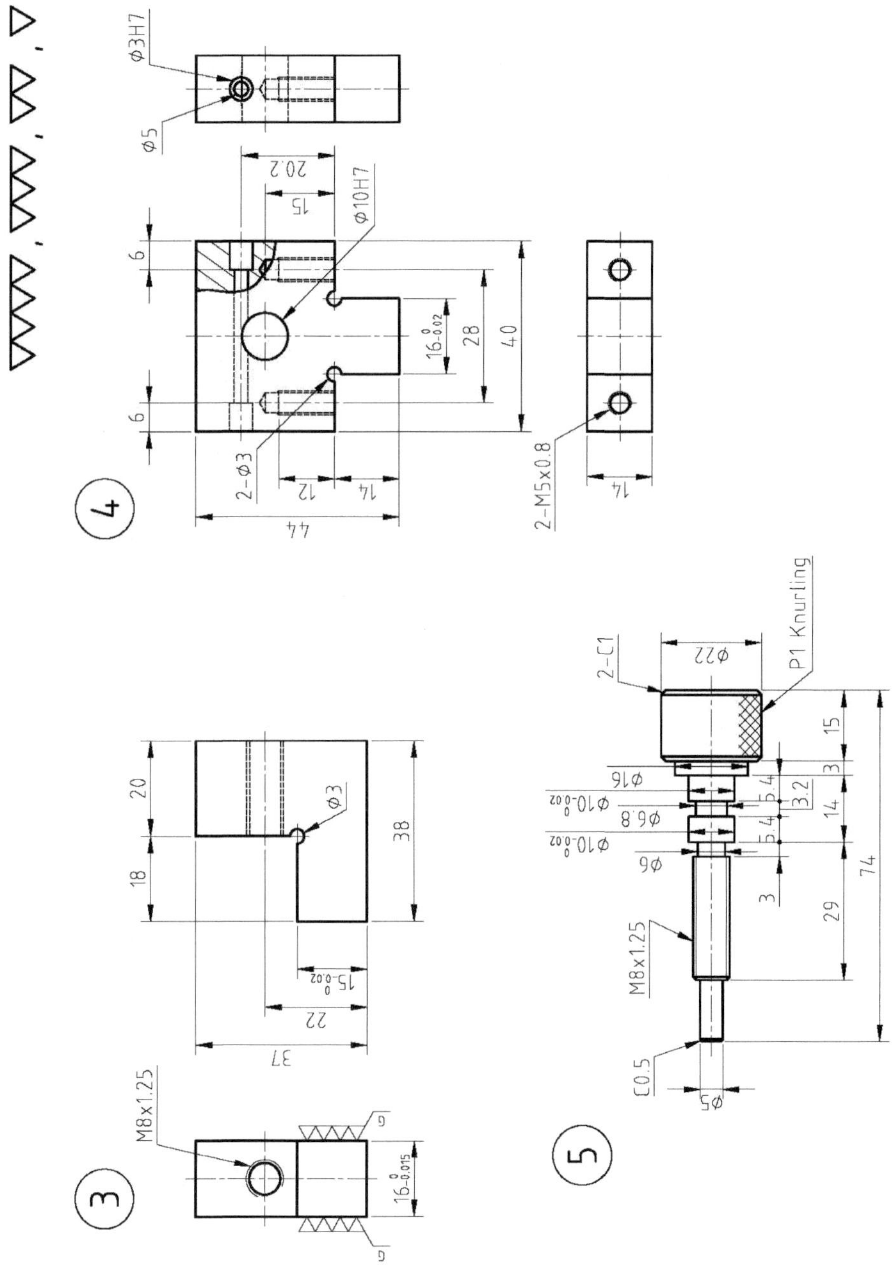
④
Φ3H7
Φ5
20.2
15
Φ10H7
2-Φ3
2-M5x0.8
44
③
M8x1.25
Φ3
37
22
38
⑤
2-C1
Φ22
P1 Knurling
M8x1.25
C0.5
Φ5
74
29
15

4.1.5 연습문제

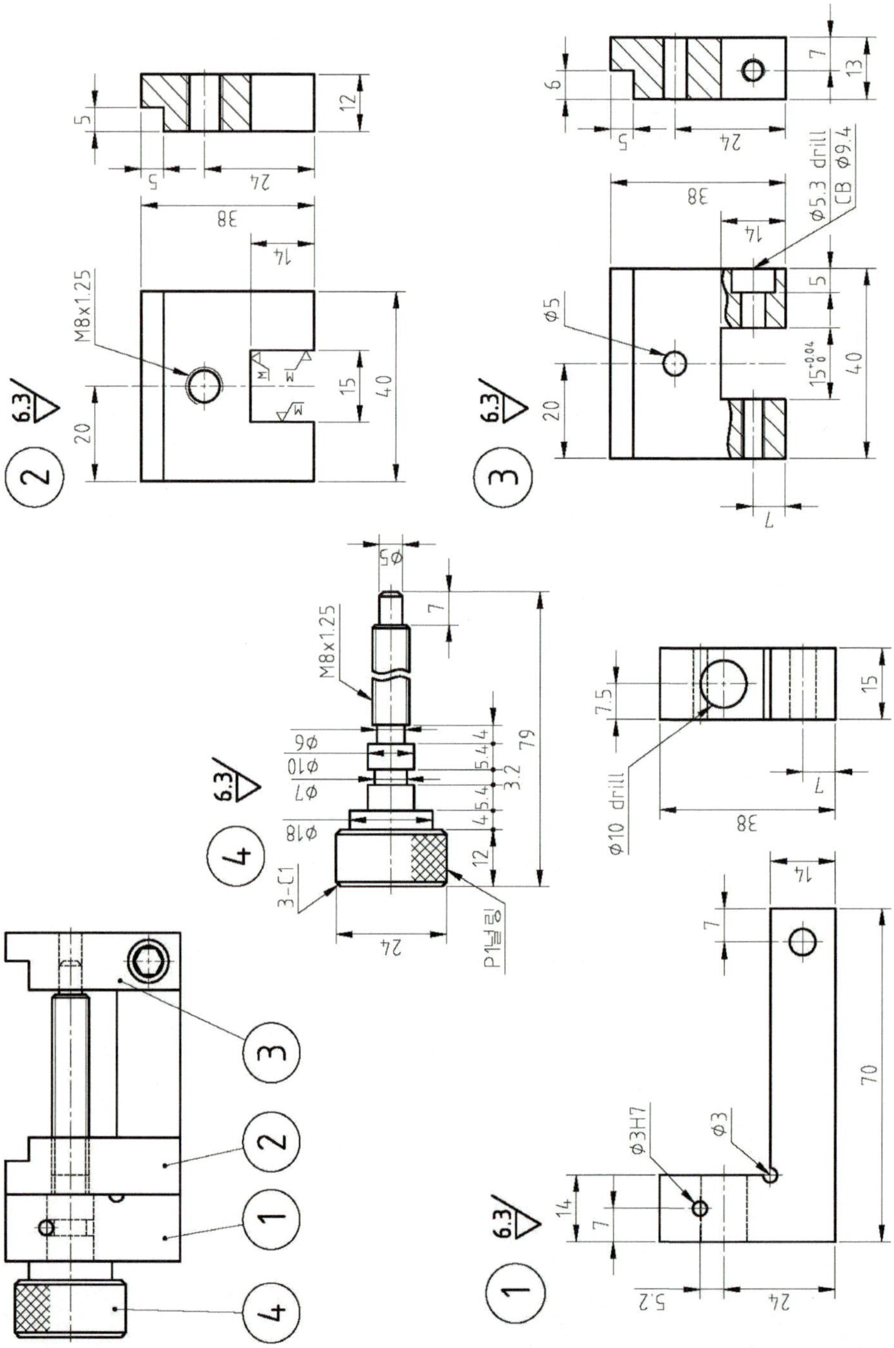

4.1.6 연습문제

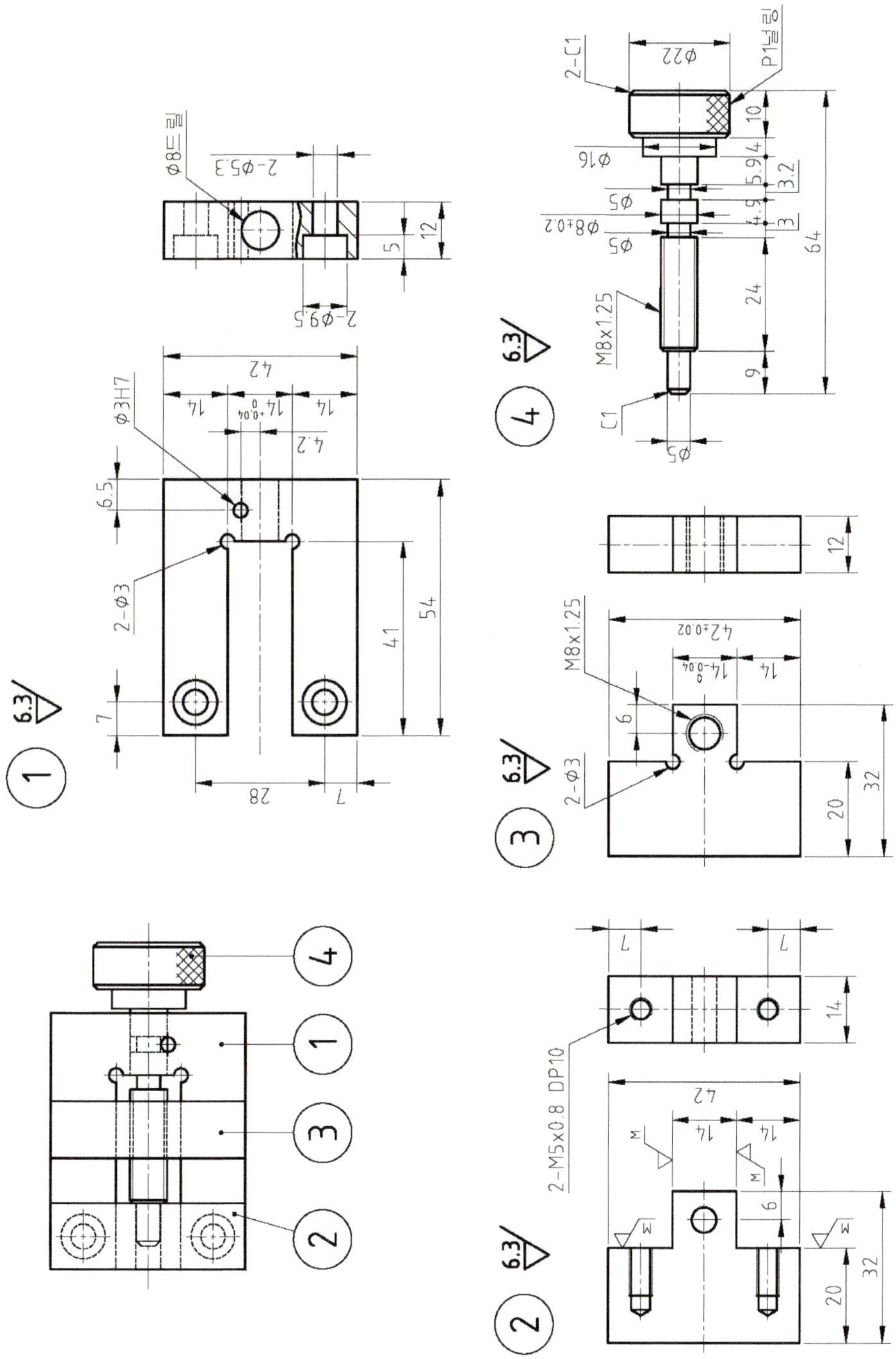

4.1.7 연습문제

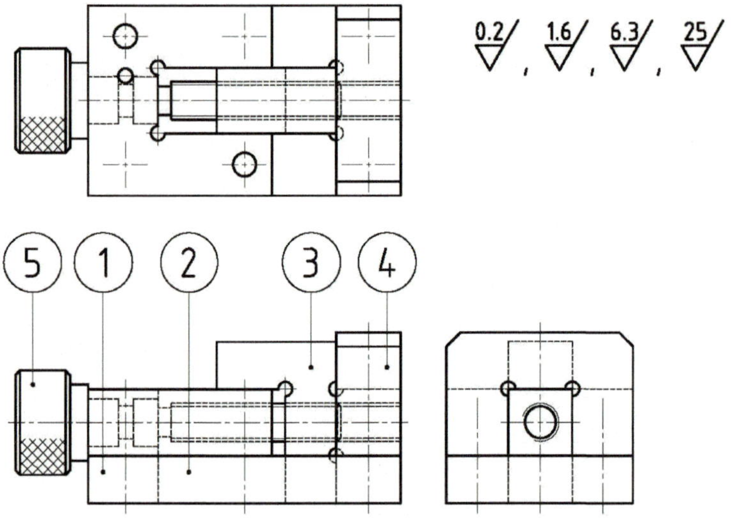
0.2
1.6
6.3
25
5
1
2
3
4

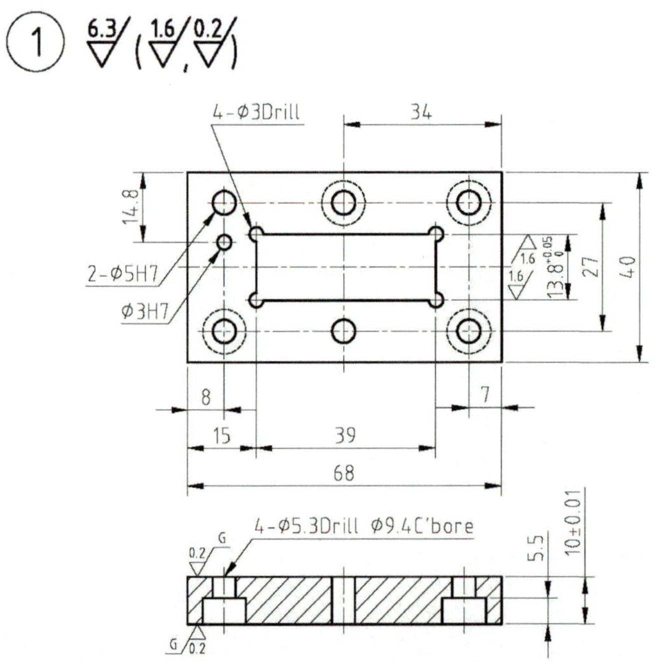
1
6.3
1.6
0.2
4-Ø3Drill
34
14.8
2-Ø5H7
Ø3H7
1.6
1.6
13.8+0.05 0
27
40
8
7
15
39
68
4-Ø5.3Drill Ø9.4C'bore
0.2
G
G
0.2
5.5
10±0.01

② 6.3/ (0.2/) * 1.6/M.F : 밀링가공 후 줄가공가함

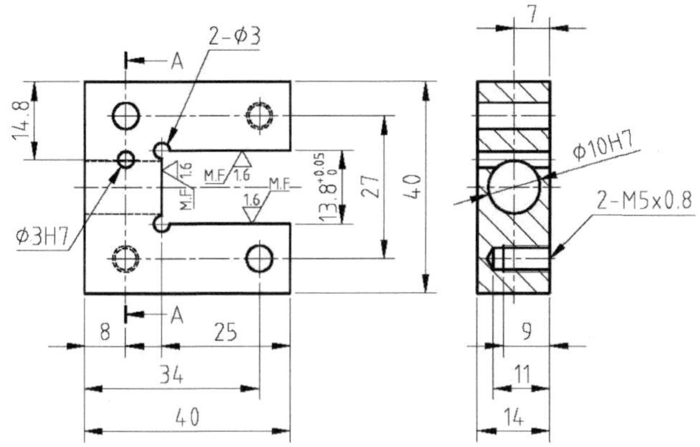

③ 6.3/ (1.6/, 0.2/)

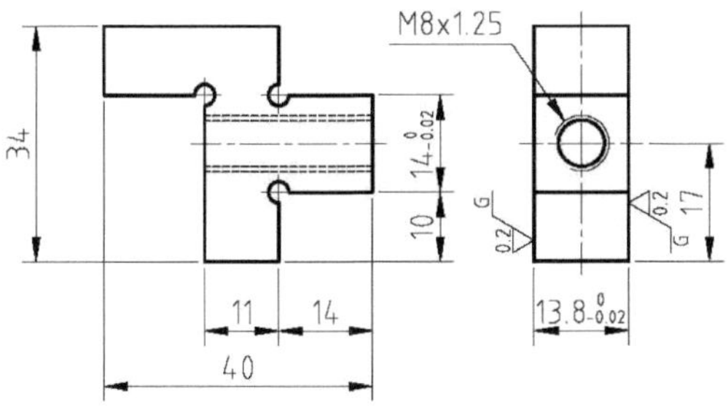

④ 6.3/ (1.6/, 0.2/) * 1.6/M.F : 밀링가공 후 줄가공가함

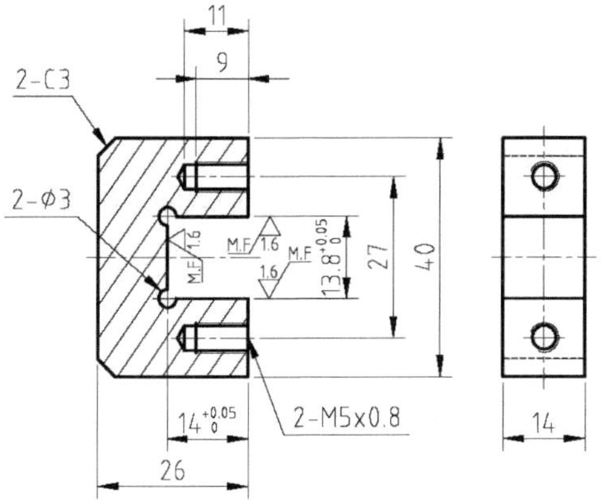

⑤ 6.3/

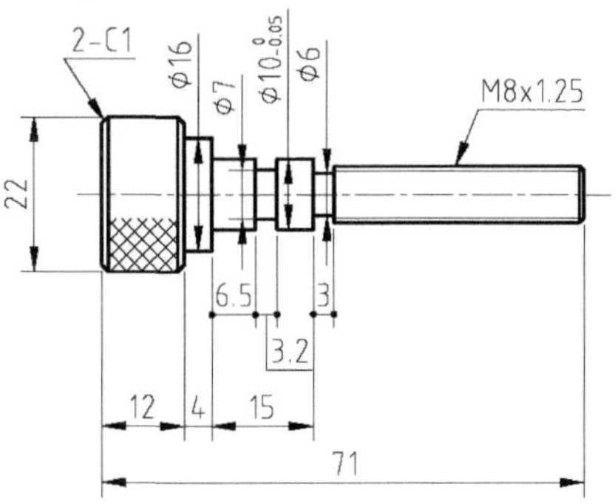

4.1.8 연습문제

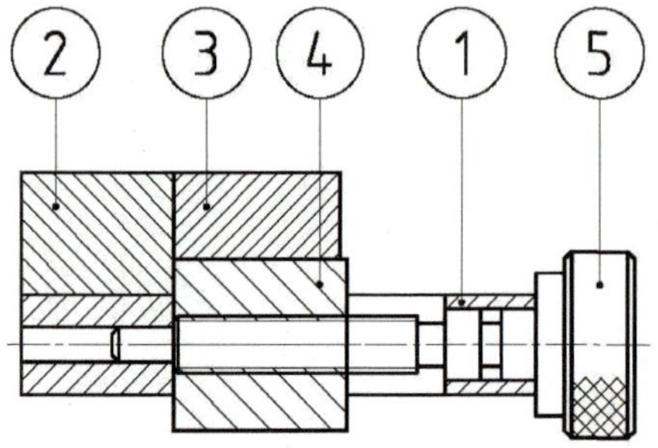
2
3
4
1
5

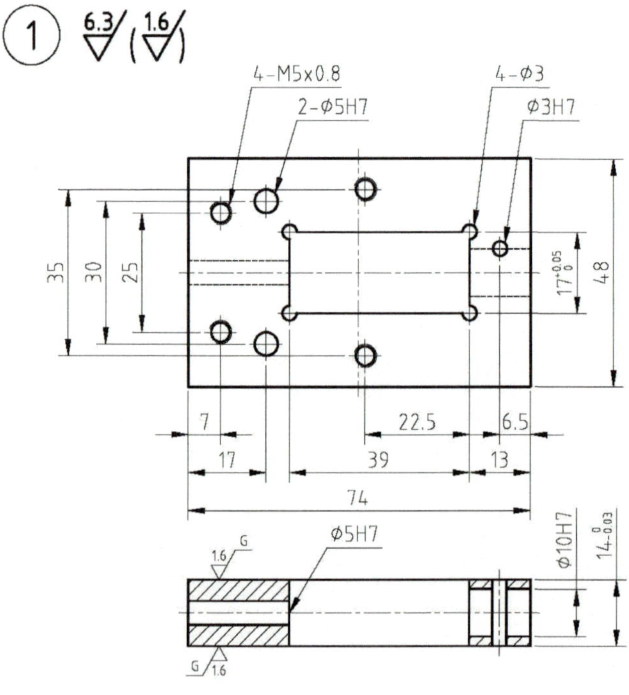
1
6.3
1.6
4-M5x0.8
2-Φ5H7
4-Φ3
Φ3H7
35
30
25
48
7
17
39
22.5
6.5
13
74
Φ5H7
Φ10H7
G
1.6

② 6.3/

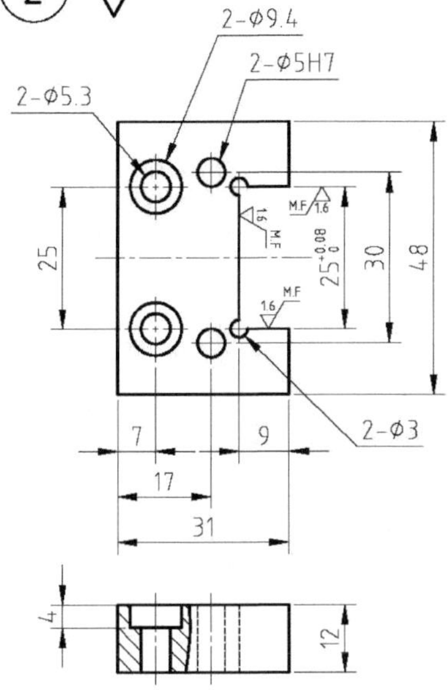

④ 6.3/(1.6/) *M.F : 밀링가공 후 줄가공가함

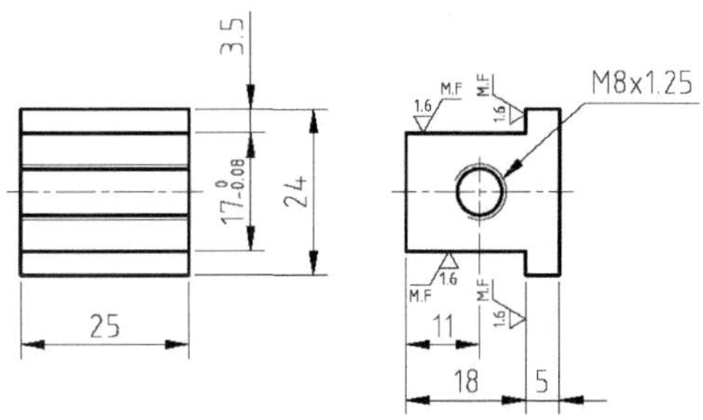

③ 6.3/(1.6/) *M.F : 밀링가공 후 줄가공가함

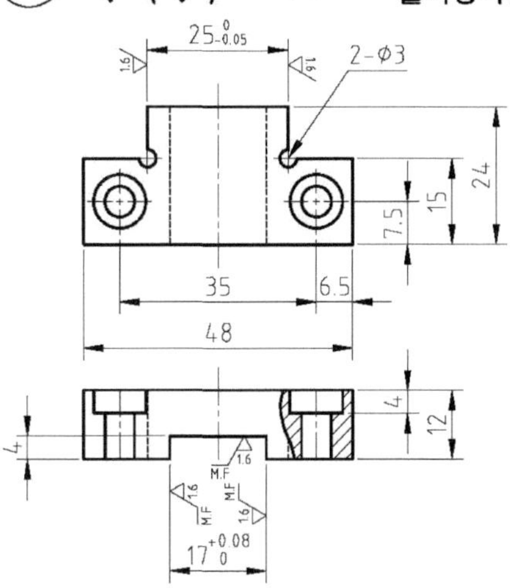

⑤ 6.3/

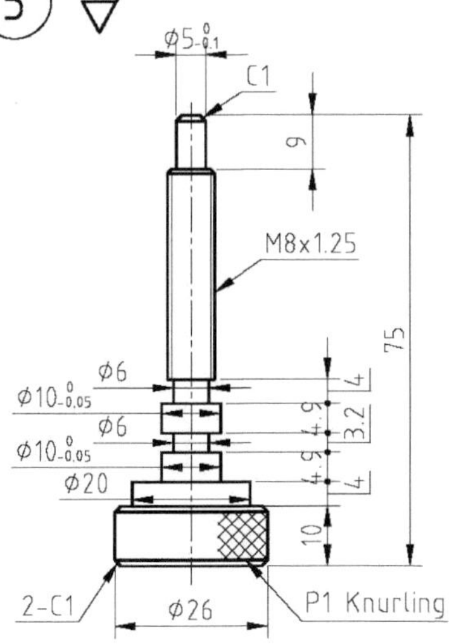

4.1.9 연습문제

▽▽▽▽, ▽▽▽, ▽▽, ▽

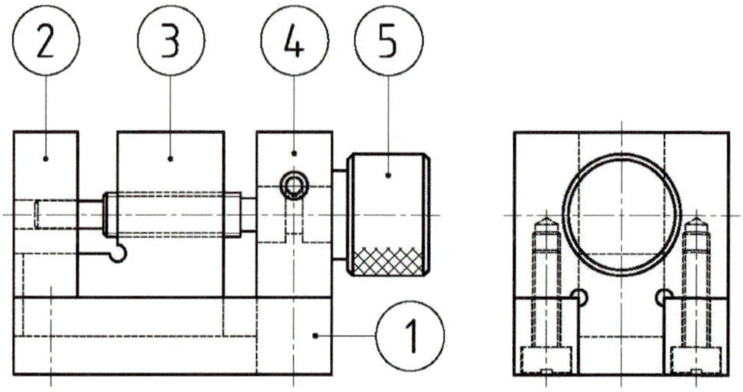
2
3
4
5
1

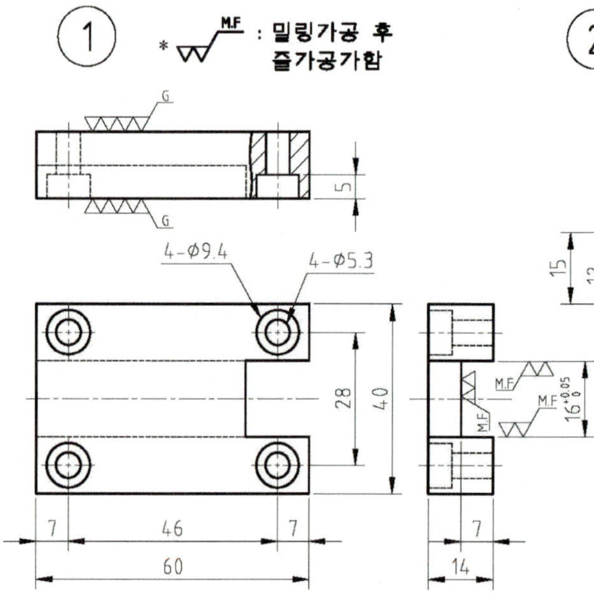
1
* M.F : 밀링가공 후 줄가공가함
G
G
5
4-Φ9.4
4-Φ5.3
28
40
7
46
7
60
7
14
M.F
M.F
16+0.05 0

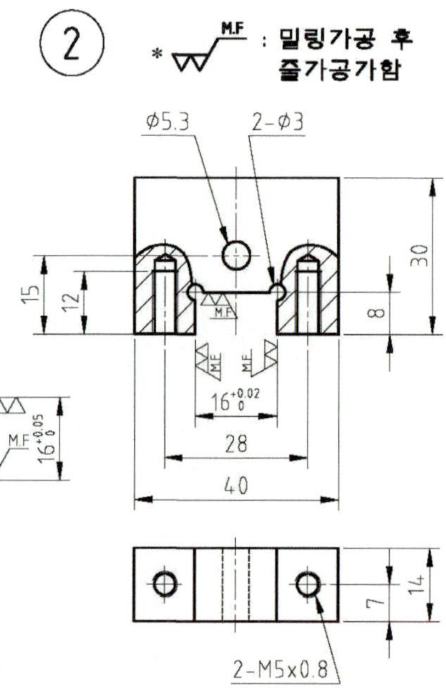
2
* M.F : 밀링가공 후 줄가공가함
Φ5.3
2-Φ3
15
12
30
8
M.F
16+0.02 0
28
40
7
14
2-M5x0.8

▽▽▽▽ , ▽▽▽ , ▽▽ , ▽

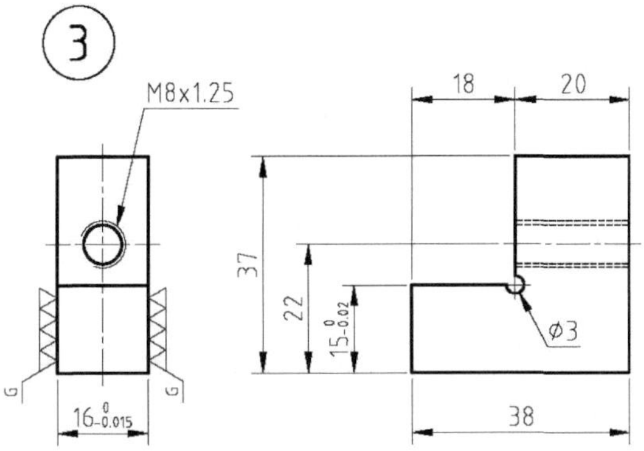
3
M8x1.25
18
20
37
22
15-0.02
φ3
G
G
16-0.015
38

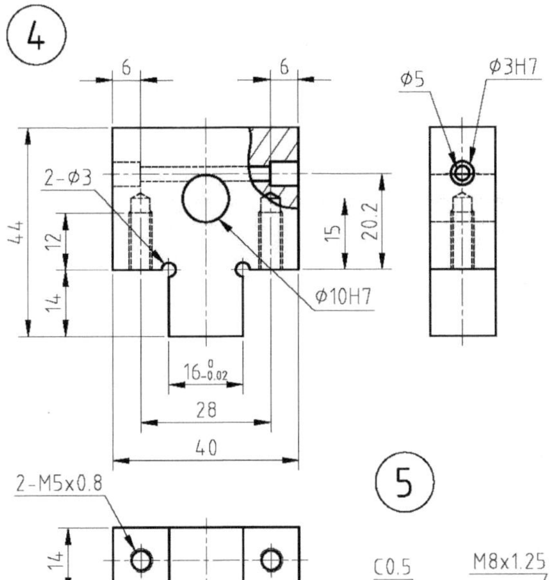
4
6
6
φ5
φ3H7
2-φ3
44
12
14
15
20.2
φ10H7
16-0.02
28
40
2-M5x0.8
14

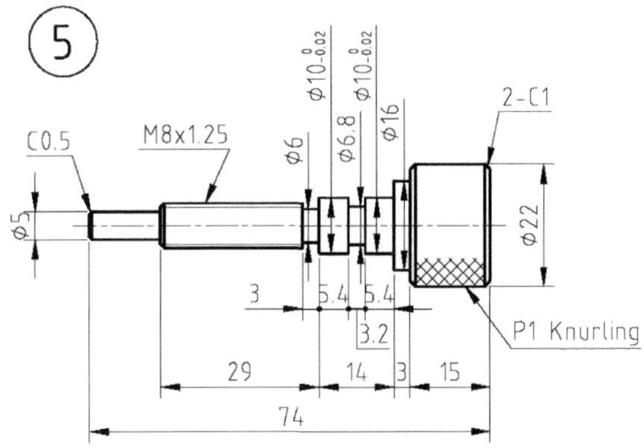
5
φ10-0.02
φ10-0.02
φ16
2-C1
C0.5
M8x1.25
φ6
φ6.8
φ5
φ22
3
5.4
5.4
3.2
P1 Knurling
29
14
3
15
74

4.1.10 연습문제

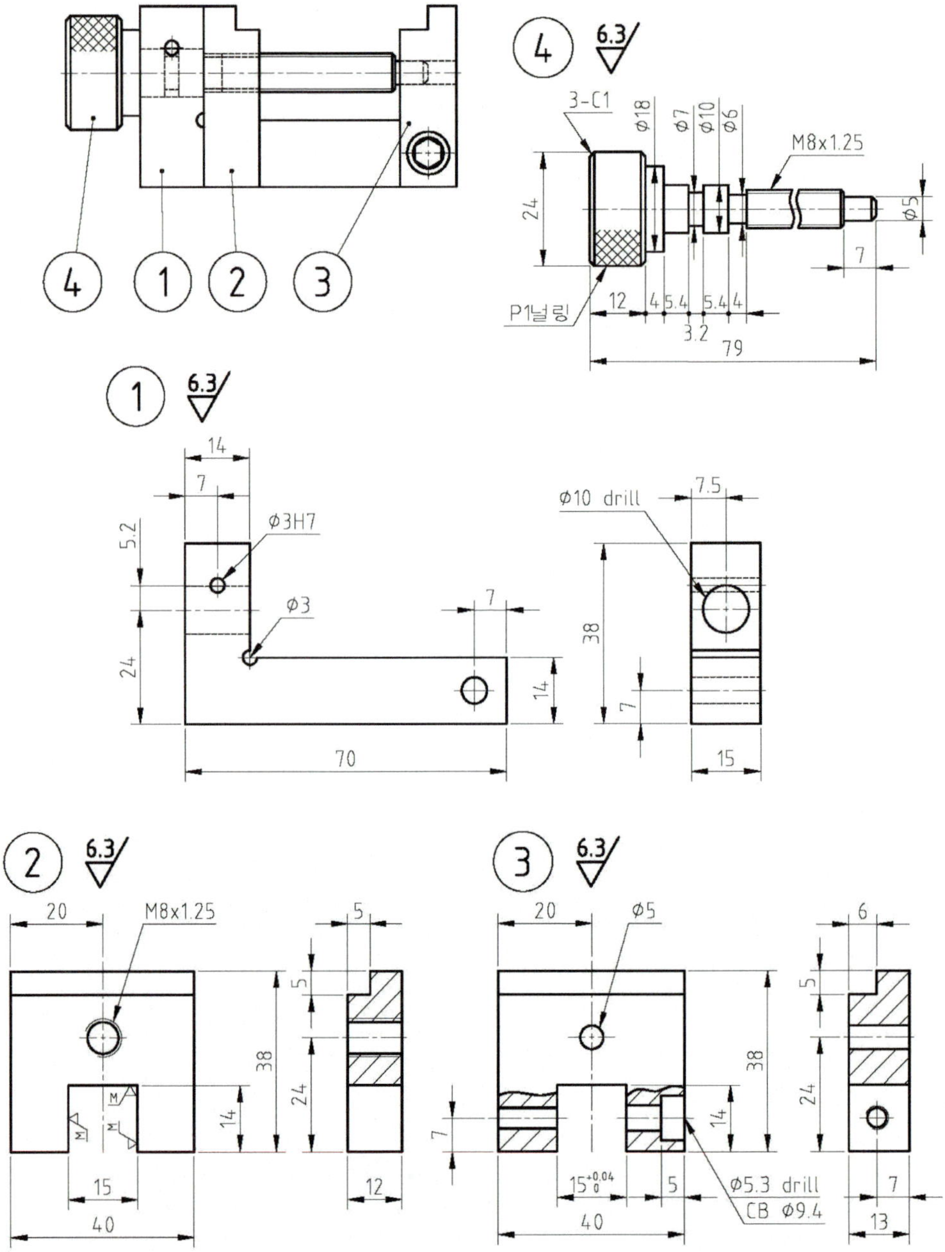
3-C1
Ø18
Ø7
Ø10
Ø6
M8x1.25
24
Ø5
7
P1널링
12
4
5.4
5.4
4
3.2
79
6.3
14
7
Ø3H7
5.2
Ø3
24
7
14
70
Ø10 drill
7.5
38
7
15
20
M8x1.25
5
5
38
24
14
15
40
12
20
Ø5
6
5
38
24
14
7
15+0.04 0
5
Ø5.3 drill
CB Ø9.4
40
7
13

4.1.11 연습문제

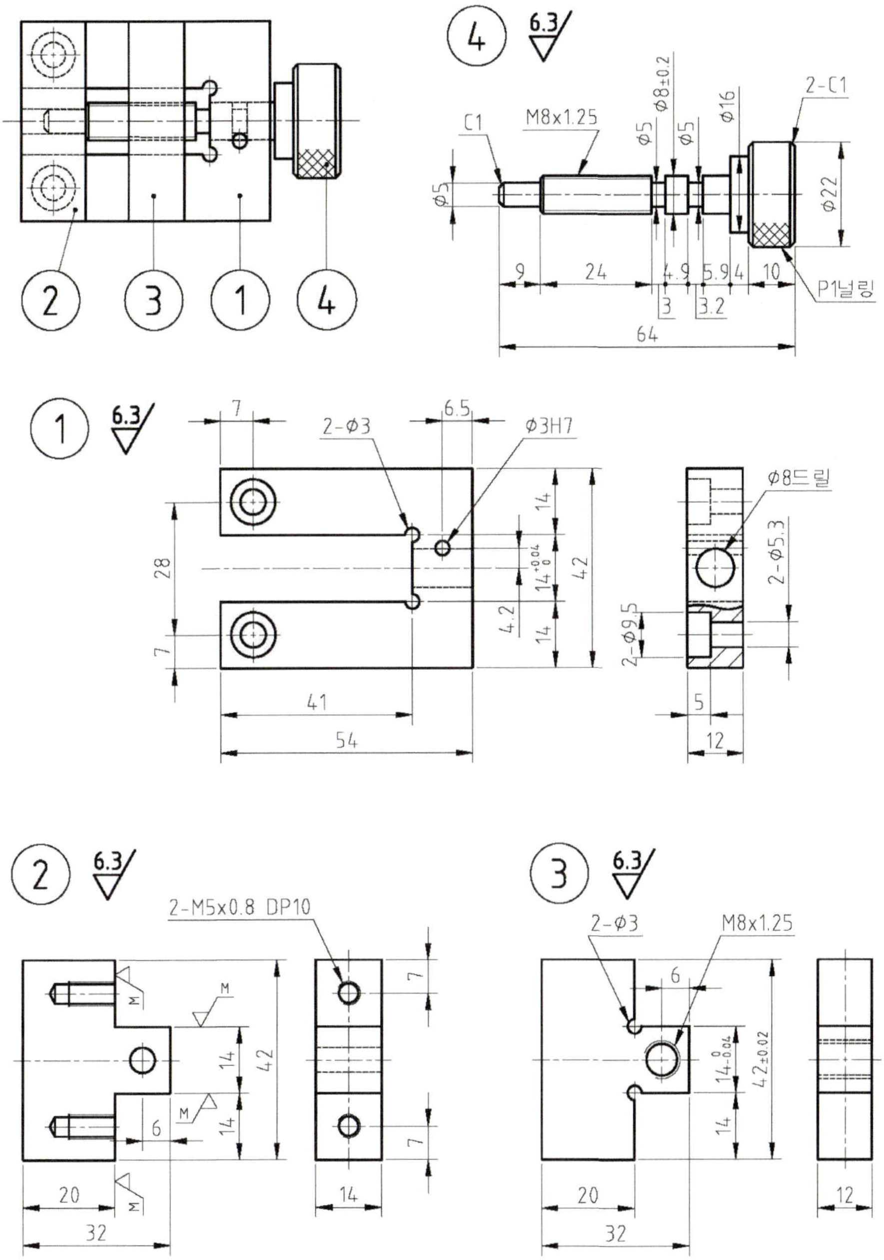

6.3
C1
M8x1.25
Φ5
Φ8±0.2
Φ16
2-C1
Φ22
P1널링
9
24
4.9
5.9
4
10
3
3.2
64
2-Φ3
Φ3H7
Φ8드릴
2-Φ5.3
2-Φ9.5
41
54
2-M5x0.8 DP10
M
42±0.02

4.2 AutoCAD 기계설계산업기사 실기

4.2.1 3지형레버에어척

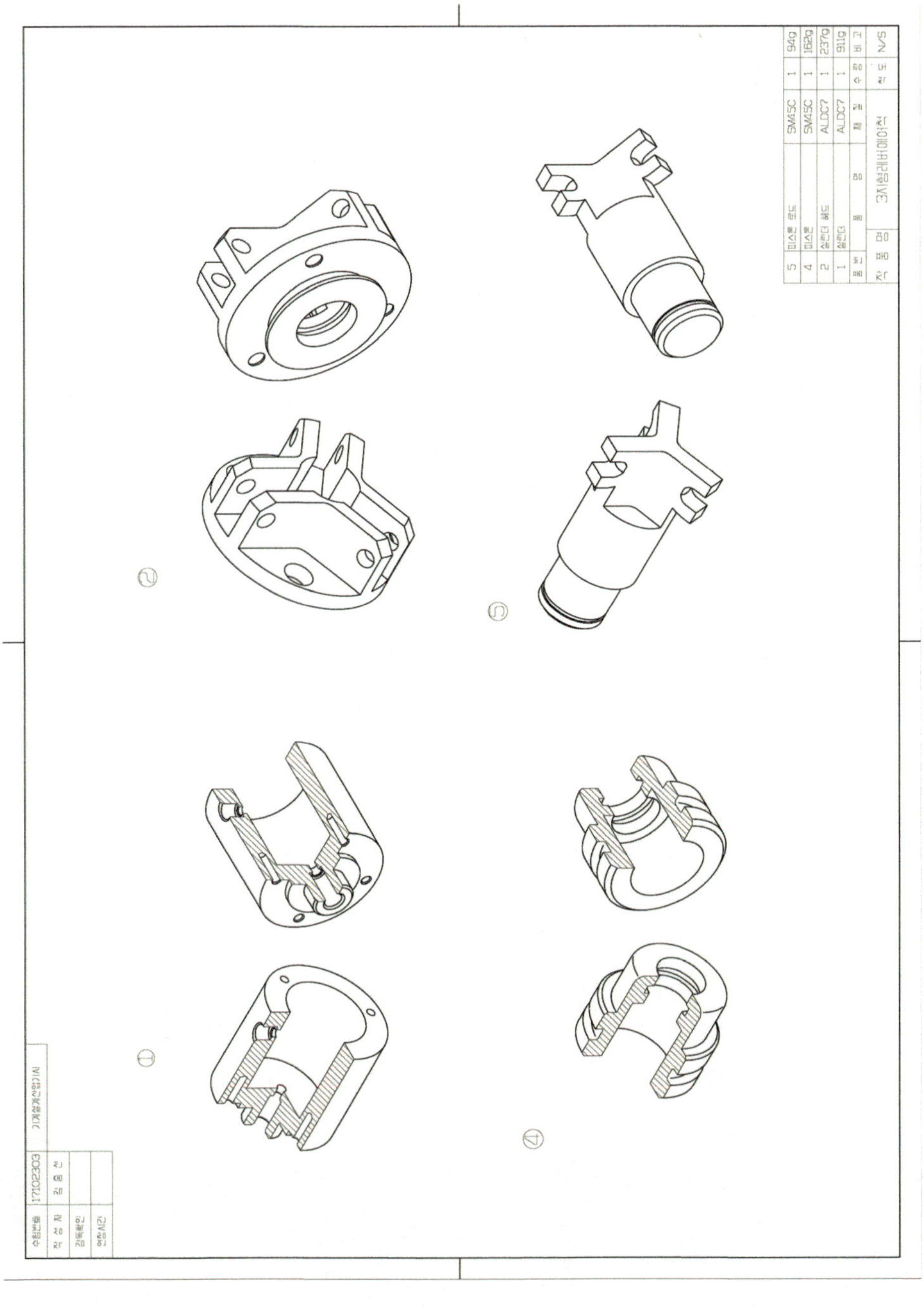

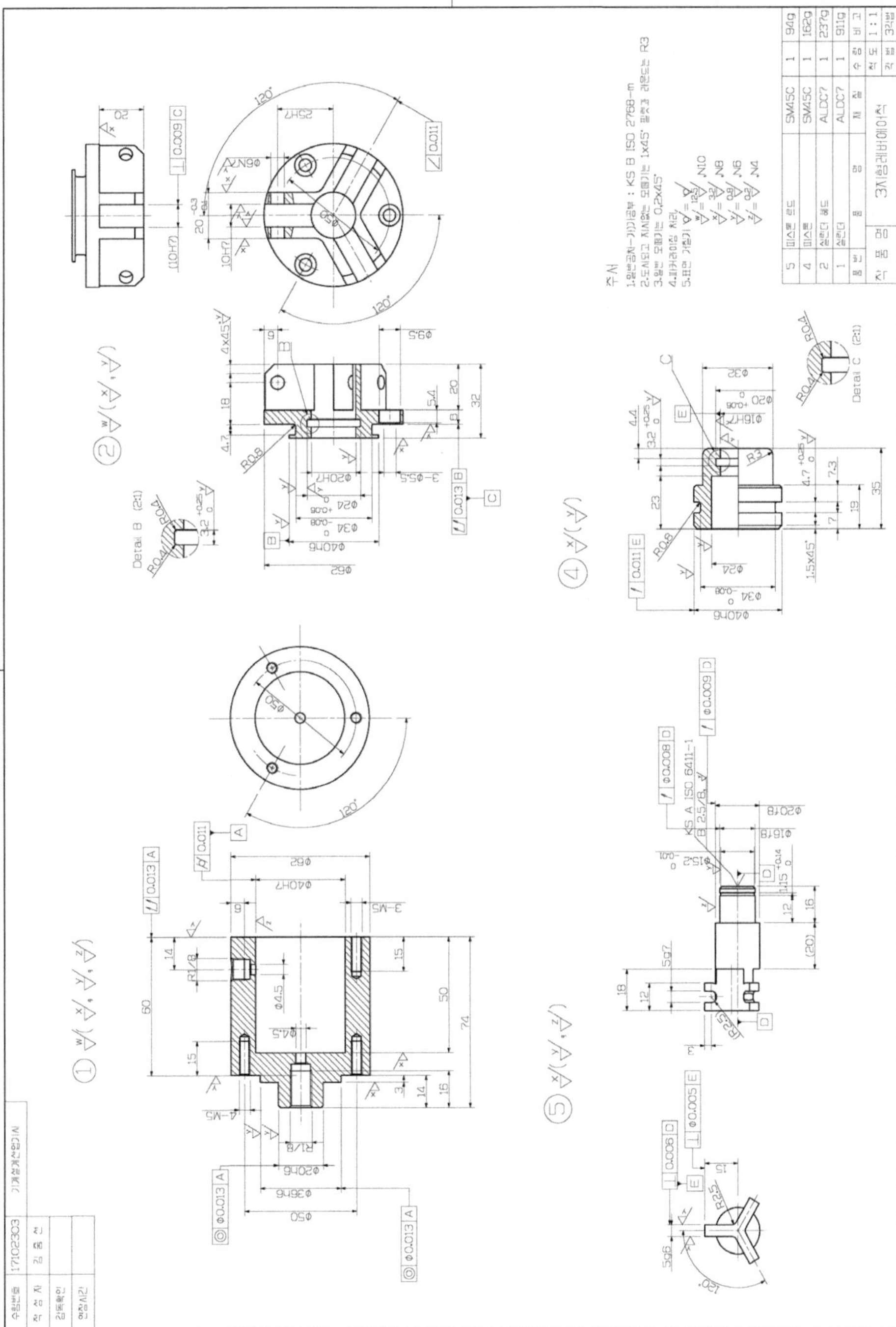

4.2.2 V벨트 전동장치

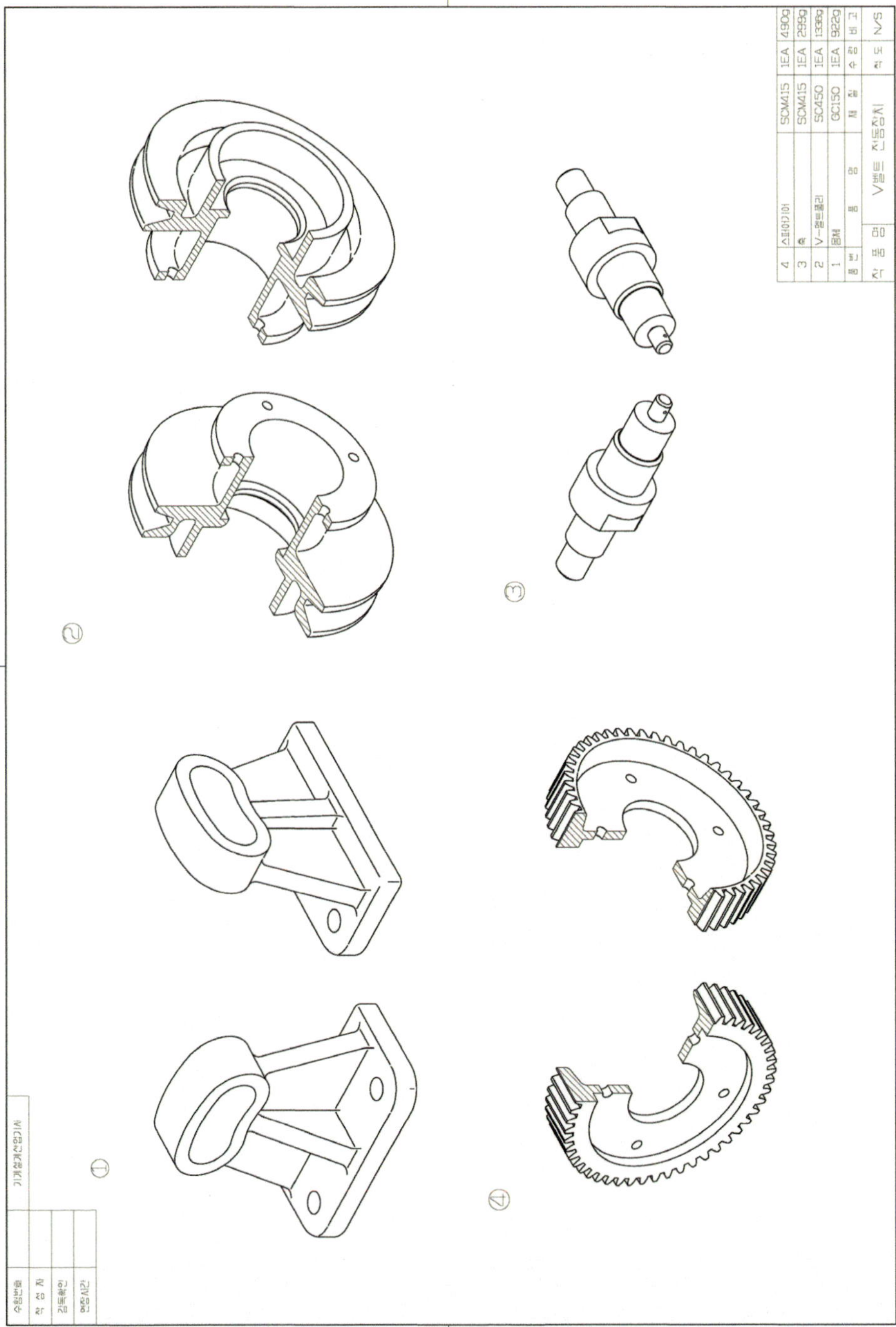
4 스퍼기어 SCM415 1EA 490g
3 축 SCM415 1EA 299g
2 V-벨트풀리 SC450 1EA 1336g
1 몸체 GC150 1EA 922g
품번 품명 재질 수량 비고
작품명 V벨트 전동장치 척도 N/S
①
②
③
④
수험번호
작성자
감독확인
기계설계산업기사

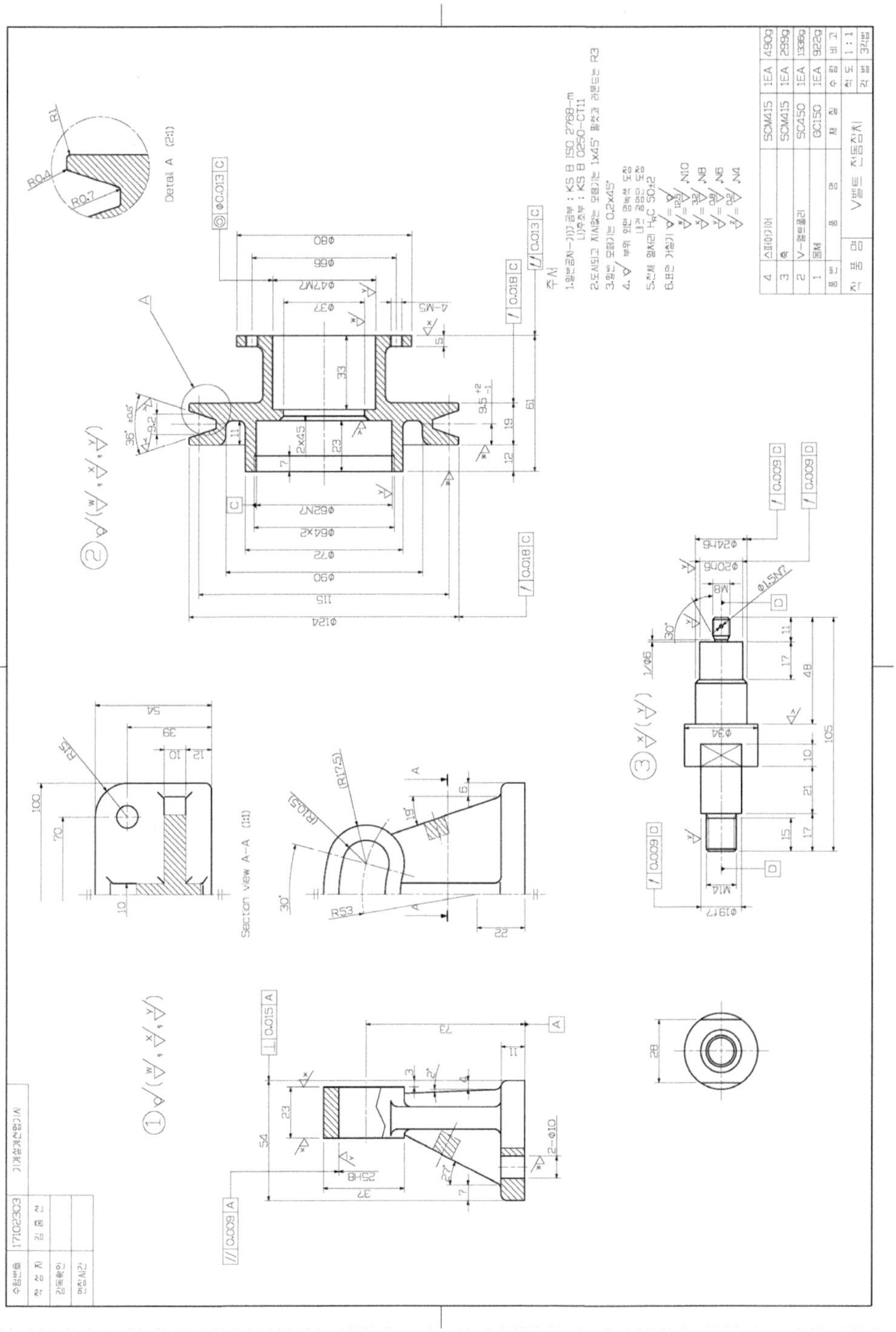

4.2.3 동력전달장치1

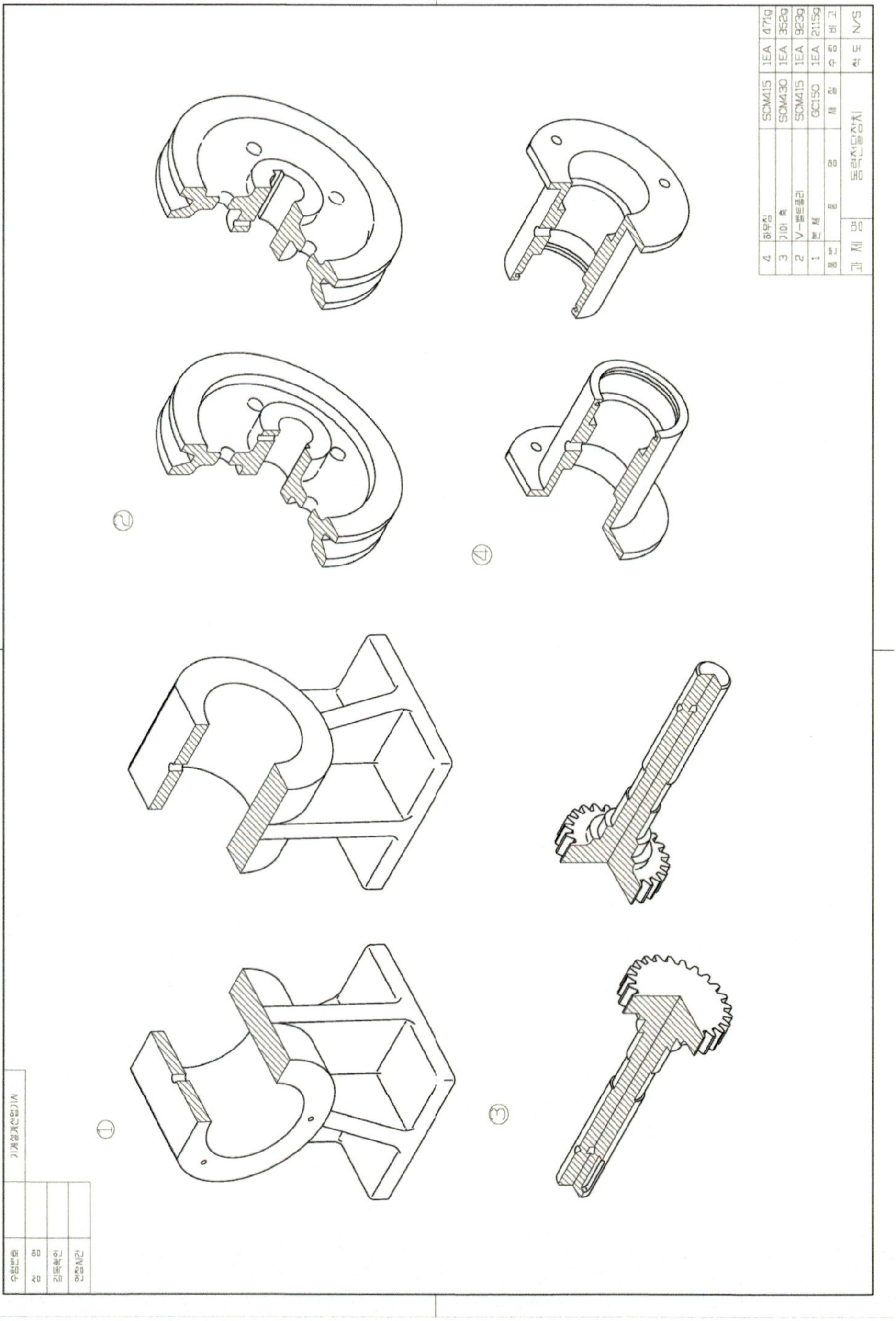
4 하우징 SCM415 1EA 471g
3 기어 축 SCM430 1EA 352g
2 V-벨트풀리 SCM415 1EA 923g
1 본 체 GC150 1EA 2115g
품 번 품 명 재 질 수 량 비 고
과 제 명 동력전달장치 척 도 N/S
①
②
③
④

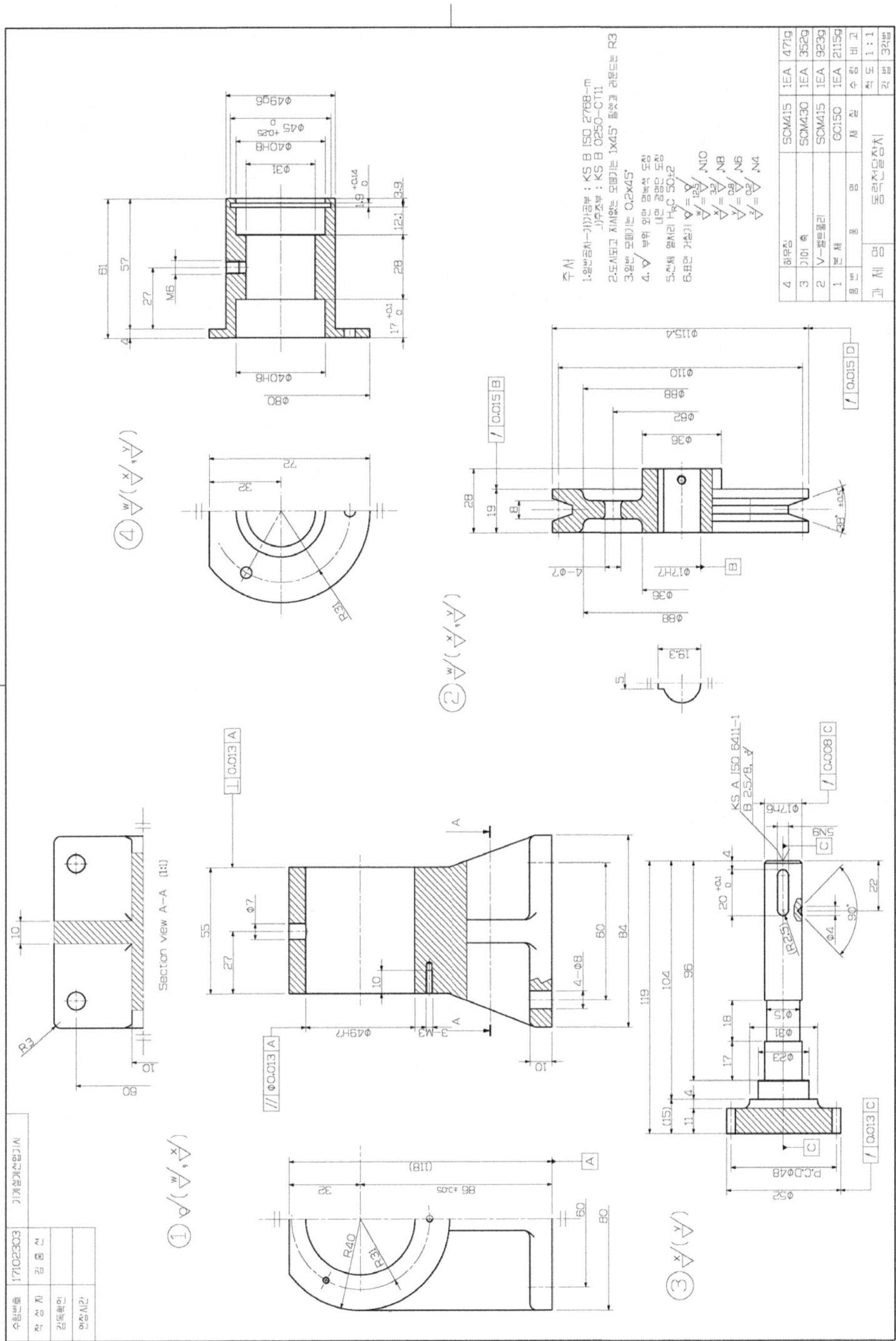

4.2.4 동력전달장치2

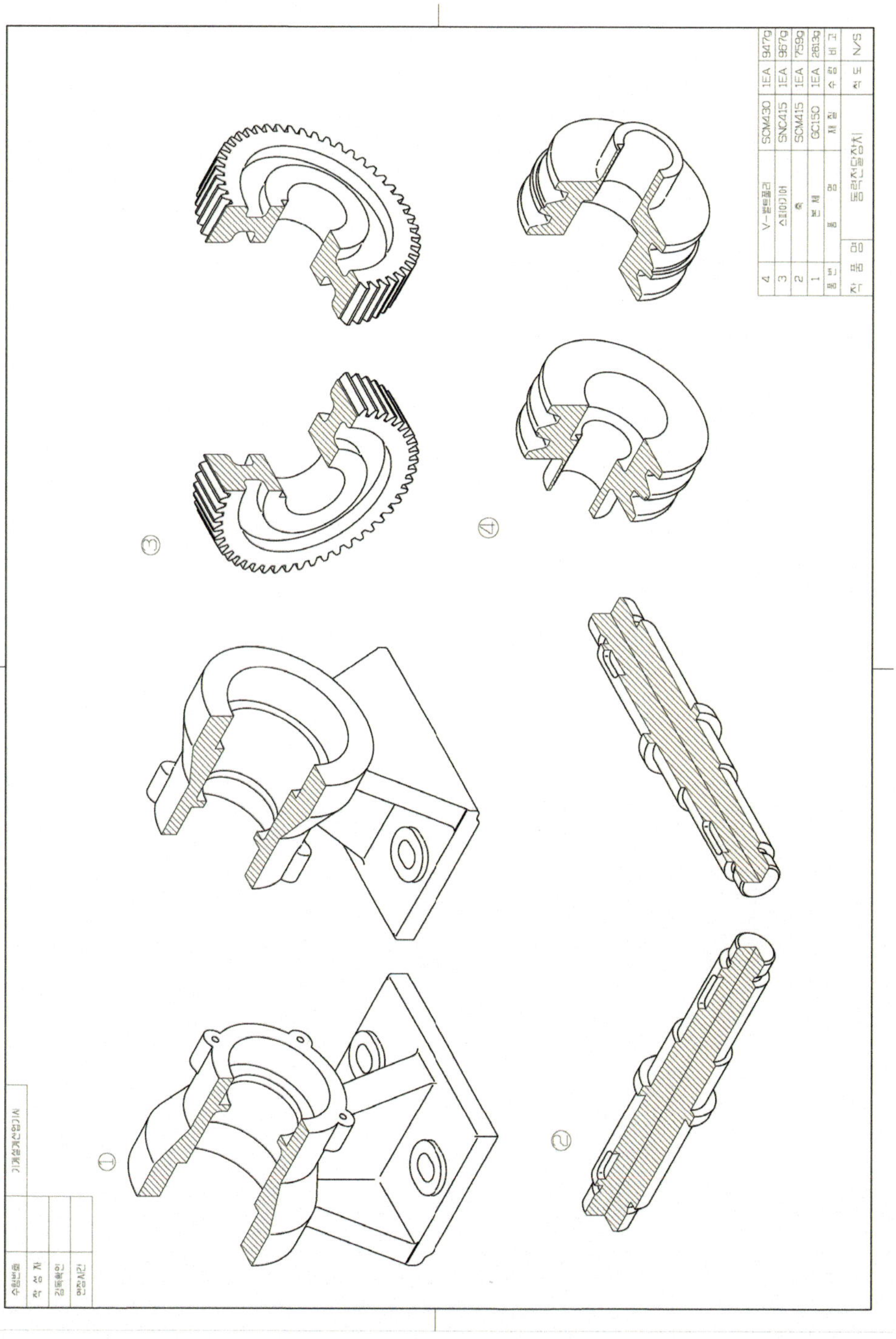
4 V-벨트풀리 SCM430 1EA 947g
3 스퍼기어 SNC415 1EA 967g
2 축 SCM415 1EA 759g
1 본체 GC150 1EA 2613g
품번 품명 재질 수량 비고
작품명 동력전달장치 척도 N/S
수험번호
작성자
감독확인
기계설계산업기사
①
②
③
④

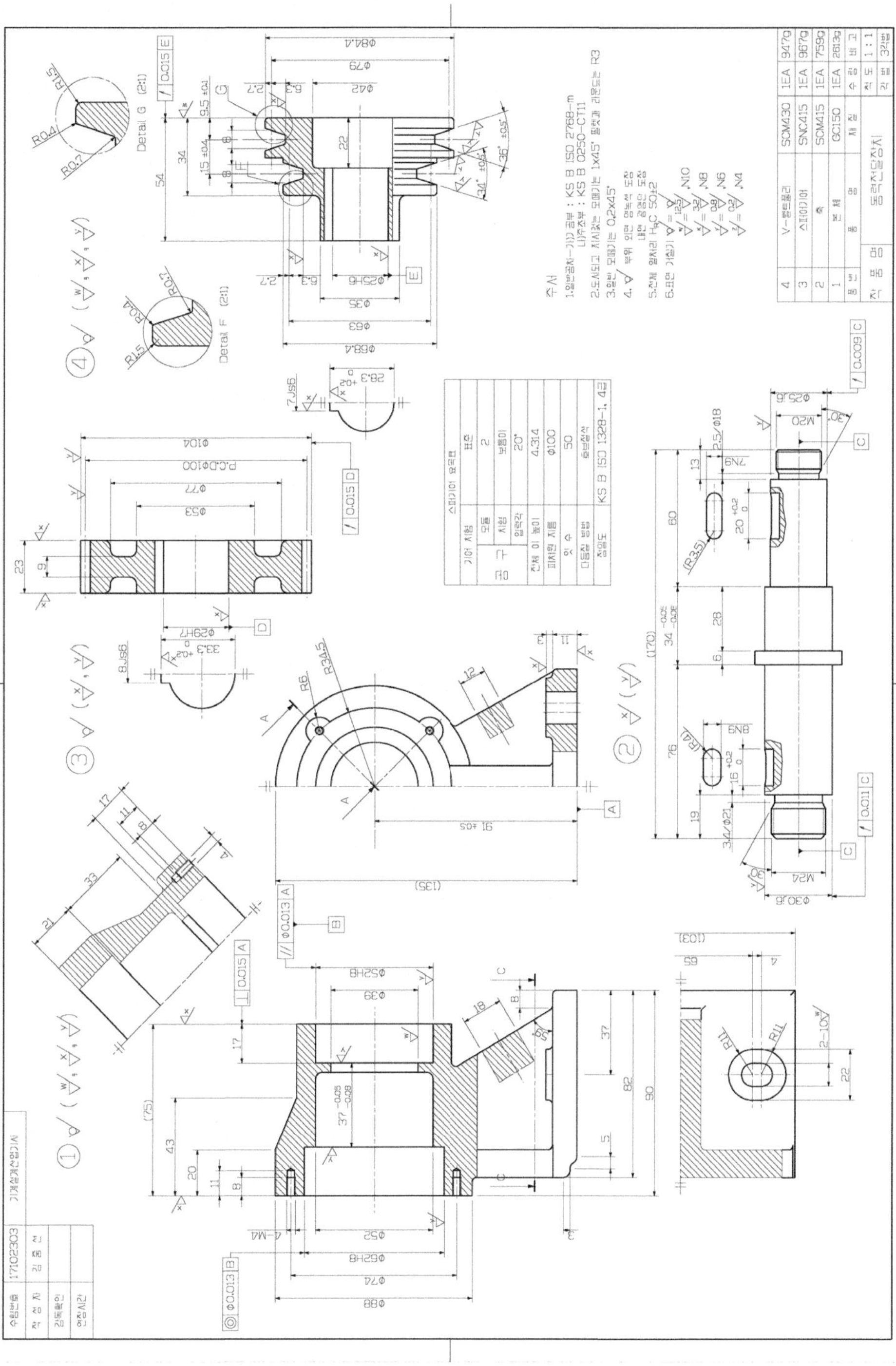

4.2.5 드릴지그1

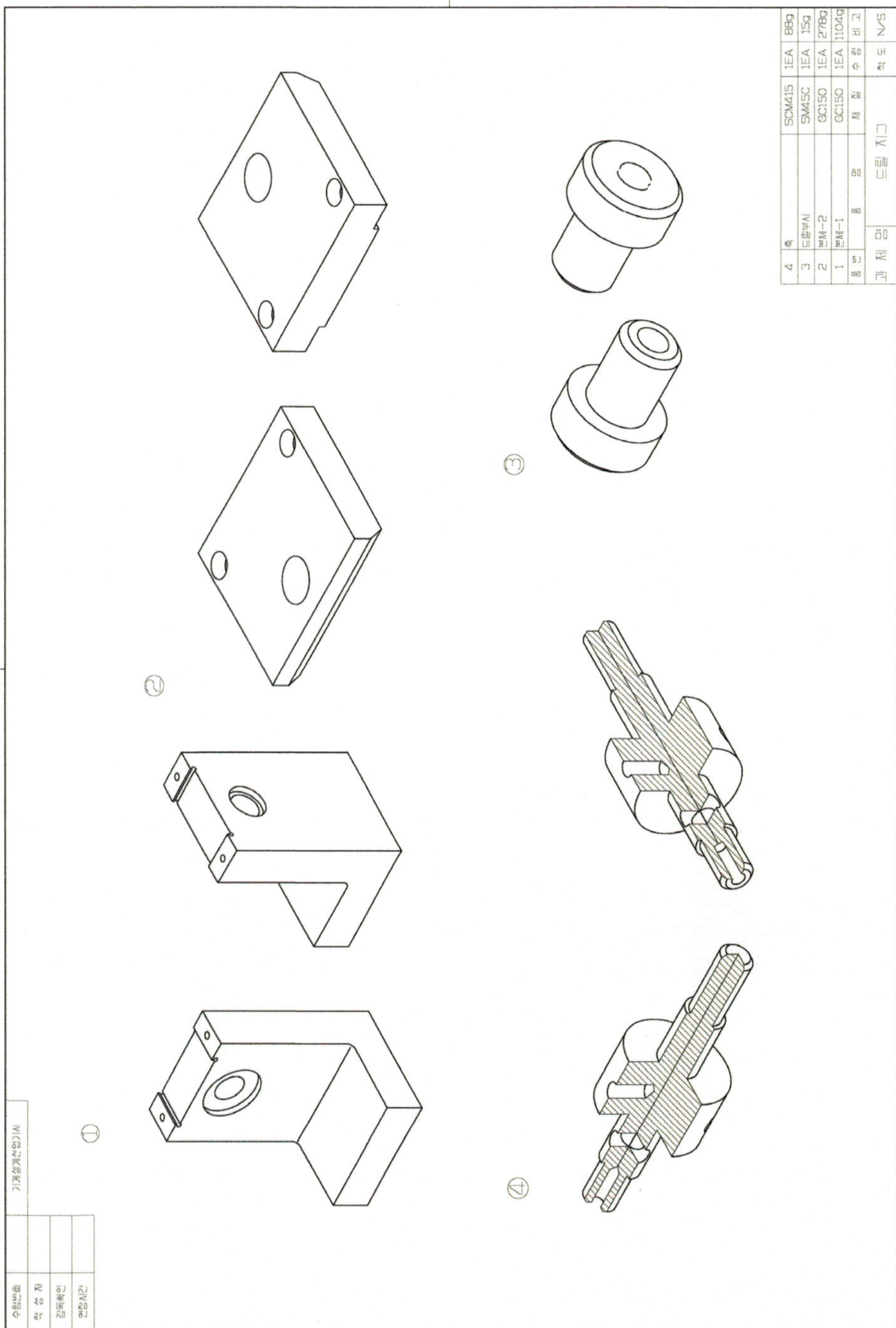

4 축 SCM415 1EA 88g
3 드릴부시 SM45C 1EA 15g
2 본체-2 GC150 1EA 278g
1 본체-1 GC150 1EA 1104g
품번 품명 재질 수량 비고
과제명 드릴 지그 척도 N/S
①
②
③
④
기계설계산업기사
수험번호
작성자
감독확인
연장시간

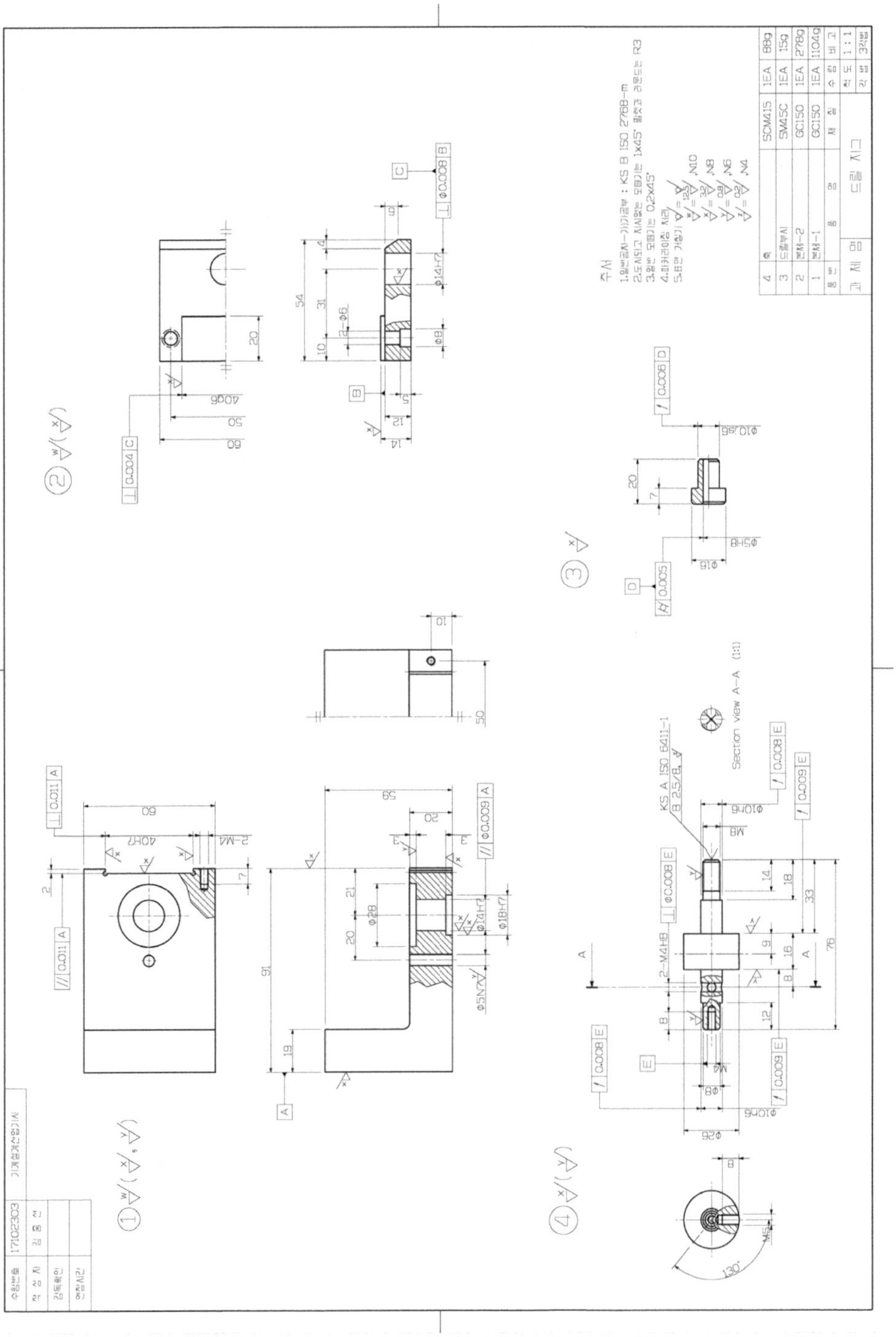

4.2.6 드릴지그2

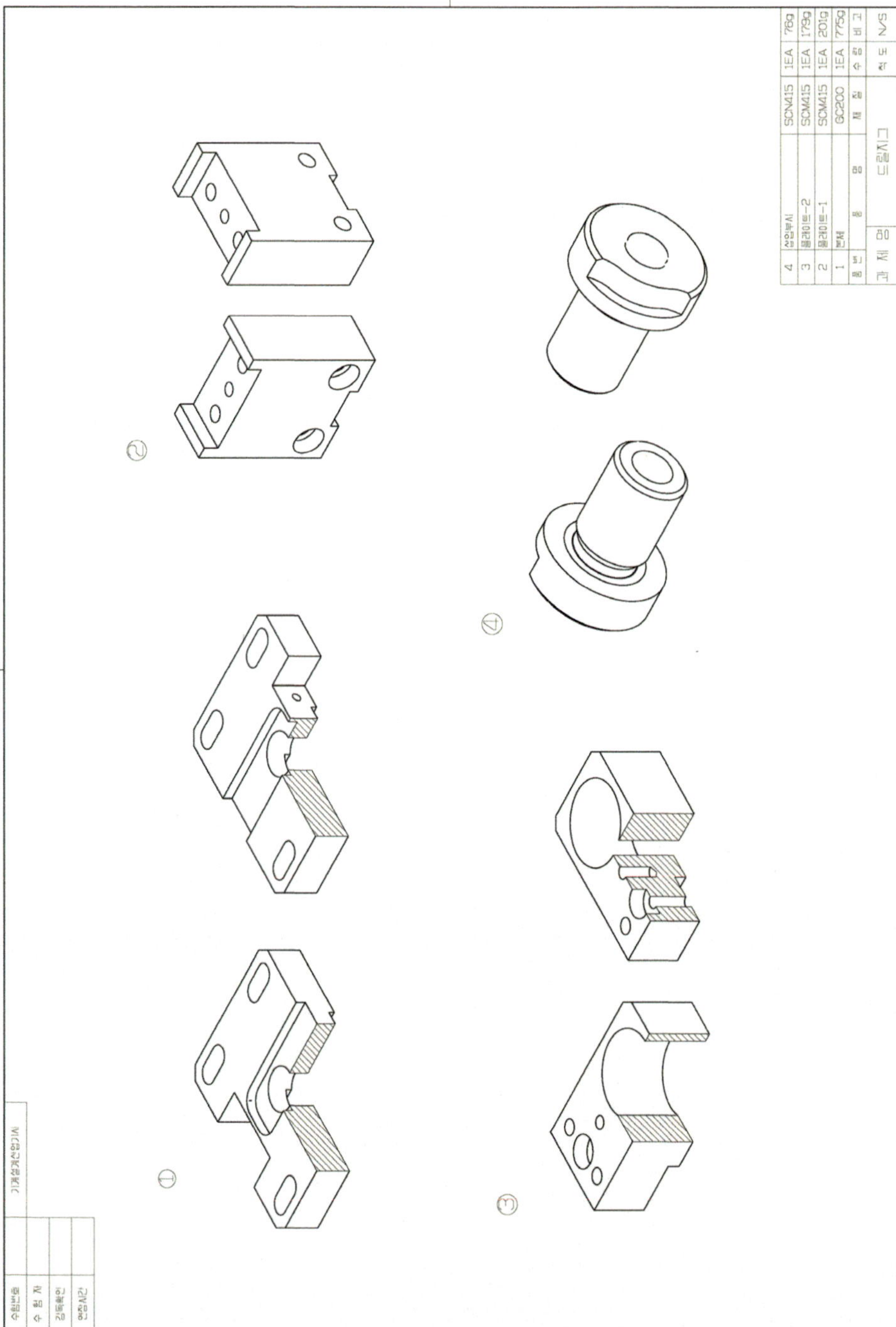
①
②
③
④
4 삽입부시 SCN415 1EA 76g
3 플레이트-2 SCM415 1EA 179g
2 플레이트-1 SCM415 1EA 201g
1 본체 GC200 1EA 775g
품번 품명 재질 수량 비고
과제명 드릴지그 척도 N/S
수험번호
수험자
감독확인
연장시간
기계설계산업기사

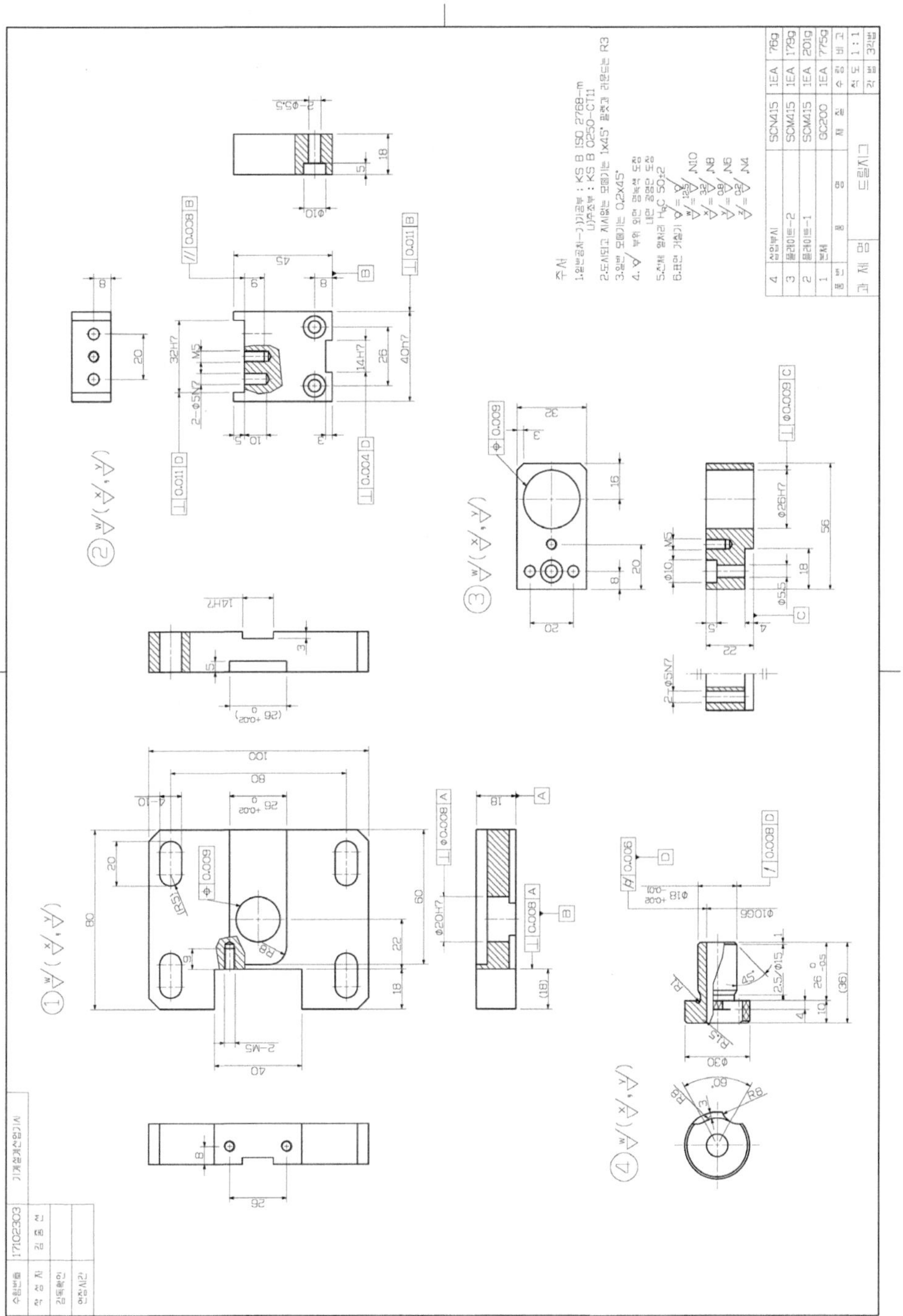

4.2.7 밀링잭크

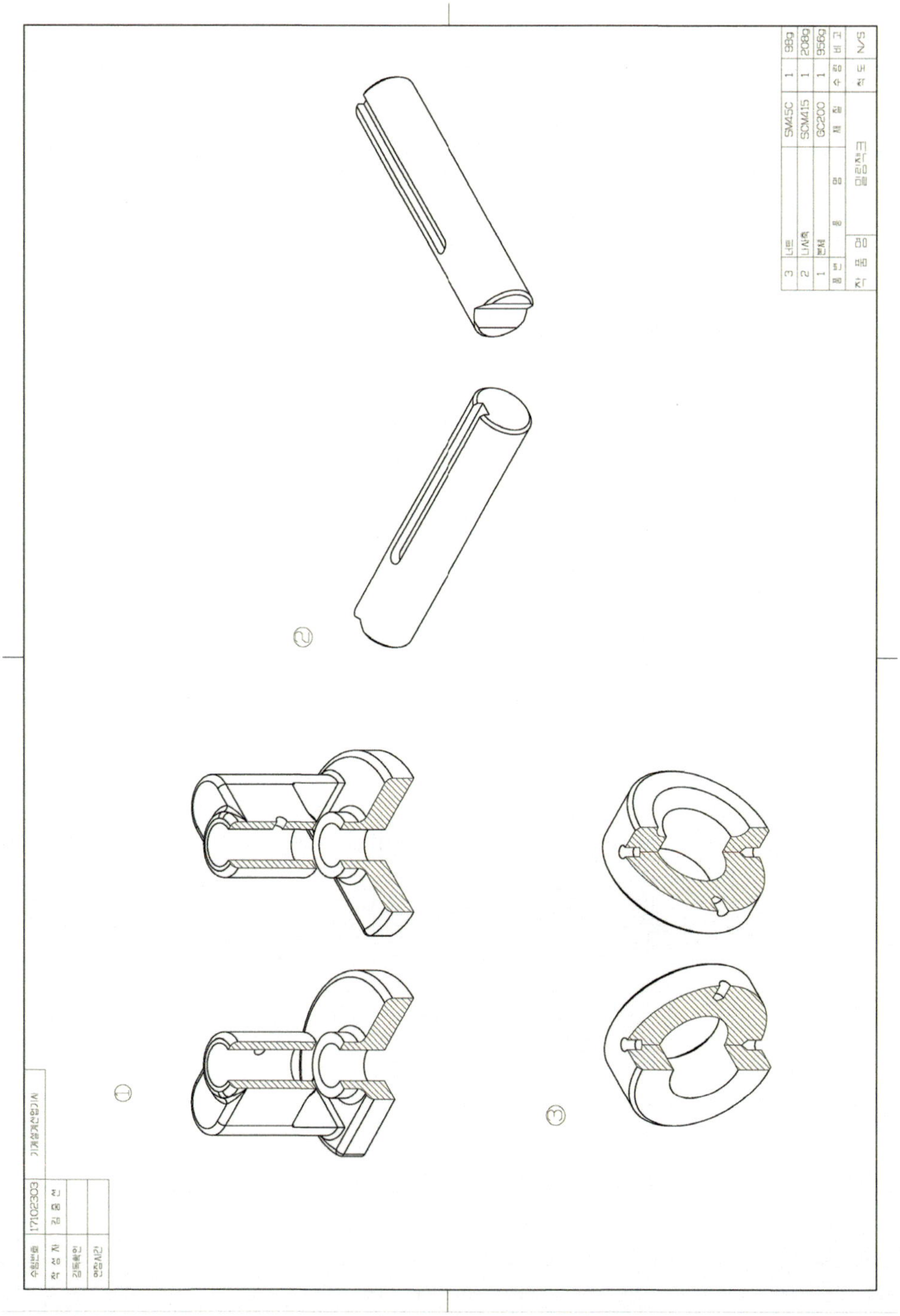
수험번호
171023303
작성자
감독확인
연장시간
기계설계산업기사
①
②
③
3 너트 SM45C 1 98g
2 나사축 SCM415 1 208g
1 본체 GC200 1 956g
품번 품명 재질 수량 비고
작품명 밀링잭크 척도 N/S

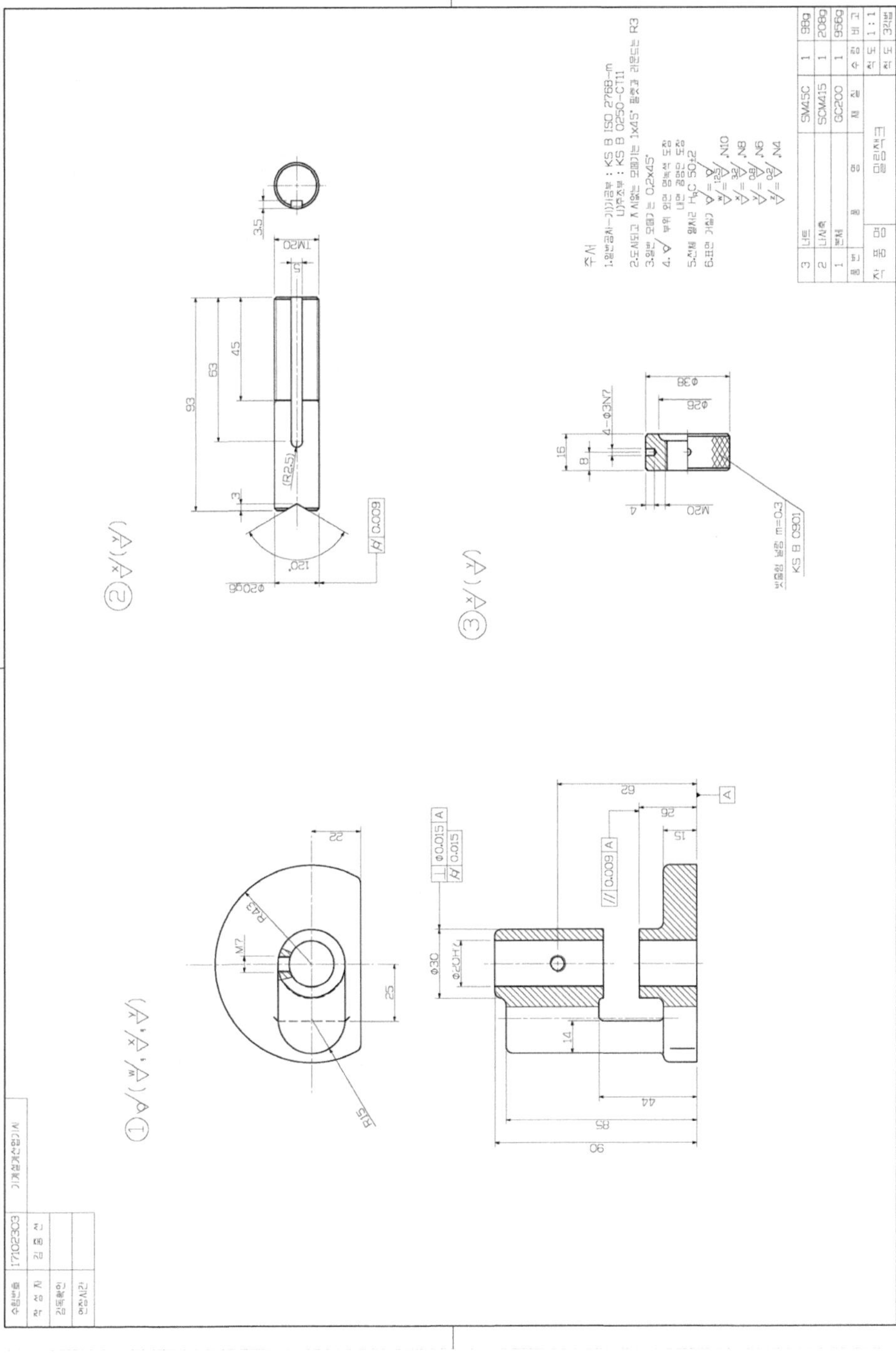
주 서
1.일반공차-가)가공부 : KS B ISO 2768-m
나)주조부 : KS B 0250-CT11
2.도시되고 지시없는 모떼기는 1x45° 필렛과 라운드는 R3
3.일반 모떼기는 0.2x45°
5.전체 열처리 HRC 50±2
3 너트 SM45C 1 98g
2 나사축 SCM415 1 208g
1 본체 GC200 1 958g
드릴지그
척도 1:1
3각법
빗줄형 널링 m=0.3 KS B 0901
17102303
기계설계산업기사

4.2.8 분할장치

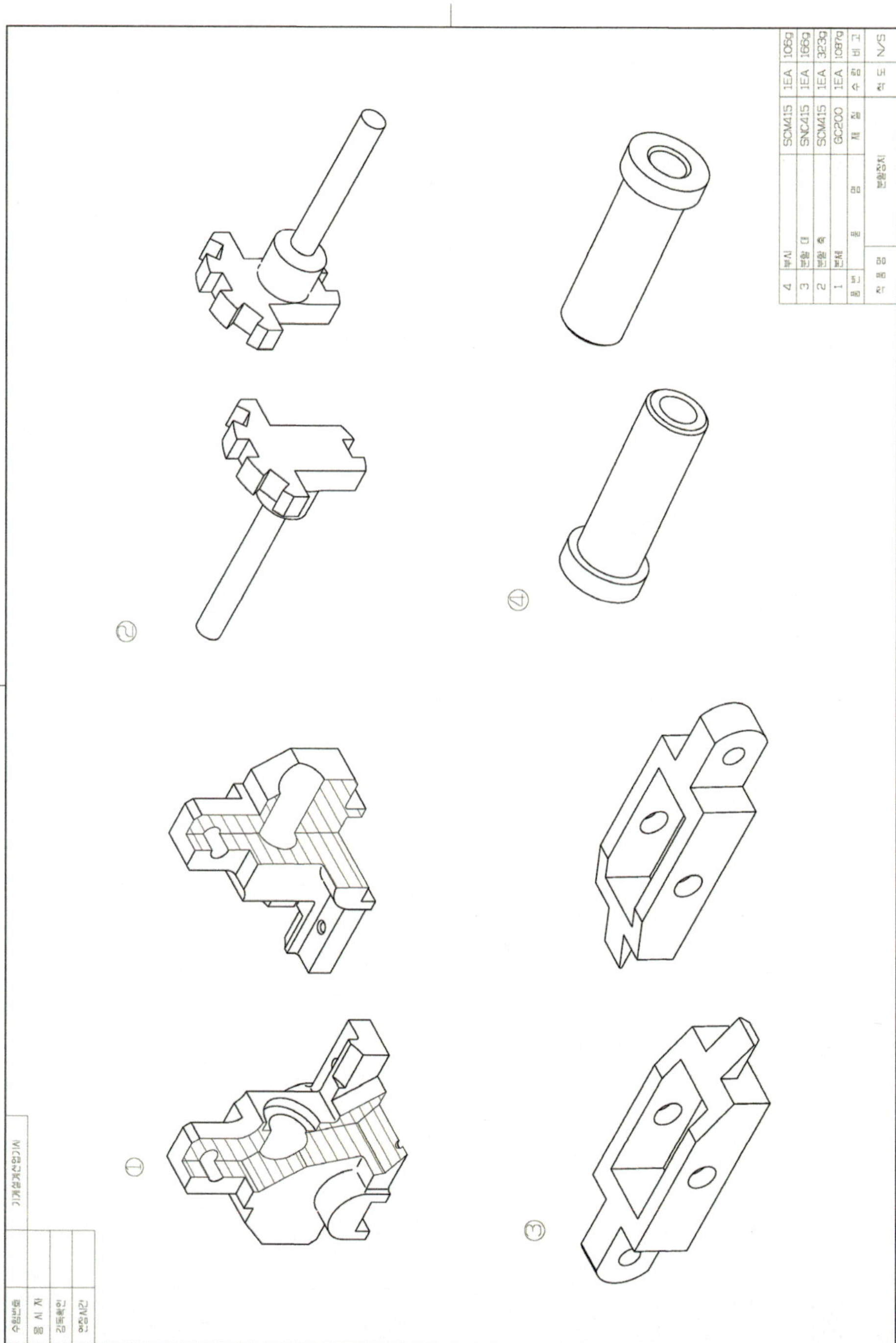
4 부시 SCM415 1EA 106g
3 분할 대 SNC415 1EA 166g
2 분할 축 SCM415 1EA 323g
1 본체 GC200 1EA 1087g
품번 품명 재질 수량 비고
작품명 분할장치 척도 N/S
①
②
③
④

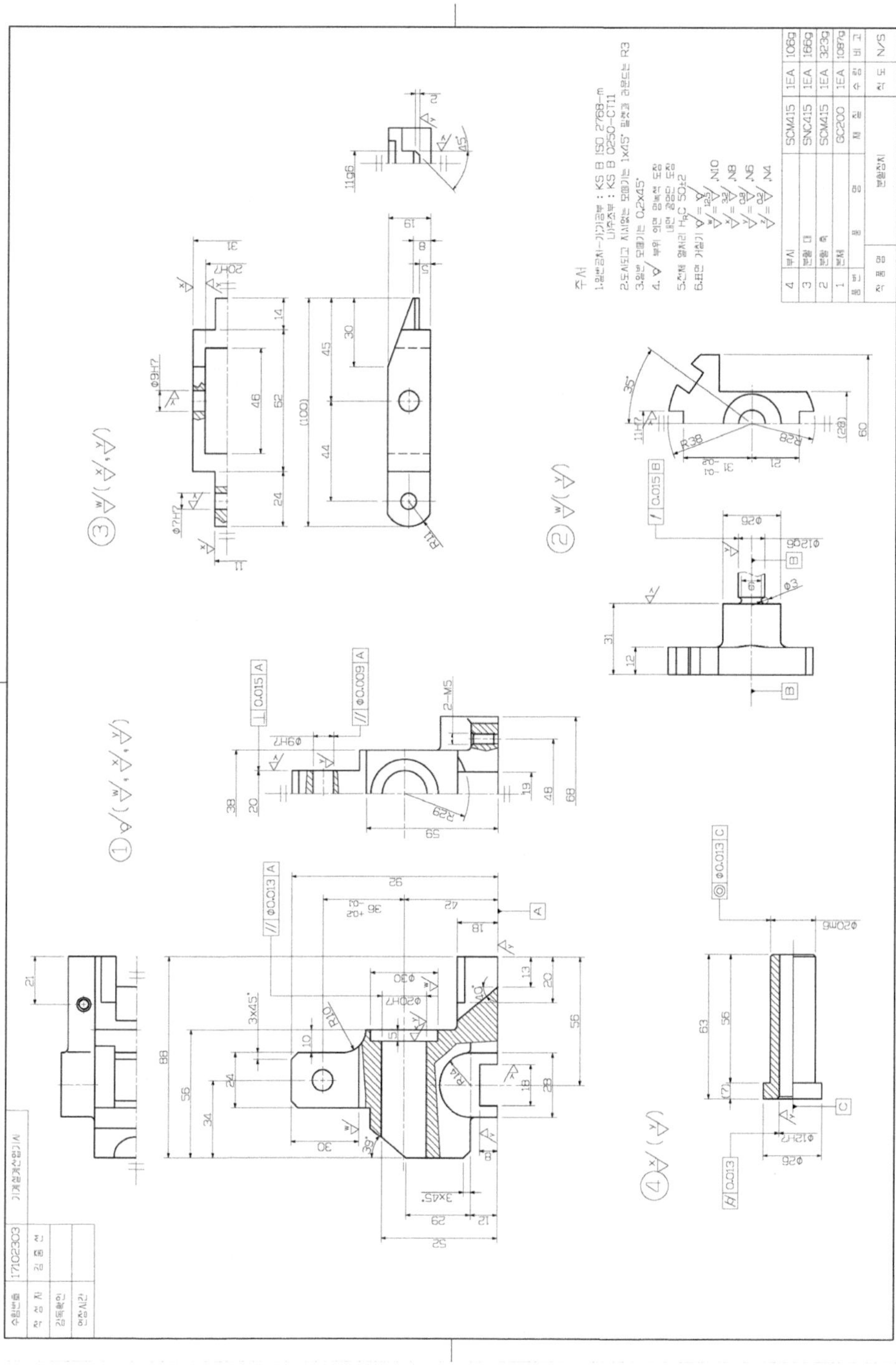

4.2.9 심압대

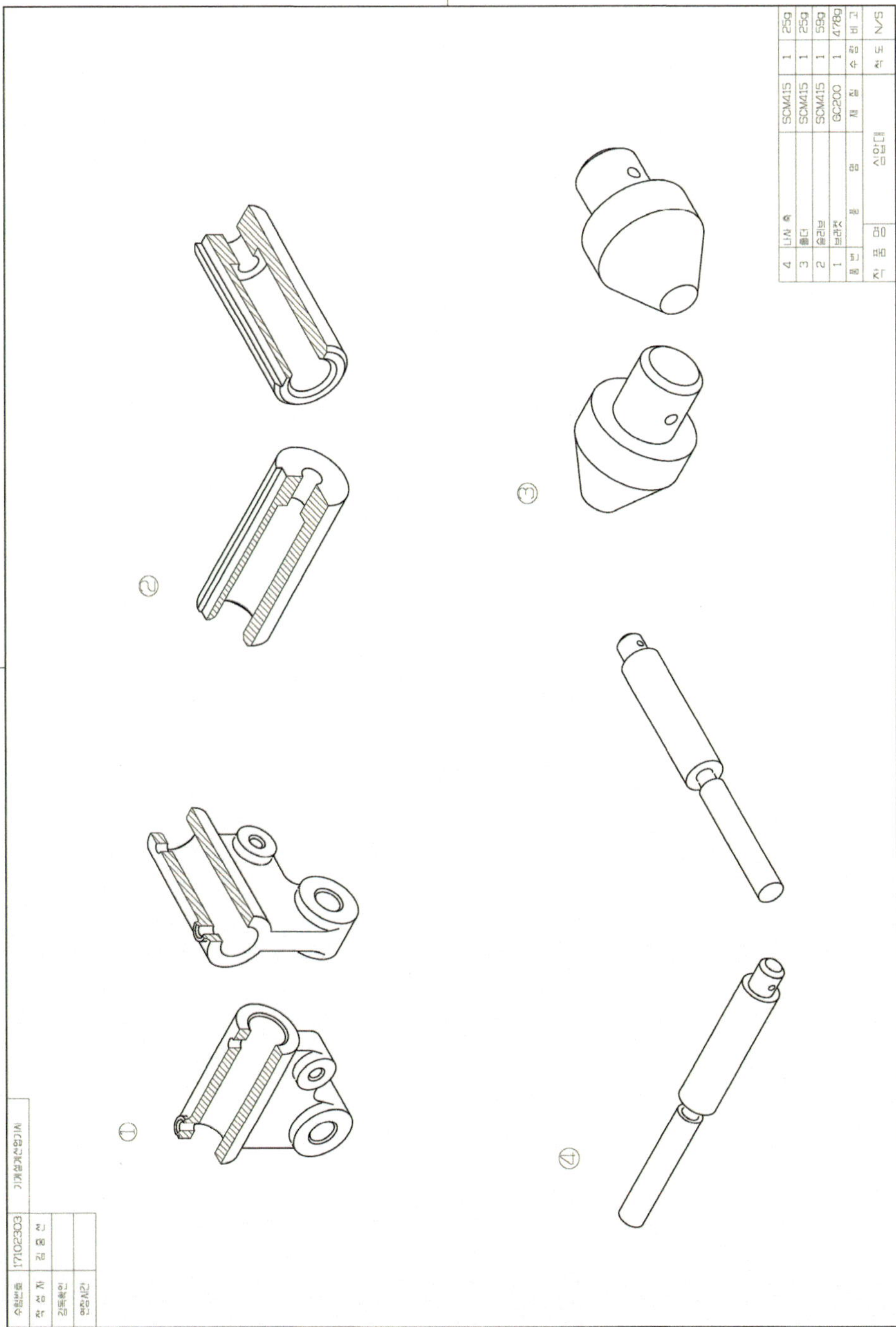
4
3
2
1
SCM415
SCM415
SCM415
GC200
1
1
1
1
25g
25g
59g
478g
N/S
심압대
①
②
③
④
17102303
기계설계산업기사

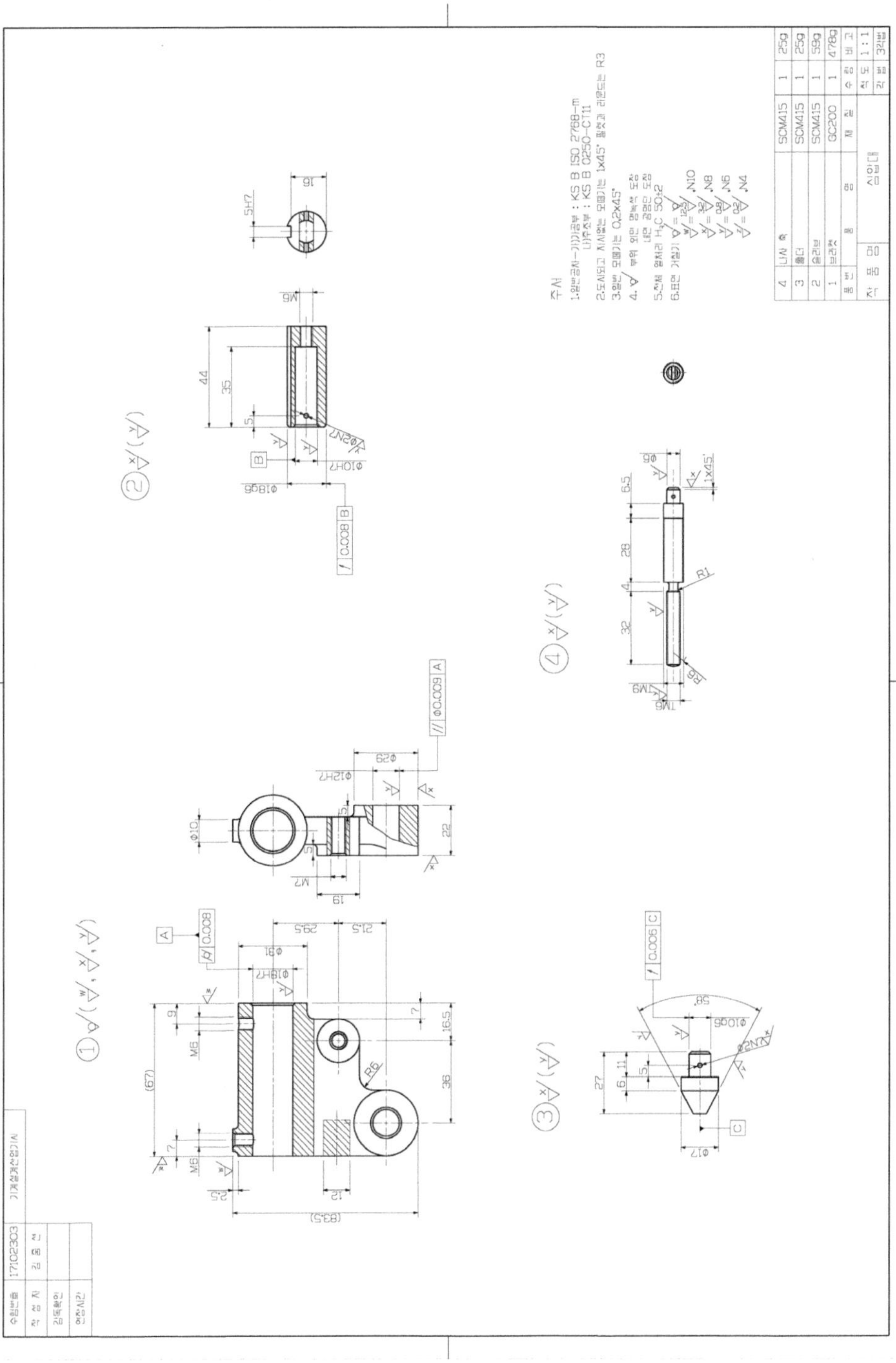

4.2.10 축지지대

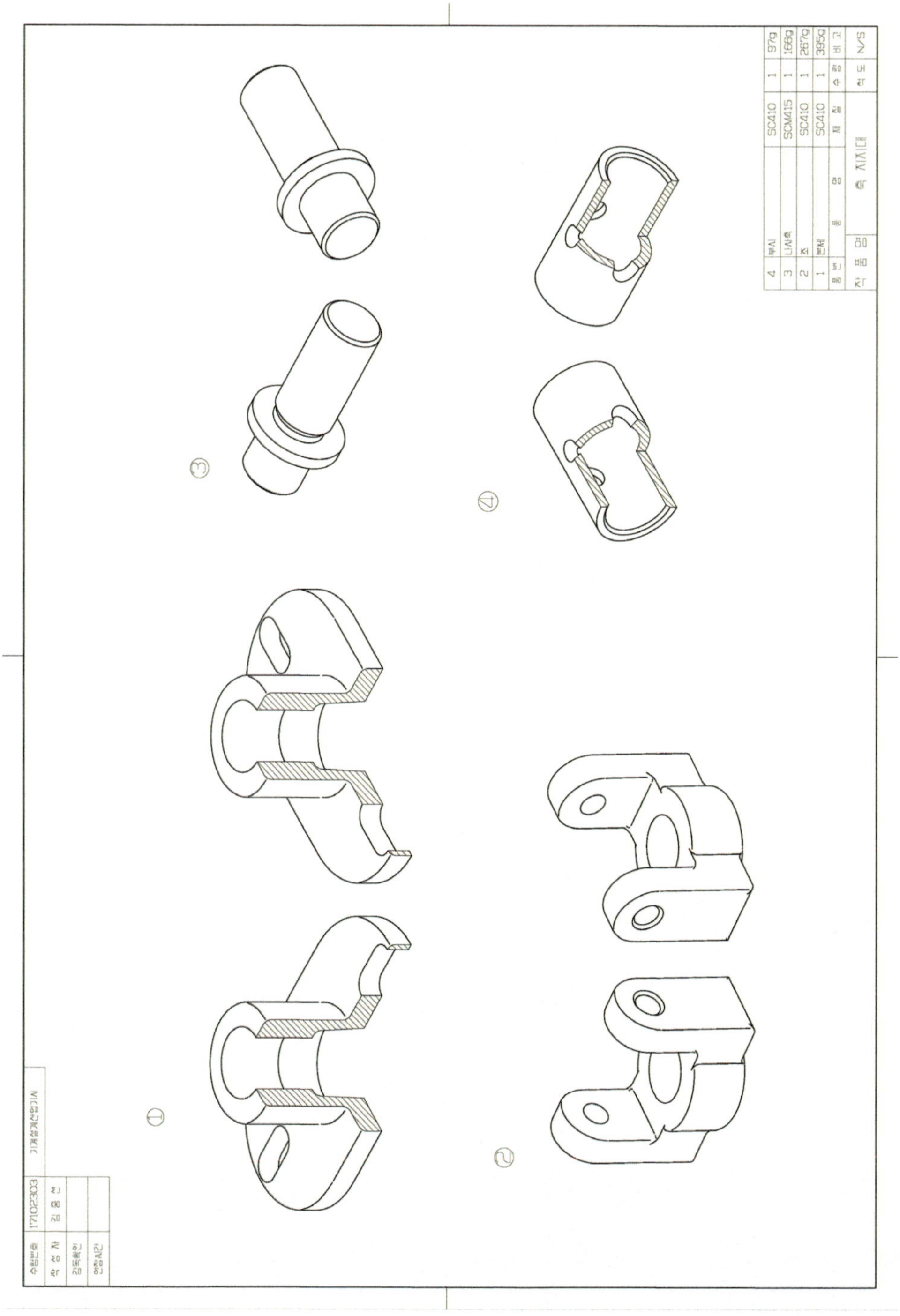

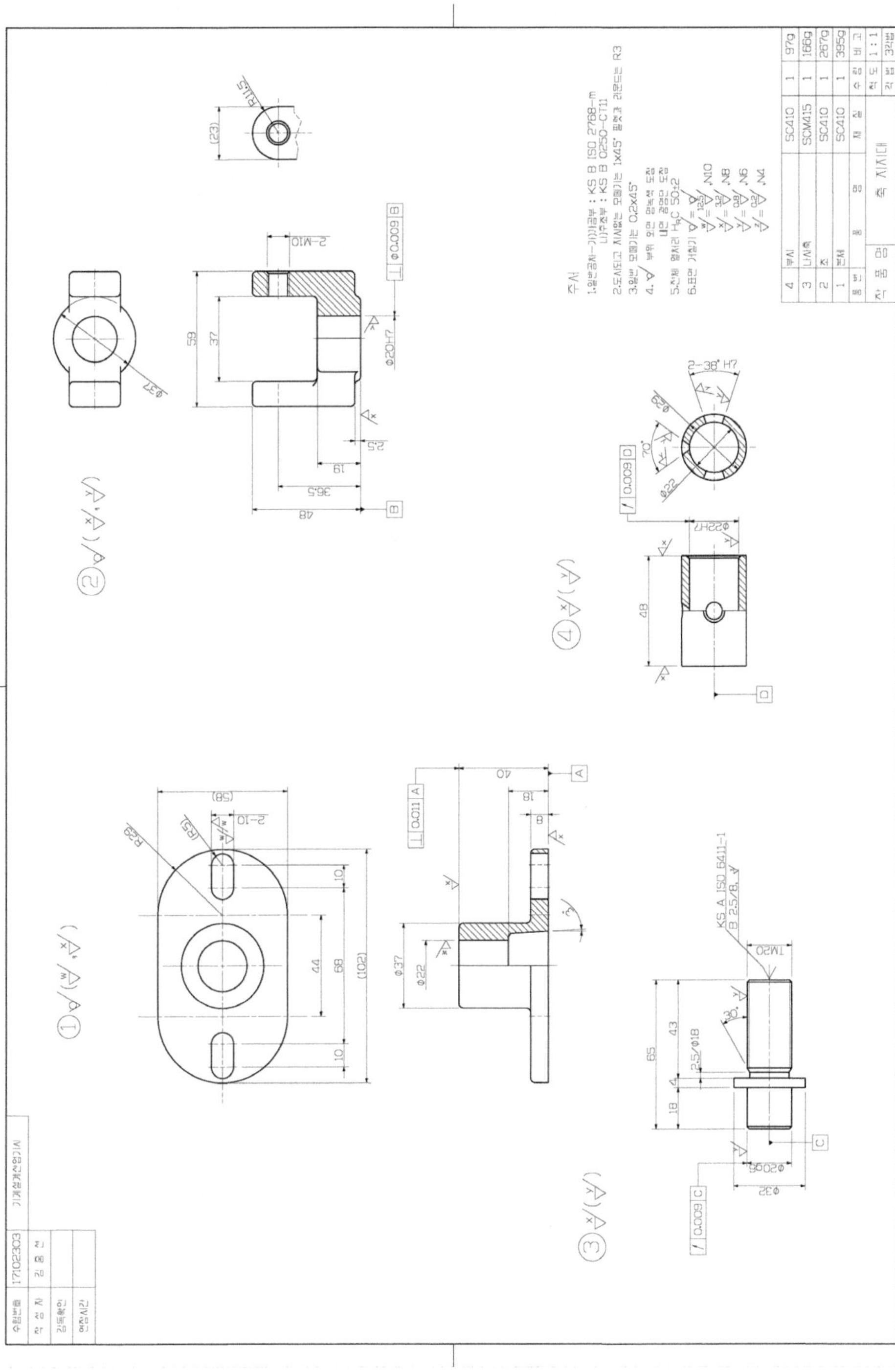

4.2.11 편심구동장치

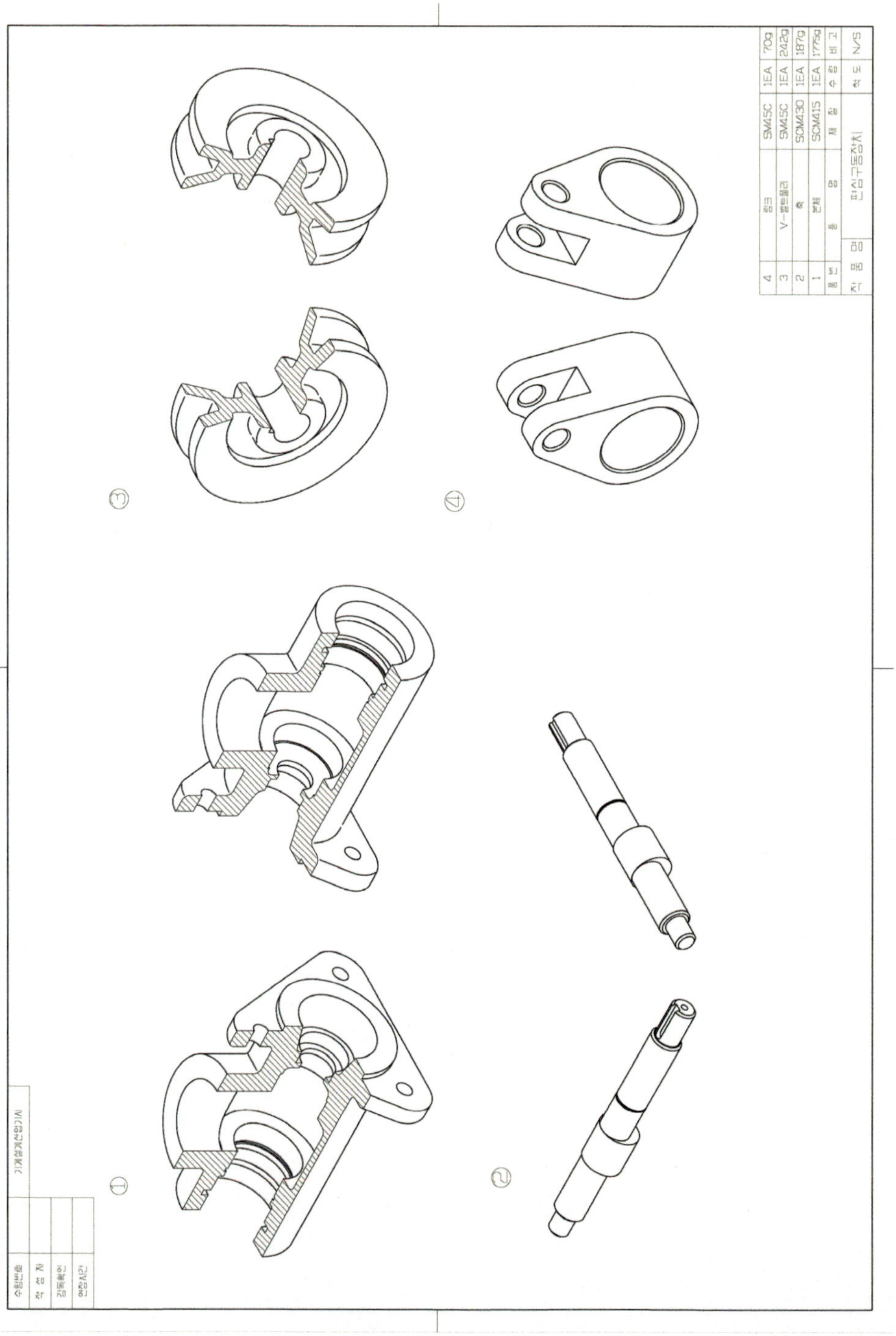
4 링크 SM45C 1EA 70g
3 V-벨트풀리 SM45C 1EA 242g
2 축 SCM430 1EA 187g
1 본체 SCM415 1EA 1775g
품번 품 명 재 질 수 량 비 고
작 품 명 편심구동장치 척 도 N/S
수험번호
작 성 자
감독확인
연장시간
기계설계산업기사
①
②
③
④

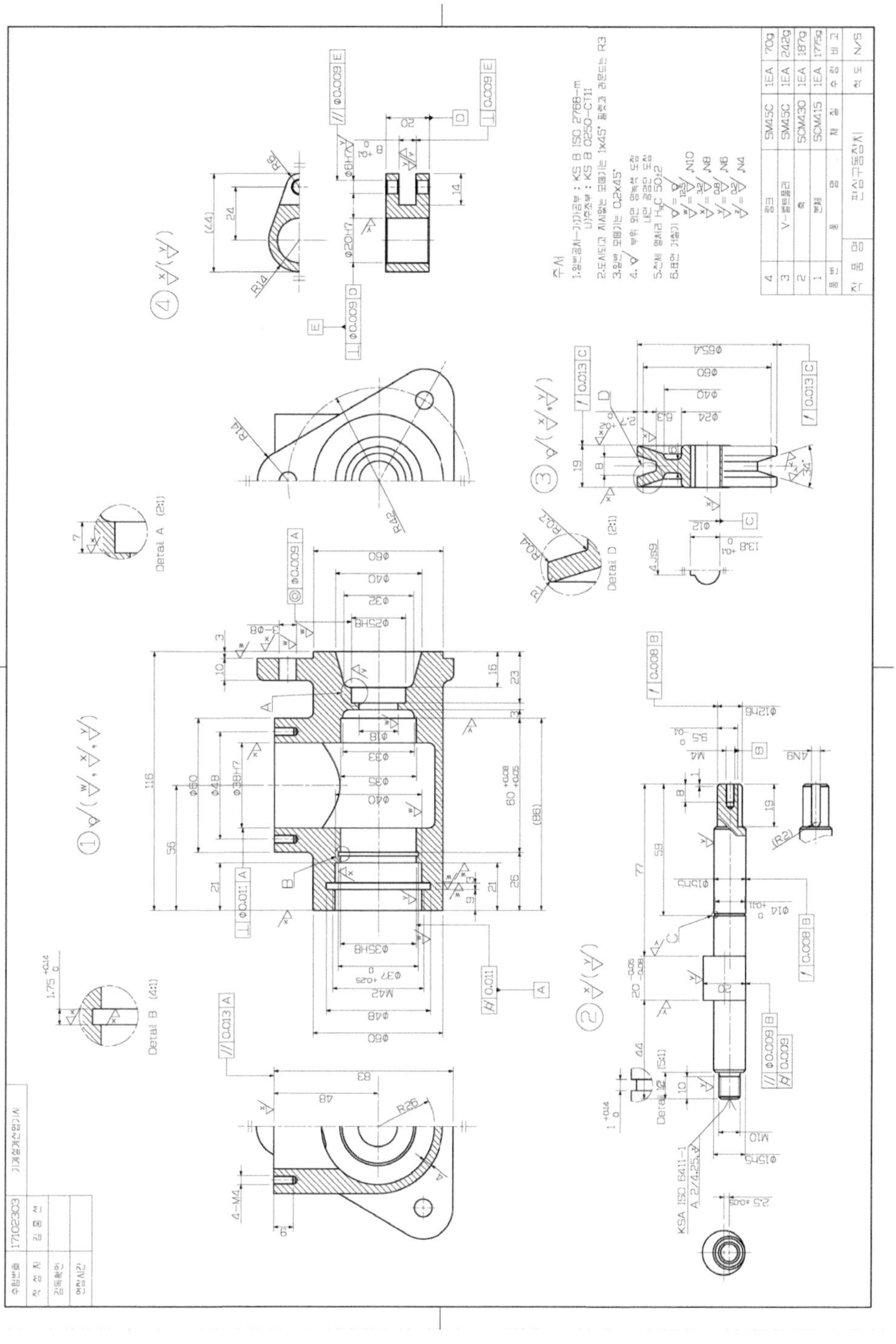

저자와의
협의에 의해
인지 생략

AutoCAD를 이용한
Mechanical Design

1판 2쇄 2023년 3월 2일

저 자 권대규 / 최성윤 / 이형태 / 박동민
발행인 송광헌
발행처 복두출판사
주 소 서울특별시 영등포구 경인로82길 3-4
센터플러스 807호
(우) 07371
전 화 02-2164-2580
F A X 02-2164-2584
등 록 1993. 11. 22. 제 10-902 호

정가 : 20,000원
ISBN : 979-11-6675-172-1 93550

한국과학기술출판협회 회원사